Speaking Back: The free speech versus hate speech debate

by Gelber, K.

John Benjamins Publishing Company,

Amsterdam/Philadelphia 2002

말 대 꾸

표현의 자유 vs 혐오 표현

캐서린 갤버 지음

유민석 옮김

EDÍTUS

Acknowledgements

감사의 글

나는 이 책을 저술하는 동안 많은 사람들의 지원을 받을 만큼 충분히 운이 좋았다. 나에게 지적인 토론과 진정으로 "자유로운 사상의 교환"을 위한 틀을 제공해 준 다음 사람들에게 나는 깊이 빚을 지고 있다. 즉 리사 힐Lisa Hill, 존 포섬John Fossum, 헬렌 프링글Helen Pringle, 존 브래이스웨이트Jogn Braithwaite, 덩컨 아이베슨 Duncan Iveson, 앤드루 피츠모리스Andrew Fitzmaurice, 그래엄 길Graeme Gill, 디아무드 맥과이어Diarmuid Maguire, 아리아드네 브로멘Ariadne Vromen, 마틴 페인터Martin Painter, 대럴 쟈비스Darryl Jarvis, 피터 도베르뉴Peter Dauvergne 그리고 루 스탠리Lou Stanley. 초고에 관해 날카롭고 유용한 논평을 해준 것에 대해 시리즈 편집자 폴 칠턴Paul Chilton에게 많은 감사를 돌린다. 많은 오류들은 물론 나의 것이다.

나는 정부 징계연구위원회와 경험적 연구를 수행하도록 내게 보조금을 제공해 준 시드니 대학의 국제관계학과에, 그리고 마찬가지로 연구 보조금을 제공해 준 뉴사우스웨일스NSW 주 차별 금지위원회에 감사드린다. 위원회에서의 나의 연구 기간 동안 소속원들은 내게 엄청난 도움을 주었으며 그곳에서의 나의 연구를 기쁨으로 만들어 주었다. 특히 나는 크리스 퍼플릭Chris Puplick, 앤젤렌 포크Angelene Falk, 머레이 버크Murray Burke, 케빈 윌리엄스Kevin Williams 그리고 캐서린 더프Catherine Duff에게 감사를 전하고 싶다. 또한 내 연구를 완성하는 데 필수적인 기밀 사례 연구 자료들에 접근할 수 있도록 내게 승인해 준 시드니 대학의 윤리위원회에도 감사를 전한다.

1장에서 추출된 자료들 중 일부는 다른 형태로, "Implementing Racial Anti-Vilification Laws in New South Wales, 1989-1998: A Study", *Australian Journal of Public Administration*, Vol. 59, No. 1, March: 13-23(2000)에 발표되었다. 나는 그 자료를 여기서 사용하도록 허용해 준 것에 대해서 감사를 표한다.

차례

Abbreviations

축약어

ADA	NSW 차별금지법 1977(개정됨)
ADB	NSW 차별금지위원회(호주)
ADT	NSW 행정심판법원(기회균등부)(호주)
ALRC	호주 법개혁위원회
CPDHR	연방의회 토론, 하원(호주)
CPDS	연방의회 토론, 상원(호주)
EOT	NSW 기회균등법원(1998 10월에 행정심판법원, 기회균등부로 개명됨)(호주)
FCC	연방 방송통신위원회(미국)
HREOC	인권 및 기회균등 위원회(호주)
HRC	인권위원회(호주)
ICCPR	시민적 및 정치적 권리에 관한 국제협약
ICERD	인종차별 철폐에 관한 국제협약
NSWPDA	뉴사우스웨일스 주 의회 토론, 하원(호주)
NSWPDD	뉴사우스웨일스 주 의회 토론, 상원(호주)
UDHR	세계인권선언
UNCERD	UN 인종차별철폐위원회
UNCHR	UN 인권센터
UNHRC	UN 인권위원회
VPDHA	빅토리아 주 의회 토론, 상원

Abstract

개요

  혐오 표현이란 무엇인가? 사람들은 자신들이 모욕당할 때 어떻게 고통을 받는가? 공공정책은 이를 해결하기 위해 무엇을 행할 수 있는가? 이 책에서 나는 새로운 유형의 혐오 표현 정책을 제안한다. 나는 '말대꾸speaking back' 정책—혐오 표현의 피해자들이 대응할 수 있도록 제도적, 물질적, 교육적 지원을 제공해 주는 것—을 제안한다. 스스로의 대항 표현counter speech을 통해 대응함으로써, 피해자들은 혐오 표현에 담긴 메시지들을 논박할 수 있으며 동시에 자신들을 무력화하고 침묵시키는 혐오 표현의 영향들을 극복할 수 있다. 이 정책은 혐오 표현이 무엇을 **행하는가**에 대한 이해를 발전시켜 주는 하버마스Jurgen Habermas의 의사소통행위 이론의 요소들과, 타인의 혐오 표현에 의해 자신들의 역량이 해악을 입을 수 있는 사람들에 대한 지원 제공을 옹호하는 누스바움Martha Nussbaum의 역량 이론을 통합함으로써 정당화된다. 이 정책은 표현의 자유라는 권리의 보장과 혐오 표현이 끼치는 해악의 개선이라는 두 가지 목적을 대립시키는 경향이 있는 기존 정책 접근들의 결점을 극복하도록 설계된다. 이 책에서 개괄된 정책 제안에서는 이 두 목적이 상호 협력적인 것이 될 수 있으며 동시에 달성될 수 있는 것으로 간주된다. 기존 정책들이 이 두 목적을 대립시키는 경향이 있다는 주장은, 호주의 뉴사우스웨일스 주에서의 실제 현존하는 혐오 표현 정책에 대한 10년간에 걸친 포괄적이고 독자적인 연구를 개괄함으로써 뒷받침된다.

Introduction
서론

"정말로, 당신이 지금 저한테 묻는 거라면,"
앨리스는 무척 혼란스러워하며 말했다.
"저는 그렇게 생각하지 않아요……."
"그럼 말도 하지 말아야지." 모자장수가 말했다.
—루이스 캐롤,『이상한 나라의 앨리스』

혐오 표현hate speech[1]이란 무엇인가? 사람은 자신이 모욕당할 때 어떻게 고통을 받는가? 어떤 공공정책이 그것을 구제할 수 있는가? 오늘날 호주에서는 점점 늘어나는 서구 자유민주주의 국가들에서처럼[2] 혐오 표현을 개선하기 위해 기획된 법률들이 실시되고 있다. 나는 우선, 이 법률들이 비록 훌륭하게 의도되기는 하였지만, 그것들은 표현의 자유를 보장하려는 목적과 혐오 표현의 해악을 개선하려는 목적을 불필요하게 대립시키기 때문에, 혐오 표현의 실제 문제들을 구제하는 데 거의 기여하는 바가

---

[1] 'speech'와 'expression'이라는 용어는 책 전체에 걸쳐서 상호교환적으로 사용될 것이다. 이 용어들의 사용을 둘러싼 논쟁은 3장에서 명료화된다. 이 용어들은 여기서 제기된 권고 사항을 위해 표현(적인) 활동expressive activity을 의미하기 위해 의도되었다. 어떠한 활동이 표현적인 것으로 간주될 경우, 여기에는 상징이나 휘장의 사용도 포함된다. 이런 만큼 이 용어들은 소리와 글로 쓰인 표현 수단 모두를 포함하지만, 이에 제한되지는 않는, 표현을 통해 전달된 어떤 생각이라는 점에서 또한 '언어language' 개념과도 상호교환적으로 사용된다.

[2] 이 책의 논의는 자유민주주의 영역에 제한될 것이다.

없다고 주장하고자 한다. 둘째로 이 법률들은 본질적으로 공적인 사안에 대해 사적이고 개인화된 해결 절차에 호소하는 경향이 있다. 이는 혐오 표현이 가져온 보다 광범위한 피해들을 직접 다룰 수 있는 여지가 거의 없다는 것과, 문제가 최종적으로 해결될 때까지 상당히 긴 시간 동안 소송을 지속할 의지가 있고 또 그렇게 할 수 있는 개인의 신원에 의존하게 된다는 것을 의미한다. 셋째로 이 법률들은 집행하기가 모호하고 어렵거나, 너무 규제적이어서 오히려 많은 혐오 표현들을 규제로부터 면제시키는 법적인 혐오 표현 규정에 의존하는 경향이 있다. 이러한 결점들을 극복하기 위해, 나는 하나의 대안적인 혐오 표현 정책—'말대꾸speaking back' 정책을 제안한다. 이는 혐오 표현의 피해자들이 대응respond하는 것을 가능하게 해주는 제도적, 물질적, 교육적 지원을 제공하는 것이다.

혐오 표현 금지법은 서구 자유민주주의 체제에서는 특별하지 않은 것이 되었다. 1948년 나치 독일에 의해 자행된 공포에 대응하여 UN 총회는 세계인권선언을 채택함으로써 국제법에서의 인권 보호의 새 시대를 열었다. 반세기 동안 서구 자유민주주의 국가들은 차별 금지와 법 앞에서의 평등한 보호라는 사상을 수용했다. 이러한 맥락에서 "모욕"이나 "혐오 표현"은 공동체 안에서 소외되고 권력이 박탈된 사람들을 향한 혐오와 폭력의 풍토를 조장하기 때문에 특히 해로운 표현으로 간주된다. 그것은 피해자의 기본적인 인간 존엄성을 침해한다.[3] 혐오 표현 금지

---

3   이 책의 논의는 '혐오 표현'이라는 현상에 집중한다. 일부 논평자들은 '혐오 표현'을 '혐오 범죄'의 유형으로 간주한다(Knoll, 1994). 이 책의 목적을 위해 논의는 일종의 행위로서의 표현에 대한 분석과 통합되는 '혐오 표현' 현상에 집

법 제정에 대한 정당화는 그것이 혐오 표현의 발생 정도를 감소시킬 수 있다는 주장을 포함하며, 이를 통해 구체적으로 식별 가능한 집단을 향한 혐오, 경멸, 혹은 폭력을 감소시키거나 개선시킬 수 있다고 전제한다.

그러한 입법에 반대하여 표현의 자유의 옹호자들은 '혐오 표현'은 가능한 많은 사람들에게 표현의 자유를 최대한 보장하는 원칙의 유지를 통해서 보다 생산적으로 대응counter할 수 있다고 주장한다. 사실 역사적으로 표현은 개인의 자유 가운데에서도 가장 중요한 자리를 부여받아 왔다. 이는 혐오 표현에 대한 적절하고 효율적이거나 유용한 대응의 개발은 두 가지 관심의 경중을 따져야 함을 의미한다. 즉 표현의 자유의 조건들을 유지하려는 관심과, 혐오 표현의 해악을 막기 위해 규제하려는 관심이다. 로드니 스몰라Rodney Smalla는 이들 두 경쟁하는 관심을 만족시키기 위한 노력을 표현 이론에서 가장 다루기 힘들고 어려운 문제라고 설명한다(Smolla, 1992:151). 이 두 가지 관심은 필연적으로 대립하는 것으로 생각되는 경향이 있다. 한편으로는 표현의 자유 원칙—표현은 가능한 한 국가의 개입으로부터 자유로워야 한다—이 많은 학자들에 의해 주장되었다. 다른 한편으로는 명예훼손, 외설, 상업적 기밀과 범죄 행위의 선동을 포함하여 많은 유형의 표현들이 이미 규제 대상이 된다. 몇몇 저자들은 혐오 표

중하고자 한다. 혐오 범죄 행위가 혐오 표현 행위hate-speech-act로서의 발언을 포함할 수도 있고 하지 않을 수도 있지만, 혐오 범죄 행위는 어떤 발언을 통해서가 아니라 표현적인 **그리고** 물리적인 폭력 행위의 실행을 통해서 주로 규정된다. 혐오 범죄에 대한 논의는 이 책의 범위를 넘어서 있으며, 비록 이 이슈와 관련된 것이기는 하지만, 다른 곳의 연구에서 추구되고 있다(Gelber, 2000b를 보라).

현이 해롭다는 것이 입증될 수 있는 한, 이러한 특정한 표현의 자유[4]의 행사에 대한 국가 규제가 정당화될 수 있다고 주장한다. 프레드릭 샤우어Freserick Schauer, 카스 선스타인Cass Sunstein, 오웬 피스Owen Fiss, 마리 마쓰다Mari Matsuda, 주디스 버틀러Judith Butler, 캐서린 매키넌Catharine MacKinnon 등은 모두 일정한 규제는 정당화될 수 있는 것으로 여긴다. 비록 그들이 그러한 규제의 형식과 내용에 대해서는 의견이 다르긴 하지만 말이다.

하지만 혐오 표현에 대한 규제는 모두 표현의 자유 원칙과 즉각적으로 갈등하게 된다. 표현은 규제로부터 자유로워야 한다는 것을 일반적으로 인정할 수 있는 동시에, 혐오 표현의 규제가 충분히 가능해지도록 혐오 표현을 정확하게 정의할 수 있는 정책을 고안하는 것은 어떻게 가능할까? 이 경쟁하는 정책은 정책 입안자들에 의해 표현에 관한 적절한 '균형'을 유지하는 측면에서 형성되고는 한다. 다시 말해 혐오 표현 정책 입안자들은 표현의 자유라는 권리와 희롱 및 위협으로부터 자유로운 삶을 살아갈 권리 사이에서 '균형'을 이루려는 욕망을 표출하는 경향이 있다. 이는 표현의 자유의 행사에 대한 개입을 금지하라는 요구와 혐오 표현의 해악을 예방하거나 완화시키기 위해 일부 표현의 자유의 행사들에 개입하라는 요구 사이의 '균형'이라고도 말할 수 있다.

그렇다면 실제로 이런 '균형'이 이루어지고 있는지, 혹은 정책 환경 속에서 이루어질 수 있는지를 묻는 것은 중요한 것 같다. 표현의 자유에 대한 이론적 옹호와 혐오 표현의 해악에 대한

---

4 'liberty'와 'freedom'이라는 용어는 상호교환적으로 사용될 것이다.

인정과 이해를 **화해**reconcile시키는 것은(또한 만일 그렇다면 얼마나 그리고 어느 정도로) 가능한가? 이 질문에 답하기 위해, 호주에서의 최초의 혐오 표현 금지법, 즉 1989년 제정된 뉴사우스웨일스New South Wales(이하 NSW) 주의 인종[5]모욕금지법[6]에 대한 한차례의 심

---

5   '인종race'이라는 용어는 이 책에서 폭넓게 사용되도록 의도되었다. 이는 인종, 혈통, 국적, 피부색, 민족, 민족 종교 지위 및 국가 기원 개념을 포함하는 것이다. '인종주의Racism'는 다양한 인종적으로 혹은 민족적으로 정의된 사회 구성원들 간의 비대칭적인 권력 관계, 즉 권력을 가진 집단이 권력을 덜 가진 집단으로 하여금 스스로 지식을 정의할 수 있고 자원에 접근할 수 있는 방식을 제한하기 위해 억압하는 어떤 관계로 정의된다(HRC, 1982:19). 이 책에서 활용된 이론적이고 방법론적인 틀은 이를테면 개인적인 병리가 아닌 체계적인 차별과 연결되는 인종 혐오 표현행위에 대한 정의를 뒷받침하는 것이다.

6   나는 이 연구를 위해 인종 모욕 사건 파일을 이용하게 해준 NSW 차별금지위원회에 깊은 감사를 드린다. 그리고 사건 파일에 대한 접근을 승인해 준 시드니 대학의 윤리위원회에도 감사드린다. 이 연구의 일부 측면은 나의 다른 작업(Gelber, 2000a)에서 다루어졌다. 이 연구를 수행하던 당시, 퀸스랜드 주와 빅토리아 주는 인종모욕금지법이 제정되어 있지 않았다. 1990년에 제정된 웨스턴오스트레일리아 주의 인종모욕금지법은 오로지 좁게 정의된 형사 범죄에만 적용되며 지금까지 그 법 조항에 의해 어떤 기소도 발생하지 않았다. 호주 수도 법령은 NSW 법을 반영한 인종모욕금지법이 포함되어 있다. 따라서 그에 따른 소송에 대한 독립적인 검토가 실제 NSW 법에 대한 연구에서 나오지 않은 어떤 증거를 드러낼 것 같지는 않다. 남부 호주는 형사 조항과 민사 조항이 모두 있는 인종모욕금지법을 1996년에 통과시켰다. 이 법이 그즈음 제정되었다는 사실은 그 법의 이행에 대한 포괄적인 분석의 착수를 제한한다. 1998년 12월에 제정된 태즈메이니아 주의 모욕금지법은 NSW 법과 동일한 면제의 대상이고 모욕에 대해 동일한 법적인 정의를 활용하며, NSW 법과 일부 미미한 절차적 차이들을 보여 준다. 그 법이 최근 제정되었다는 사실 또한 법의 실제 이행을 연구하기 위해 이용 가능한 증거가 불충분하다는 것을 의미한다. 연방법은 1995년에 도입되었는데, 연방법은 NSW 주 거주자들에게 NSW 법에 의해 소송을 제기할 것인지 혹은 연방법에 의해 소송을 제기할 것인지를 선택하게끔 한다. NSW 법에 의해 제기된 소송의 수나 내용도 1995년 이후 변경된 것이 없으며, ADB의 연례보고서에서 드러나듯이 연방법에 대한 독립적인 검토가 NSW 연구에 의해 드러난 질적인 자료를 반드시 늘릴 것 같지는 않다(부록 B를 보라).

도 있는 질적인 평가가 수행되었다. 3개월에 걸쳐서 내가 수행했던 연구는 NSW 주의 인종모욕금지법에 의해 제기된 568건의 소송과 관련한 모든 파일 자료에 대한 철저한 검토가 포함된다. 그 자료에는 소송 우편물, 원고原告와 NSW 차별금지위원회 간의 후속 서신, 피고가 제출한 혐의에 대한 답변, 증거자료도 포함되었다. 법적 규정에 따라 이 연구로부터 파생되는 모든 정보는 익명으로 남아 있어야 했다. 나는 개인적인 소송을 논의할 때 어떤 조회 번호, 이름, 혹은 개인 식별 정보도 법적으로 금지되어 제공받을 수 없었다. 이러한 제약을 극복하기 위한 방법으로 나는 편지로 특정 사례들을 확인했다.

연구 결과는 NSW 법이 표현의 자유의 조건들을 유지하는 동시에 혐오 표현의 해악에 대응하고자 했다는 것을 나타낸다. 이는 한편으로는 그 법의 대상이 된 혐오 표현 사례들에 넓은 범위의 면제를 제공함으로써 행해졌다. 이 면제들은 학문적이거나 학술적인 토론에 대한 사안, 혹은 "공익과 관련된" 사안도 포함한다. 다른 한편으로는 혐오 표현의 사례가 면제의 대상이 아닌 경우, 이 법은 혐오 표현의 피해자에게 실행 가능한 수단을 제공한다. 이런 수단은 사과, 철회, 교육 프로그램 혹은 벌금을 포함한 민사 구제의 형태를 취한다. 따라서 이 법은 정책 입안자인 사람들에게 실제로 표현의 자유의 원칙과 혐오 표현의 피해 간의 '균형'을 이행하고자 하는 어떤 사례로 간주될 수 있다.

그러나, 연구에서 확인한 사실은 표현의 자유의 원칙과 혐오 표현의 해악을 개선하려는 목적 사이의 화해가 달성되기가 어렵다는 것을 보여 주기도 한다. 몇몇 소송에서는 혐오 표현의 사레가 발생한 것으로 인정되었다. 그러나 그 표현들은 법 적용의 비일관성으로 인해 소송 불가능한 것이 되었다. 다른 사례들에서는, 혐오 표현의 사례가 발생한 것으로 드러났음에도 불구하고, 해결책은 혐오 표현의 해악을 개선하는 데 아주 조금밖에 도움이 안 된 듯했다. 나는 법 적용의 이러한 비일관성들이 원고와 피고 간에 이루어진, 그리고 차별금지위원회가 권장하는 개별화되고 사적인 소송 해결 절차에 의존한 결과라고 주장한다. 해결 절차의 사적인 특성은 혐오 표현 자체의 공적인 성격과 맞지 않는 것으로 보인다. 이는 NSW 법에 대해 행해질 수 있는 중요한 비판이다. 혐오 표현은 NSW 법에서 정한 정의定義와 이 책에서 제시될 현상학에 따르면 어떤 공적인 행위이다. 그럼에도 해결 절차는 압도적으로 사적― 즉 폐쇄된 환경 속에서 두 개인 간에 권장된 사과 또는 포기 합의와 같이―이다. 나는 혐오 표현의 공적이고 광범위한 영향은 사적이고 은밀한 해결 메커니즘에 의해서는 충분히 개선되지 않는다고 주장하고자 한다. 그런 메커니즘은 혐오 표현에 대한 대응의 더 광범위하고 공적인 개시 혹은 생성을 허용하지 않기 때문이다. 이 연구에서 제기되는 또 다른 질문은, 표현에 대한 과도한 규제로 이어지지 않고서도 혐오 표현의 해악에 대응하여 조치가 취해지도록 하는 실현 가능한 법적인 혐오 표현의 정의를 입안하고 이행하는 것의 어려움에 대한 것이다.

NSW 인종모욕금지법의 운용에 관해 착수한 연구를 개괄하는 1장은 세 가지 경험적인 문제들을 보여 준다. 이들 중 첫째는, 그 법이 어째서 규제 대상인 혐오 표현 사례들에 광범위한 예외들과 사적이고 개인화된 해결 절차에 대한 강조를 포함하면서 형성되었는가를 이해하는 문제이다. 다음으로 둘째는, 그러한 정책 적용의 명백한 비일관성을 설명하는 문제이다. 그리고 셋째는 실현 가능한 혐오 표현의 법적인 정의를 추구하는 문제인데, 그것은 NSW 법이 많은 혐오 표현 사례들을 규제로부터 면제시켜 주는 혐오 표현의 엄격한 법적 정의에 의존하고 있는 데서 비롯된다. 이러한 문제들은 두 가지의 중요하지만 경쟁적인, 표현의 자유의 조건을 유지하려는 원칙과 또한 혐오 표현의 해악을 개선하려는 원칙을 화해시킬 수 있는 정책 능력의 결핍을 나타낸다.

표현의 자유와 표현 이론에 대한 현재의 이해가 어떻게 부적절한 정책 대응으로 이어질 수 있었는가를 보여 주기 위해, 2장은 표현의 자유를 옹호하는 현재의 지배적인 논증들을 검토하고 그것들이 모든 시민이 표현의 자유 행사에 **참여**participate하는 것을 보장하는 것이 어떻게 가능할 수 있는지를 고려하지 못하는 공통된 특성을 지닌다고 주장한다. 표현의 자유에 참여하는 것을 어떻게 가능하게 만드는가라는 문제는 네 가지 주요 표현의 자유 논증들에서 가정된 자유 개념에 대한 질문으로 직접 이어진다. 나는 표현의 자유를 옹호하는 현재의 지배적인 자유주의적이고 공리주의적인 논증들은 표현의 자유에 관한 제약의 부재를 극대화하는 것을 핵심 정책 목적으로 강조하는 경향이 있다고 판단한다. 다시 말해 그것들은 개입으로부터 자유로운 표현의 양적 증가가 가장 이로운 정책 결과를 낳게 될 것이라고 가정한다. 그에 반해서 이 책은 이와는 다른, 더 넓은 표현의 자유 개념을 옹호한다. 나는 시민들이 표현의 자유의 행사에 참여하고 관여하는 것을 저지당할 경우에 어떻게 그러한 권한을 강화할 수 있을 것인지에 대한 고려를 포함하는 방식으로 표현의 자유를 생각할 수 있다고 제안한다. 이러한 표현의 자유의 영역 개념은, 표현의 자유의 행사 혹은 행사할 수 있는 능력이 사람들의 삶에서 그리고 삶을 위해 무엇을 행할 수 있는지에 대한 고려를 포함한다.

표현 정책을 개념화하기 위한 대안적인 틀은 역량 이론, 즉 마사 누스바움의 저서에서 도출된 아리스토텔레스에 기반한 이론으로부터 비롯된다. 역량 이론은 재화 제공의 극대화를 정책 목적으로 강조하는 것이 아니라, 그런 재화들이 삶의 질을 개선하도록 사용될 수 있는 방식을 강조하며, 그러한 정책 결정을 위한 틀을 제공하는 것을 목표로 한다. 이러한 고려의 필연적인 결과는 극대화된 표현의 자유의 제공이 정책 입안자들에게 핵심적일 필요가 없다는 것이다. 대신 표현의 자유가 사람들의 삶에 있어서 그리고 삶을 위해 할 수 있는 것에 대한 고려가 요청된다. 역량 이론에 따르면, 재화가 사람들의 삶의 질을 **개선**improve하도록 사용되는 것을 보장하는 것이 (아리스토텔레스의 용어를 사용하자면) "훌륭한 입법자excellent lawgiver"의 임무이다. 이는 표현에 관한 정책 결정은 표현의 자유가 어떻게 사람들의 삶의 질을 개선하거나 하락시킬 수 있는가를 평가하는 것과 관련되어야 한다는 것을 의미한다. 역량 이론을 이 책의 표현 정책의 영역에 적용하는 것은 독창적인 것이다. 역량 이론은 "좋은 인간 기능good human functioning"에 대한 어떤 포괄적이고 내재적인 설명을 제공하려는 것이다. 이는 좋은 인간 삶에 대한 자기 자신의 신념에 따라 보편적인 인간 활동 영역에서 결정을 내리고 행할 수 있는 것을 의미한다. 각각의 인간 기능의 영역에는 인간의 "역량들", 즉 해당 영역들 내에서 어떻게 기능하는지 방법을 선택하는 수단들이 대응한다. 인간 기능의 영역들은 지각, 상상, 사유, 계획, 스스로의 삶에 대한 관리와 같은 인지적인 역량들과, 타인과의 관계를 포함한다. 이 영역들에 대응하는 역량들은 상상하고 사유하고 추론할 수 있음, 선 개념을 형성하고 자신의 삶을 이에 따라서 계획하는 데 참여할 수 있음, 그리고 타인과 더불어 살아갈 수 있음을 포함한다(Nussbaum, 1990:228). 시민들이 각각의 영역들 내에서 잘 기능하는 방법을 선택할 수 있도록 필요한 제도적, 물질적, 교육적 지원을 받는 것을 보장하는 것은 훌륭한 입법자의 책임이다(Nussbaum, 1990:228).

따라서 역량 이론은 인간 욕구에 대한 고려에 내재적이고 전인적인 접근을, 그리고 정책 결정에 일종의 안내guide를 제공한다. 이는 역량 이론을 표현에 관한 정책 결정의 영역에 적용하는 것이 현재의 혐오 표현 접근의 약점을 극복하는 데 기여할 수 있다는 것을 의미한다. 이를테면 역량 이론은 사회적인 정책 목적을 결정할 때 고려되는 경쟁적인 재화들의 범위를 선택할 수 있는데, 사회정책의 목표는 가능한 한 많은 시민들이 "역량들의 문턱capabilites threshold"을 넘도록 하는 것이기 때문이다(Nussbaum, 1990:229). 역량들의 문턱에 무엇이 해당하는가에 대한 고려는 인간 욕구의 범위에 대한 고려를 수반한다. 역량 이론을 표현에 관한 정책 결정의 영역에 적용하는 것은 또한, 표현의 자유를 옹호하는 이론과 혐오 표현의 해악을 이해하는 것 사이의 성공적인 화해를 향한 움직임에 도움을 줄 수 있다. 역량 이론은 표현의 자유의 행사가 주요 인간 역량들의 발전에 핵심적인 것으로 규정되는 만큼, 표현의 자유 정책에 대한 정당화를 제공해 준다. 역량 이론은 나아가 혐오 표현의 해악에 대한 평가를 표현을 둘러싼 정책 개발에 대한 고려로도 통합시킬 수 있다. 혐오 표현이 피해자 집단의 인간 역량들의 발전에 부정적으로 영향을 끼친다는 것을 입증할 수 있는 한에서 말이다. 표현의 자유의 행사에 참여할 수 있거나 타인의 표현의 자유의 행사로 인해 해악을 입는 사람들의 능력에 대한 고려는 역량 이론 틀의 일정한 논리적인 적용인 것이다.

그러나 표현 정책 결정과 관련하여 사람들의 역량에 대한 평가를 시작하기 위해서는 표현이 인간 삶에서 맡을 수 있는 좋은 역할을 검토하는 것이 필수적이다. 만일 표현이 인간의 좋은 삶에 기여하거나 훼손할 수 있다는 것이 제시된다면, 표현이 무엇을 **행하는**does지를 검토할 수 있는 분석적인 틀은 필수적인 것이 된다. 3장에서 나는 표현-행위 이론speech-act theory을 검토함으로써 이 작업에 착수하고자 한다. 표현-행위 이론은 표현이 일종의 행위로 간주될 수 있다고 주장한다. 이에 반해서 앞에서 논의한 표현의 자유 옹호론들에서는 표현과 행위 간의 구분이 활용된다. 나는 표현-행위 구분이 상당히 비판의 여지가 있으며, 표현의 자유를 옹호하는 이론가들은 표현-행위 이론을 덜 강조하거나 무시하는 경향이 있는데, 표현-행위 구분의 유지가 표현의 자유 원칙을 정당화하는 데 핵심적인 것으로 여기기 때문이라고 생각한다. 가능한 최대한 규제로부터 표현을 보존하려는 원칙은 표현이 "특별한" 것이며 행위와 구별할 수 있다고 주장할 수 있을 때 정당화될 수 있다. 표현의 자유를 옹호하는 이론가들은 표현을 일종의 행위라고 인정하는 것을 대체로 반대한다. 그렇게 하는 것은 표현을 다른 행위와 마찬가지로 규제에 취약한 것으로 만들며, 과도한 규제로 쉽게 이어질 수 있다는 이유에서이다. 그러나 과도한 규제에 대한 우려 역시 역량 이론의 맥락에서도 다루어질 수 있다. 이 책에서는 표현은 많은 인간 역량의 행사에 핵심적인 어떤 활동이라고 주장된다. 표현은 이처럼 사람들이 자기 스스로의 역량과 그것이 잘 기능하도록 선택할 수 있는 능력에 기여하는 방식으로 참여해야만 하는 어떤 활동이다. 표현 기회들을 강화해야 할 근거는 따라서 과도한 규제를 피할 수 있을 만큼 충분히 강력하다. 이 책에서의 논증은 표현-행위 이론을 표현 정책에 대한 고려와 통합한다. 이는 상당한 양의 학술적 연구를 표현에 관한 정책 결정의 영역으로 통합시키는 것을 허용한다. 표현-행위 이론은 누군가가 말할 때 그가 행하는 것이 무엇인가에 대해 많은 사람들의 경험에 부합하는 것으로 보이는 어떤 이해의 발전을 가능하게 한다.

4장에서는 존 오스틴J. L. Austin의 발화적locutionary, 발화 수반적illocutionary, 발화 효과적perlocutionary 표현-행위 간의 구분이 하버마스의 의사소통행위 이론의 요소들, 즉 타당성 주장validity claims과 결합된다. 하버마스에 따르면 언어는 의사소통의 의미에 관해 합의에 이를 수 있는 내재된 구조, 규칙을 가지고 있는 의사소통의 수단이다(Habermas, 1984:x). 그는 의사소통 행위가 타인에 의해 어떻게 이해될 수 있는가에 대한 이론을 발전시키기 위해 그 같은 구조들의 의사소통적인 합리성을 밝혀내고자 했다. 하버마스는 어떤 화자가 말할 때면 그는 문법적인 문장을 만들어 내는 것 이상을 행한다고 주장한다. 그는 자신의 말을 듣는 청자에게 이해 가능한 어떤 것을 이해 가능한 방식으로 말하고 있는 것이다(1979:1). 하버마스에게 있어서 이런 이해가 상호적으로 이루어질 수 있는 구조를 밝히는 것은 의사소통적인 합리성 이론을 형성하게 한다. 이 이론은 의사소통이 이해 도달reaching understanding을 지향하는 것을 가능하게 하는 규칙을 발전시킬 수 있는 어떤 틀을 제공한다. 하버마스는 이해 도달이 "표현의 본질적인 **목적**telos"이라고 주장한다(Habermas 1984:285-287).

하버마스의 의사소통행위 이론은 일반적인 사회 이론, 즉 규범적인 사회민주주의 이론이다. 그러나 이 책에서 나는 오로지 이 이론의 작은 일부만을, 즉 타당성 주장만을 활용하고자 한다. 타당성 주장은 어떤 의사소통의 의미에 관한 합의가 이루어질 수 있는 규칙들, 즉 의사소통 행위에서 화자가 제기하는 주장들이다. 타당성 주장 틀을 활용하는 것은 어떤 발언이 행해질 때 어떤 종류의 행위가 수행되는가를 이해하는 것을 가능하게 만든다. 상호 이해 도달을 지향하는 어떤 화자가 청자에 의해 합의되는 타당성 주장들을 제기할 수 있을 때, 의사소통 능력은 원칙적으로 달성될 수 있다. 하버마스의 의사소통행위 이론의 포괄성은 어째서 그의 완전한 이론이 이 책에서 핵심적인 이론적 틀로 활용되지 않는가라는 질문을 제기한다. 하버마스적인 접근은 내가 여기서 논의한 문제를 다루기에 충분히 그 자체로 포괄적이라고 이야기할 수 있다. 그런데 어째서 누스바움이 필요한가? 하버마스의 의사소통행위 이론과 누스바움의 역량 이론은 모두 규범적인 사회민주주의 이론인 것처럼 보이는데도 말이다.

어째서 오로지 하버마스의 의사소통행위 이론의 일부분이 역량 이론에 통합되는가라는 질문에 대한 답은 하버마스의 "이상적인ideal" 표현 상황에 대한 이해에 달려 있다. 왜냐하면 비록 하버마스가 의사소통을 통해 이해에 도달할 수 있는 하나의 틀과 일련의 규칙들을 제공하기는 하지만, 의사소통행위 이론은 의사소통 행위에 참여하는 개인들이 타인의 표현에 의해 그것이 억제될 경우 그들에게 도움을 주기 위해 무엇이 행해져야 하는지 분명한 틀을 제공해 주지 않는다는 점에서 난점이 있다. 누스바움의 역량 이론은 하버마스의 이런 한계를 극복할 수 있다. 역량 이론은 일정한 사람들이 아직 인간 역량들을 가질 수 없다는 것을 인정하고, 그들이 잘 기능하는 것을 선택하는 데 필수적인 역량을 달성하게 도움을 줄 수 있는 사회정책의 종류(제도적, 물질적, 교육적 지원)를 제시하는 틀을 제공한다. 다시 말해 사람들이 타인의 표현행위로 인해 참여가 저해된다면, 그들에게 의사소통 행위에 참여할 수 있도록 필요한 제도적, 물질적, 교육적 지원을 제공하는 것은 정당화될 수 있고 또한 정당한 정책 목적이 된다.

이와 함께 하버마스의 의사소통 행위 이론에서 도출된 혐오표현 행위의 현상학을 평가하는 타당성 주장 모델을 통해 어떻게 사람들이 다른 사람의 표현에 의해 의사소통 행위에 참여하는 것이 저지되는지 이해하는 것이 가능하다. 이 모델은 혐오 표현 행위를 하면서 화자가 제기하는 타당성 주장을 평가할 수 있게 하며, 또한 의사소통적인 대응이 어떻게 그런 주장들을 다루기 시작할 수 있는가를 보여 주는 프레임도 제공해 준다. 하버마스적인 모델을 이러한 두 방식으로 활용하는 것은 혐오 표현 행위를 다른 표현행위와 구별해 주고, 이에 대한 응답의 프레임 구성 방법을 제시하는 모델의 개발을 가능하게 해준다. 이러한 대응을 만들어 내는 것은 참여자들이 논변에 참여하는 것과, 표현행위를 하면서 타인이 제기하는 타당성 주장을 비판하고 질문하는 것을 가능하게 한다. 이 모델은 또한 혐오 표현 행위가 타인에게 갖는 발화 효과적인 영향에 대한 별도의 분석을 통해 강화되는데, 혐오 표현 행위의 발화 효과적 영향에 대한 분석은 어떤 표현행위가 타인이 의사소통 행위에 참여하는 것을 어떻게 방해하는지를 규명하는 데 도움을 주는 것으로 판단되기 때문이다. 나는 혐오 표현 행위가 피해자들에게 차별을 자행하고, 영속화시키며, 유지함으로써, 개인 역량들을 발전시킬 표현에 참여하는 것을 막는 방식으로 타인이 의사소통 행위에 참여하는 것을 방해한다고 주장하고자 한다.

이러한 이론들의 여러 측면을 종합하는 것은 혐오 표현의 딜레마에 대한 답변이 이루어지는 것을 가능하게 한다. 누스바움의 역량 이론으로부터 나는 표현의 자유 옹호론이 표현을 인간 역량들의 발전에 중요한 것으로 간주함으로써 표현이 얼마나 그리고 어째서 중요한지에 대한 이해로 나아갈 수 있다는 생각을 발전시켰다. 표현 **그 자체**는 더 이상 정책 입안자들의 목적으로 남지 않게 된다. 그 대신 인간 역량들의 발전에 기여하는 표현의 행사를 가능하게 하는 것이 일차적인 정책 목적이 된다. 오스틴으로부터 나는 어떤 사람이 말할 때, 그는 진술을 행하는 것 이상을 행하고 있다는 생각을 활용했다. 그들은 담론적 발언을 통해 하나의 행위로서의 힘force과 의미를 가지고 행위하고 있는 것이다. 하버마스로부터 나는 혐오 표현 행위의 구체적인 힘과 의미를 조사하기 위해 타당성 주장 모델을 활용했다. 어떤 발언에서 화자가 행한 객관적인 사실, 상호주관적인 규범 및 가치, 주관적인 진실성에 대한 주장을 분석하는 것을 통해, 혐오 표현 행위의 힘과 의미에 대한 다층적이고 내재된 이해를 발전시키는 것이 가능하다. 나는 혐오 표현 행위가 담론적인 차별 행위이며, 바로 그 표현 속에서 차별을 자행하고, 영속화하며, 유지한다고 주장하고자 한다. 타당성 주장 틀을 활용하는 것은 또한 혐오 표현 행위에 **대항**counter하도록 설계된 정책의 개발을 허용한다. 이런 분석은 혐오 표현 행위가 피해자들의 인간 역량의 발전을 손상시킨다는 것을 논증할 것이다. 이 논증은 표현이 "그냥 말only wors"에 불과한 것이라는 견해가 거짓임을 보여 준다 (MacKinnon, 1993). 그것은 또한 표현의 자유 정책들이 적용될 때, 어떻게 그것들이 말할 수 있는 평등한 표현의 기회를 가져오지 못하는지를 입증해 준다.

　나는 타당성 주장 모델은 혐오 표현 행위를 규정할 수 있는 하나의 틀을 제공해 준다고 주장한다. 규정된 혐오 표현의 가장 중요한 발화 효과적 영향들 중 하나는 침묵이다. 이는 표현 정책에 대한 고찰에서 중요한 것인데, 침묵은 말할 수 있는 기회를 극대화하는 것을 목적으로 하는 역량 지향적인 혐오 표현 정책에 의한 교정을 요청하기 때문이다. 나는 또한 이 장에서 만일 혐오 표현 피해자들이 혐오 표현 행위가 제기하는 주장들에 대응할 수 있는 기회를 제공받는다면 혐오 표현의 다른 부정적인 발화 효과적 영향들도 최소화될 수 있다고 주장한다. '말대꾸speaking back'라는 정책 접근은 표현의 자유를 보장하려는 목적과 혐오 표현의 해악을 개선하려는 두 가지 목적이 상호 협력적으로, 처벌이 아니라 혐오 표현 행위의 영향에 대응하고, 논박하며, 대항하고자 하는 자들에게 말할 수 있는 데 도움을 주도록 설계된 혐오 표현 정책을 통해 동시적으로 촉진되는 것으로 간주할 수 있는 하나의 틀을 제공한다.

세계의 모든 혐오 표현 법률들에 대한 포괄적인 검토에 착수하는 것은 불가능하다. 그럼에도 불구하고 이 책의 논증의 소관所管을 확장하는 것은 유용하다. 혐오 표현 정책의 문제들은 선택된 특수한 호주의 사례 연구에 제한되는가? 제안된 해결책은 더 넓은 적용이 가능한가? 5장에서 나는 비교 방법을 채택하여 NSW에서 규명된 혐오 표현 정책의 적용이 갖는 약점의 근거들이 다른 영역에도 역시 적용되는가를 조사할 것이다. 나는 호주, 영국, 미국에서의 혐오 표현 정책을 검토하고 비교할 것이다. 나는 이 국가들의 조약 의무를 이행하는 수단, 표현의 자유가 법으로 보장되는 구체적인 메커니즘, 인종 혐오 표현의 문제에 대응하기 위해 행해진 시도가 지닌 성격들 간의 상당한 차이들을 규정할 것이다. 이 장은 이러한 차이들에도 불구하고, 이 국가들의 혐오 표현 정책 접근에 대한 검토는 정책 이행에서의 약점을 공유한다는 것을 보여 준다. 이는 필연적으로 규제적이거나 처벌적인 것으로서의 혐오 표현 정책 개념에 대한 의존, 이와 관련된 사적이고 개인화된 제재에 대한 의존, 표현의 자유의 목적과 혐오 표현에 대한 대응을 대립시키는 정책 접근에 대한 의존을 포함한다. 이는 다른 영역들도 혐오 표현 정책에 역량 접근을 채택함으로써 도움을 받을 수 있기 때문에, 이 책에서 제시된 분석이 특히 유익할 수 있음을 시사한다.

마지막 장에서는 역량 지향적인 혐오 표현 정책의 운용 가능성이 고려된다. 혐오 표현 행위를 개선하기 위해, 역량 이론은 모든 시민들이 역량들의 문턱에 도달할 수 있도록 충분한 제도적, 물질적, 교육적 지원이 제공되어야 한다고 주장한다. 구체적으로 나는 이것이 혐오 표현 행위의 효과에 논박하고 대항하고자 하는 자들에게 어떤 지원형assisted 대응을 제공하는 혐오 표현 정책을 고안함으로써 달성될 수 있다고 제안한다. 다시 말해 이는 혐오 발화자들에게 되받아쳐서, 타인의 혐오 표현 행위로 인해 말할 수 없게 된 자들의 대응의 개시와 생성을 도와주도록 설계된 혐오 표현 정책이다. 마지막 장은 이런 정책의 운용 가능성을 "제도화된 논변institutionalized argumentation", 혹은 '말대꾸' 절차를 격려하고 가능하게 해주는 지원의 제공을 통해 탐구한다. 이는 사상의 교환을 위한 가능성을 열어 준다. 이런 식으로 장기간에 걸쳐서 태도와 행위에서의 변화를 달성하는 것이 가능해질 수 있을 것이다. 하버마스가 인정하듯이, 희망했던 목적에 대한 담론적이고 집단적인 구성을 통해 변화가 이루어질 수 있다 (1987:271). 제도화된 논변 절차는 인종차별을 제거하려는 목적에 대한 어떤 담론적 구성에 해당할 수 있다. 나는 또한 이 장에서 제안된 혐오 표현 정책에 대한 있을 수 있는 반론들에 답하고, 다른 학자들의 혐오 표현 정책 제안들을 논의하고, 그것들을 내가 이 책에서 만든 제안과 비교할 것이다. 마지막으로 나는 몇몇 잘 알려진 "곤란한 경우들hard cases"에 대해 제안된 혐오 표현 정책의 잠재적인 적용을 고려할 것이다.

결론적으로 말하자면 이 책의 주장은 역량 지향적인 혐오 표현 정책이 실행 가능하고, 표현 정책의 영역에 대한 포괄적인 개입을 나타낸다는 것이다. 이런 종류의 정책은 누군가가 싫어하는 표현이라도 금지되어서는 안 되며 응답되어야 한다고 선언하는 자들에게 해결책을 제공해 준다. 그런 대응의 생성을 도와주는 정책 접근을 처음으로 허용해 줌으로써 말이다. 이 책에서 제안된 정책은 따라서 표현이 개인의 발전에 갖는 중요성과, 표현이 토론과 목적에 담론적, 집단적, 사회적 구성에 갖는 중요성 (모든 표현의 자유 원칙의 "핵심"에 암묵적으로 놓여 있는 어떤 이해), 그리고 혐오 표현의 해악을 개선하는 문제를 진정으로 화해시킬 수 있을 것이다.

CHAPTER 1
문제: 인종모욕금지법의 실제 사례, 1989–1998

"넌 그냥 껌둥이일 뿐이야.
나는 너보다 더 시꺼먼 껌둥이도 총으로 쏴 죽인 적이 있어."

호주에서 제정된 최초의 혐오 표현 금지법은 1989년에 제정
된 인종모욕금지법anti-vilification law[1]이었다. NSW 법에 의해 모두
완료된 고소건(568개의 사건)[2]에 대해 1989년 초부터 1998년까지
수행된 질적 경험 연구가 여기서 개괄된다. 이러한 연구 결과들
은 혐오 표현에 대응하기 위한 입법적 시도와 관련하여 이전의
아직 손대지 않은 최초의 근본 자료들에 대한 접근을 제공한다.
우선 나는 법안의 도입 배경에 놓인 근거를 추론하고자 한다. 이
는 그 법의 입안자들에 의해 아주 분명하게 진술된 것은 아니었

1   차별금지법(NSW) 1977, ss 20C and 20D.

2   NSW 인종모욕금지법 하에 제기된 568개의 고소에 대한 경험적 연구는, 시드
     니 대학 윤리위원회의 허가 하에 NSW 차별금지위원회의 기밀정보협정 연구
     원에 의한 검토 완료 후 착수되었다. 이 연구에 착수한 이후 NSW 법에 명시
     된 필요조건들은 변화했으며, 사생활 법규는 연구 목적을 위해 상세한 사건
     파일 자료들에 대한 접근을 허용하는 것을 현재 금지하고 있다. 연구 목적을
     위해 공공기관 구성원에게 이용 가능한 유일한 자료는 NSW 차별금지위원회
     의 고소 데이터베이스로부터 익명화되기 이전 자료이다.

다. 이어 나는 그 근거의 측면에서 인종모욕금지법의 구조를 개괄하고자 하며, 그 법이 자신이 선언한 목적들을 만족시키지 못할 수 있다는 것을 보여 주는 질적인 경험적 증거들을 제시하려고 한다. 따라서 나는 이러한 혐오 표현 금지법의 실행에 있어서의 경험적 문제들을 보여 줄 생각이다. 이 문제들은 표현의 자유를 둘러싼 지배적 이론들을 검토함으로써 다음 장에서 설명하게 될 것들이다.

입법 과정

목표와 목적

뉴사우스웨일스 주는 호주 연방 체제 내 주state의 하나로, 형사법과 민사법 발전에 대해 책임을 지고 있다. 1980년대 후반 NSW 입법부를 향해 인종모욕금지법을 도입하라는 압력이 다양한 경로로부터 가해졌다. 인종 혐오 표현에 대한 공공의 우려는 증가하고 있었다. 1983년 연방인권위원회HRC는 인종차별과 관련하여 접수된 고소들 중 거의 4분의 1이 "인종 비하적인 발언"(HRC, 1983:1)에 대한 것이었음에도, 그런 "발언"들이 연방 차원 및 주 차원에서 기존 차별금지법의 영역 바깥에 남아 있다고 언급했다. 위원회는 인종 모욕의 발생 정도와 영향들에 대한 이러한 입법적 대응의 부재에 대해 우려를 표했다(HRC, 1982; HRC, 1983). NSW 의회에서 인종모욕금지법 옹호자들은 시민적 및 정치적 권리에 관한 국제규약의 관련 조항들을 인용했다(NSWPD-LA, 4 May 1989:7488-7489; NSWPDLC, 10 May 1989:7810). 1988년의 NSW 주 선거에 앞서, 자유당 당수인 닉 그라이너Nick Greiner는 "인종 혐오 선동을 형사 범죄로 만드는 법안"을 제정할 것을 약속했다(Liberal Party NSW, 1988). 이후 민족 문제에 관한 NSW 정무차관인 제임스 사미오스James Samios MLC는 프랑스와 영국에서의 인종 혐오 억제 조치들을 논의하기 위해 이들 국가들을 방문했다(Samios, 1998; NSWPDLC, 10 May 1989:7816). 사미오스는 "인종 희롱과 모욕 및 그 부수적 피해로부터 자유로운 위엄 있고 평화로운 존재에 대한 권리"를 보장하는 데 필수적인 것으로 그 법안을 정당화하는 「인종 모욕과 1977년 차별금지법 개정안에 관한 토론문」을 작성했다(NSW Government, 1988:1, 3). 그 토론문은 또한 "정부는 **심각한** 형태의 인종 모욕을 다루는 데 관심을 가져야 하며 사소한 문제들로 덮으려고 해서는 안 된다"라고 언급했다(NSW Government, 1988:1)[강조는 저자].

민족위원회 의회, 유대인 국회의원 위원회, 연방 민족위원회, NSW 노동협의회, 정의를 위한 가톨릭 주교위원회, 개발과 평화, 연합 교회 및 그리스 정교회 등 다양한 인상적인 지역사회 조직들 또한 모욕금지법 도입에 찬성했다(NSWPDLC, 10 May 1989:7813). 의회에서는 그 법이 양당의 지지를 받았다. 오로지 마리 비그놀드Marie Bignold 의원만이 그 법이 역효과를 낼 것이며 인종 간 차이들을 제거하기보다는 그런 차이들을 악화시킬 것이라고 주장하면서 그 법안에 반대투표를 했다(NSWPDLC, 10 May 1989:7839). 법안 가결은 모욕금지법을 1977년의 차별금지법

(NSW)에 통합시키려고 이루어진 것이었다. 차별금지법은 징벌적인 해결 메커니즘 내에 하나의 틀을 제공해 주었는데, 공청회를 위해 행정심판위원회[3]에 의뢰하는 것과 보상을 명령하는 것을 가능하게 해주었기 때문이다.[4]

이후 보고서와 조사서는 계속되는 호주에서의 인종 혐오 증거를 제출했다. 『호주 내 인종 폭력에 대한 국가 연구 보고서』(1991)는 높은 수준의 혐오에 의해 유도된 폭력에 주목했으며, 인종 모욕에 대한 민사 범죄 및 형사 범죄 모두의 법률 제정을 권고했다. 보호구역 내 원주민 사망에 대한 왕립위원회 보고서(1991:38, 116)는 정부가 화해 메커니즘을 제공하라는 입장에서 인종 모욕을 금지하는 법률을 제정하라는 권고를 포함시켰다. 이 보고서는 형사처벌의 실시를 강권했다. NSW(1993) 행정감찰국 및 자넷 찬Janet Bick Lai Chan(Chan, 1992) 또한 높은 수준의 인종 혐오와 인종적으로 유도된 폭력을 인용한다. 이 모든 보고서들은 인종모욕금지법 제정이 사안의 발생 정도를 감소시킬 수 있으며, 인종 모욕이 받아들여질 수 없다는 메시지를 사회에 보냄

---

3   행정심판위원회(고용평등부)는 1998년 10월에 그렇게 이름 붙여졌다. 이전에는 고용평등위원회로 불렸었다. 이 글에서 "위원회"는 둘 다를 의미한다.

4   이후 1997년의 차별금지법 개정안(NSW)은 트랜스젠더 모욕(ss 38S, 1996년에 통과), 동성애자 모욕(ss 49ZT, 49ZTA, 1994년에 통과), HIV/AIDS에 근거한 모욕(s 49ZXB, 1994년에 통과)을 금지했다. 존 다우드John Dowd는 인터뷰(1998)에서 이를테면 프라이버시 위원회의 설립 사례와 같이 대안적인 틀을 수립하는 것도 가능했을 것이라고 언급했다. 다우드는 이 선택지가 당시 정부에 의해 실용적인 이유(논리적으로는 이미 설립되어 있고 인지된 차별 행위에 대해 구제책을 제공하는 이미 공적으로 인정되는 틀을 사용하는 게 더 쉬웠다)와 더불어 프라이버시 위원회 유형 모델의 반대자들이 이 모델은 공권력을 결여하고 있다고 주장했기 때문에 거부당했다고 주장했다.

으로써, 그리고 사적 고소들에 대한 보상을 제공함으로써 혐오 표현의 해악을 개선할 수 있다고 주장했다.

NSW에서 1989년 제정된 인종모욕금지법은 민사 구제에 해당하는 "인종 모욕"(20C조)죄를, 그리고 "심각한 인종 모욕"(20D 조)이라는 형사 범죄를 창안했다. 지금까지 심각한 인종 모욕으로 단 한 건도 기소되지 않았기 때문에, 본 연구의 초점은 그 법의 민사 조항[5]에 주목하고자 한다. 20C조는 다음과 같이 기술되어 있다.

어떤 사람이 공적 행위를 통해 개인이나 집단 구성원의 인종을 근거로 한 개인이나 개인이 속한 집단을 향해 혐오, 심각한 경멸, 극심한 조롱을 선동하는 것은 불법이다.

모욕을 당했다고 알려진 집단의 개인 구성원 혹은 개인[6]을 대신하는 대리 기관representative organisation[7]은 서면으로 고소를 제기해야 한다. 차별금지위원회(이하 ADB)가 고소 자체에 착수할 수는

---

5 "심각한 인종 모욕" 형사 범죄는 인종에 근거하여 사람이나 재산에 공적인 위협을 가하는 것을 포함하며, 기소를 위해 법무장관에 의뢰할 것을 요청한다. 실제로는 검찰총장이 사건의 가치를 평가한다. 몇몇 의뢰에도 불구하고, 기소를 추구하는 데 충분한 근거를 제공하는 것으로 간주된 사건은 없었다.

6 개인을 대신하여 대리 기관에 의한 소송 제기를 허용하는 1994년의 법률 개정안(차별금지법 1994, No.9 of 1994)은 법 시행에 관한 한 보고서에 의거해 수행되었다(뉴사우스웨일스 입법 심의 의회, 1992).

7 인종모욕법상에서 대리 기관의 정의는 민족 내지는 민족 종교 집단에 특히 관련된 문제의 옹호나 중재에 "진지한 관심"을 가지고 있는 집단에만 한정되어 적용된다.

없다. 고소는 NSW에서 발생한 사건에 준해야 한다. 원고는 ADB에 의한 각하 이후 혹은 해결 시도가 실패한 경우, 고소 요청에 관해 위원회에 회부할 수 있다. 위원회 결정은 이에 불응할 시 벌금을 부과하는 모욕금지법 115조 및 116조를 통해 집행될 수 있다.

구제책

만일 ADB가 어떤 고소 건이 인종 모욕 범죄에 해당한다고 판결한다면, 다양한 민사 구제책에 대한 협약을 가능하게 하거나 집행함으로써 해결책을 지원해 줄 수 있다. 가능한 구제책들은 다음을 포함한다.

a) 서면 사과의 입수.
b) 개인이 고소인을 욕하는 것을 중단시키는 착수 인증.
c) 직장으로 하여금 ADB가 보유하고 있는 무엇이 불법적인 인종 모욕에 해당하는지를 알려 주는 정보 세션에서 직원을 교육하는 것에 합의하도록 하는 것.
d) 불법적인 차별을 제거하도록 겨냥된 프로그램이나 정책을 개발하고 완수하는 대응책을 명령하는 것.
e) 인종 모욕적인 견해를 반박하는 사과 내지 철회에 대한 출판이나 방송을 요청하는 것.

위원회는 또한 이런 활동들을 수행하라는 명령을 내릴 수 있다. 모욕금지법의 민사 조항 하에 위원회는 최대 4만 불까지 보상 지급을 명령할 수 있다(Twomey, 1994c:3).[8]

법적 정의

인종모욕금지법의 입안자는 "인종"이라는 용어를 유대인, 시크교도, 무슬림과 같이 민족 종교 집단을 포함하는 넓은 의미를 갖는 것으로 의도했다(NSWPDLA, 1989:7921). 이후 위원회 공청회는 이 해석을 보강했으며[9], 1994년 그 법의 개정안에서 이 정의를 분명히 했다.[10] NSW 법을 해석하기 위한 "인종"에 대한 정의는 따라서 이 책의 다른 곳에서 사용된 정의와 일치한다.

"공적인 행위public act"는 20B조에서 다음과 같이 정의된다.

a) 말, 글, 그림, 게시물 전시, 방송, 방영, 상영 및 테이프 재생 혹은 기

---

8   형사 조항 하의 최대 벌금은 5천 불의 개인 벌금형 혹은 6개월의 구류이다. 또는 기업에게는 1만 불의 벌금형이다(Twomey, 1994c:3).

9   *Phillips v. Aboriginal Legal Service*, 고용평등위원회, 고소 No 23 of 1992.

10   이 개정안은 사미오스의 정무 보고서와 이 법의 특정한 측면이 약하다는 기타 다른 비판들에서의 논의들(예를 들어 McNamara, 1997, Solomon, 1994)을 따랐다. 어째서 모욕을 당한 개인들이 고소하기를 꺼려하는지에 대해서는 신뢰 문제를 수반하는 피해자 집단 구성원으로서의 지위, 보복에 대한 두려움, 영어 문제와 관련되어 있는 법에 대한 이해의 부족 등을 포함하는 많은 이유들이 있었다. 법이 대리 고소 제기를 허용해야 한다는 권고 조항이 만들어졌다. 이 권고 조항에 따라 1994년 개정안이 시행되었을 때 대리 고소가 허용되었지만, 모욕 당한 집단 구성원 가운데 지정된 개인을 대신하여 고소가 제기되어야 했다.

타 기록된 자료들을 포함하는 공공에 대한 어떤 형태의 의사소통.

b) 행위와 제스처 및 복장 또는 의상 전시, 기호, 깃발, 상징 및 휘장을 포함하여 공공에 의해 관찰 가능한 어떤 행위[위 a)에서 언급된 의사소통 형태가 아닌 행위].

c) 그 자료가 개인이나 집단 구성원의 인종을 근거로 한 개인이나 개인이 속한 집단을 향한 혐오, 심각한 경멸, 심각한 조롱을 옹호하거나 표현한다는 **사실을 알고서도**with knowledge 공공에게 자료를 배포하거나 전파하는 것[강조는 저자].

"공공"public이라는 용어의 의미에 대한 해석은 호주 판례법 및 국제 판례법으로부터 도출된다. 이는 순수한 가정환경 내가 아닌 곳에서 행해진 행위인가를 결정하며, 대개 공공 구성원이 그 행위를 듣거나 볼 수 있다고 추정하기에 합당한 것이 공적인 것이라고 간주된다. 공공의 구성원이 실제로 그 행위를 보거나 듣느냐와 관계없이 그러한 의사소통을 "접할 수 있는 가능성"이 중요하다.[11] 반복하자면 다음과 같다.

그러한 의사소통을 듣거나 보는 실제 사람의 수가 중요한 것이 아니다. 오히려 "아무렇지 않게 지나가던" 공공 구성원이 그것을 볼 수 있거나 들을 수 있는 개방성과 가능성이 유의미한 것이다.[12]

이러한 해석은 "공적 행위" 구분이 여기서의 논의의 목적으로

---

11 *Terminiello v. Chicago*, 337 U.S. 1(1949).

12 *Byous v. State*, 175 S.E. 2d 106, 107.

는 일반적으로 문제가 되지 않게 한다. 사적 대화에 대한 규제에
는 면제를 허용하기 때문이다.

예외 조항 Exemptions

공정한 보도, 절대적인 특권에 속한 자료들 및 학문적, 예술
적, 과학적 혹은 연구 목적, 또는 "공공의 관심사인 다른 기타 목
적들"을 위해 합당하고 성실하게 행해진 행위들을 포함하여 많
은 예외들이 존재한다[20C(2)조]. 그 법안의 제정에 앞선 의회의
논쟁에서 NSW 법무장관 존 다우드John Dowd는 "인종모욕금지
법은 표현의 자유에 대한 권리와 인종 희롱과 모욕으로부터 자
유로운 위엄 있고 평화로운 존재에 대한 권리의 **균형**balance을 맞
추는 것을 포함해야 한다"(NSWPDLA, 4 May 1989:7488)라는 일반
적인 진술을 했다[저자 강조]. 그는 "표현의 자유에 대한 권리와
인종 희롱과 모욕으로부터 자유로운 위엄 있고 평화로운 존재
에 대한 권리 간의 균형을 달성하기 위해 예외들이 그 법에 포함
되어 있다"(NSWPDLA, 4 May 1989:7490)고 덧붙였다. '균형'이라는
생각은 카르Carr와 자미트Zammit(NSWPDLA, 4 May 1989:7921, 7923),
칼디스Kaldis와 나일Nile(NSWPDLA, 4 May 1989:7813, 1833)을 포함하
는 다른 의원들에 의한 의회 논쟁 동안 반복되었다. 법 제정에
앞서 의회를 위해 준비한 사미오스의 토론문에서 '균형'이라는
생각은 서문 및 예외에 관한 구체적 논의 모두에서 또한 강조되
었다(NSW Government, 1988:1, 3). 그러나 예외의 범위에 관한 근거

에 대해 다음을 주목하면 그 토론문은 다소 모호하다.

> 정부는 예술 작품, 종교적 활동, 학문적이고 학술적인 논쟁의 보호에
> 관심을 두어야 하며, 따라서 이것들 및 기타 다른 활동들을 아우르는
> 예외들을 포함시켰다.(NSW Government, 1988:3)

사미오스는 인터뷰에서 이러한 넓은 범위에 걸친 예외들을
포함시킨 데 대한 근거를 그것들이 표현의 자유에 대한 "그저
마음만 안심시키는 보호"로 보였기 때문이라고 설명했다. 보호
를 보장하는 표현으로 보기에는 일반적인 사회 내에서 너무 광
범위하기 때문에 모욕으로부터의 예외 조항이 필수적인 것으로
여겨졌다는 것을 암시하면서 말이다(Samios, 1998). 1994년 법안
평가에서는 의회의 양당이 이 법안을 지지했음에도 불구하고,
검열이 정당화되지 않는 표현도 억제할 수 있다는 이유로 일부
국민들은 이 법이 미끄러운 경사면 역할을 할 가능성을 우려하
면서 이 법에 반대함으로써 주목을 받았다(Hennessy and Smith,
1994:249). 이 토론문은 예외 조항들이 이런 입장들을 "수용"하였
다는 것과 "그것들이 표현의 자유와 인종 학대와 적대로부터의
자유를 절충하도록 기획되었다"고 지적했다(Hennessy and Smith,
1994:249; 257). 호주는 표현의 자유에 대한 구체적인 헌법적 보호
를 결여하고 있기 때문에, 예외에 대한 공적인 관심이 필연적이
라고 주장되었다(Hennessy and Smith, 1994:257-258).[13] 그러나 호주

---

13 1989년 NSW 법은 이후 '호주 캐피탈 텔레비전 대 연방정부(1992)' 177 CLR
    106 판결과 '네이션와이드 뉴스 대 윌스(1992)' 177 CLR 1 판결에서의 대법
    원의 "표현의 자유" 결정에 선행한다. 여기에서 호주에서의 "정치적" 의사소

헌법에서의 표현의 자유 보호가 부재한 것과 인종모욕금지법의 예외에 대한 공적인 관심을 포함시키는 것 간에 직접적인 연결이 있다는 생각을 지지하는 의회 논증의 형식 혹은 기록물에서의 구체적인 증거는 없다(Samios, 1998; Dowd, 1998; NSW Government, 1988; NSWPDLA, 1989; NSWPDLC, 1989). 의회 논쟁에서의 매우 일반적인 코멘트를 제외하면, NSW에서 인종차별금지법이 제정되기 전에 그 예외들의 특정 조항이나 범위가 상세히 논의되었다는 구체적인 증거는 거의 없다.

인종 모욕 금지 법안이 고려되는 동안 초안에 대한 변화는 인종 혐오를 "옹호하거나 표현하는" 행위에서부터 보다 엄밀한 "선동" 기준에 이르기까지 모욕에 대한 표준적인 정의를 제시하는 것이 포함되었다(Hennessy and Smith, 1994:252). 인종모욕금지법을 위한 "선동", "혐오", "심각한 경멸", "극심한 조롱"과 같은 용어들에 대한 정의는 개인 고소를 둘러싼 ADB와 위원회의 심의에 의해 발전되었다. 이 용어들에 대한 ADB의 해석은 처음에는 맥쿼리 사전Macquarie Dictionary 속의 통상적인 의미로부터 도출되었다. 인종 모욕 문제에 대한 최초의 위원회 공청회인 '해로우 사우어든Harou-Sourdon 대 TCN 채널 나인 사건(1994)'에서 위원회는 ADB의 해석과 의견을 같이했으며, 이는 이후 일련의 동성애자 모욕 사건[14]에서 확인되었다. 해로우 사우어든 사건을 둘러싼 심의에 있어서 위원회는 이 용어들이 맥쿼리 축약 사전에서 파생되는 있는 그대로의 의미와 일치하게끔 해석되어야 한다는

통에 대한 어떤 암묵적인 헌법적 권리가 판결되었다.

14   *R v D and E marinkovic* 1996, 고용평등위원회 고소 No 124 of 1995.

의견을 구체화했다. 혐오는 "미워하는 자의 감정, 강렬한 증오, 거리낌"으로 정의되었다. 경멸은 "누군가가 어떤 것을 비열하고 천하거나 무가치하다고 간주하는 감정, 경멸당한 상태, 명예훼손, 수치"로 정의되었다. 조롱은 "사람이나 사물을 향해 경멸적인 웃음을 촉발하도록 의도된 말이나 행동, 조소"로 정의되었다. 경멸과 조롱은 각각 "심각한" 및 "극심한"이라는 강조 형용사의 맥락에서 읽히게 되었다. 그 결과 어떤 고소가 해롭고 따라서 기소될 수 있다고 주장하기 위해서 ADB나 위원회에 의해 요청되는 문턱은 비교적 높다(그리고 이후 "혐오 문턱"으로 일컬어진다) (Hennessy and Smith, 1994를 보라).

또한 해로우 사이어든 사건에서 위원회는 어떤 진술이 모욕으로 여겨지는가를 결정하기 위한 객관적인 기준을 채택했다. 그 테스트는 특정 표현이 **선동에 대한 면역성을 가지고 있지 않고, 인종주의적인 편견을 가지고 있지도 않은 일반적이고 이성적인 사람을 혐오, 심각한 경멸, 극심한 조롱으로 선동할 수 있는가** 하는 것이었다(이전에 그 같은 선동을 받은 적이 있는 사람이 아니어야 한다). 다른 표현과 비교하여 모욕 발언의 길이, 토론의 논조, 그리고 모욕의 반복이 발생했는가와 같은 요소들을 포함하는 진술의 맥락이 선동 가능성을 결정함에 있어 고려되었다.

1989~1998: 문제들

이 절에서 나는 실제 NSW 법의 작동에 대한 개괄을 제공하

고자 한다.[15] 내가 여기서 사용하는 사례들은 그 법안의 실행에
서의 약점을 드러낸다. 나는 예외적인 사례가 아닌, 전형적인 사
례들을 인용하였다. 나는 각각의 사례에 제목을 부여하였고, 인
용된 사례에 대한 요약은 부록 A에서 제공된다.

고소 절차—공적인 문제에 대한 개인적, 사적인 해결책

　NSW 차별금지위원회(ADB)의 관행은 우선 어떤 고소가 소송
가능한지를 결정하는 것이다. 즉 그것의 절차적 한계와 위에서
설명한 법에 명시된 혐오의 문턱에 포함될 수 있는가를 결정하
는 것이다. 일단 어떤 고소가 소송 가능한 것으로 간주되고 나
면, 추가적인 정보를 얻기 위해 법령은 ADB가 피고(모욕적 발언을
했다고 알려진 사람)와 접촉할 것을 요구한다. 해당 고소가 소송이
보장된다면, ADB는 원고와 피고 사이의 합의를 할 수 있게 한
다. 피고와 연락이 닿을 경우 피고는 고소를 제기한 사람의 이름
과 주소를 제공받는다. 고소, 원고와 피고에 대한 모든 정보는
법에 의해 비밀로 보장되며, 이는 다른 공공의 구성원들이 고소

15　연구 방법은 질적 연구 방법이다. 질적 연구 방법은 실제 법률에 대한 정확하
　　고 세심한 그림을 제공하기 위해 구체적인 사례 연구에 대한 면밀한 검토를
　　제공해 준다. 이런 질적 연구 방법을 사용함으로써 단 하나의 사례조차도 제
　　시된 논증들을 입증할 수 있는 증거를 제공해 준다(Marsh and Stoker eds.
　　1995:137-172; King, Keohane and Verba 1994:1-33). 연구를 수행함에 있어서 혐
　　오 표현 사례들의 입법적 대응의 논조와 특성을 경청할 수 있는 것이 중요하
　　기 때문에, 질적 연구 방법은 이 맥락에서 도움이 된다. 양적 연구 방법은 법안
　　작동의 이런 속성들을 입증할 수 없었을 것이다.

가 언제 제기되었는지, 혹은 고소가 어떤 사건에 대해 제기되었는지, 그리고 해결 절차에 포함되었는지 여부를 알지 못하는 것을 의미한다. 해결 절차는 보통 피고로 하여금 모욕의 중단에 착수하는 것, 그리고/또는 원고가 피고로부터 사과문을 얻어내는 것을 포함한다. 만일 피고가 사과나 자신의 발언을 철회할 것을 거부한다면, 위원회에 의해 벌금형을 명령받을 수 있다.

NSW 법에 의해 명시된 정의에 따르면 모든 모욕은 어떤 "공적인 행위"이다. 그런데 일부 모욕은 적은 수의 사람들이 아니라 보다 많은 사람들이 들을 수 있는 매체를 통한 발언으로 인해 발생한다. 예를 들어 모욕이 신문 칼럼, 라디오를 통해서 혹은 직장에서 발생했다면, 해결 방안은 사과 또는 철회 의사를 신문에 게재하는 것, 동일한 라디오 프로그램을 통해 방송하는 것, 차별금지법NSW(1977) 조항을 직장 세미나를 개최하여 직원들에게 알리는 것을 포함할 수 있다. 예를 들면 한 신문 기사가 유대인을 모욕하였다고 주장하는 고소 하나가 제기되었다. 그 신문은 이후 첫 번째 기사의 오류를 정정하는 다른 기사를 게재했고, 모욕에 관해 유대인 단체가 논한 내용을 담은 세 번째 기사를 게재했다. 또한 직원들에게 법적 의무를 설명하기 위해 연방 인종차별위원Federal Race Discrimination Commissioner과 함께하는 직장 세미나를 실시했다. 이 사례에서 해결 절차는 모욕이 생성되는 것을 허용했던 조직 내에 추가적인 사건 발생을 예방하기 위한 노력의 일환으로 토론을 발생시켰다. 그러나 신문과 같은 광범위한 매체에서 발생한 모욕에 대한 고소가 모두 필연적으로 이러한 해결 절차를 동반하는 결과로 이어지는 것은 아니다. 몇몇 사례들에서는 모욕이 광범위한 공중의 청취 속에서 발생했음에도 불구하고 원고에 대한 피고의 사적인 사과 그리고/또는 철회를 통해서만 해결될 수 있었다. 그렇듯 소송을 초래할 수 있는 모욕은 "공적인 조치"여야 한다는 법률 조항에도 불구하고 해결 과정은 대체로 사적인 절차로 진행된다.

　몇몇 사례들은 이러한 지점들을 입증하는 데 도움을 준다. 사례 A에서 고소는 아마추어 라디오 방송에서 반유대주의 모욕의 오랜 이력을 가진 어떤 사람에 대하여 제기되었다. 방송에서 행해진 발언들에는 "나는 인종주의자는 아니지만, 유대인을 혐오한다", "히틀러의 생각이 옳았다. 문제는 그가 실수를 좀 했을 뿐이다", "역병 같은 유대인" 등이 포함되었다. 그것들이 혐오 문턱 조항을 넘어 소송 가능하다는 ADB의 결정[16]에도 불구하고, 원고는 피고가 열성적인 반유대주의자이기 때문에 발언을 그만두라는 명령이 피고의 행동을 억제하지 못할 것 이라고 느꼈다. 또한 피고가 가난하기 때문에 위원회 심사에서 부과되는 벌금을 지불하지도 못하리라 생각했다. 원고는 피고에게 사과가 강제되었다 하더라도, 그/녀로 하여금 앞으로의 모욕 행위를 그만두게 하지 못할 것이기 때문에 의미 없다고 생각했다. 한마디로 원고는 열성적인 반유대주의자의 사과나 벌금 지급을 요구하는 가능한 구제책들의 개인화되고 사적인 본성상 소송이 별로 소용이 없다고 느꼈다. 원고는 고소를 철회했다.

　또 다른 경우인 사례 B에서, 고소는 토착 원주민 공동체를 향

16　원고는 원래는 이 고소가 형사 조항 하에 기소되는 것을 원했다. 그러나 ADB는 그러한 발언이 형사 기소를 위한 보증이 되는 엄밀한 정의에 충족되지 않을 것 같다고 판단하여 민사 조항 하의 위원회 심사를 권고했다.

한 편견에 가득 찬 발언의 역사로 유명한 공적인 인물이 호주 원주민과 토레스 해협 섬사람들에게 행한 모욕에 대해 제기되었다. 이 사례에서 피고는 원주민의 종교를 "괴상하고", "원시적이며", "동물적인 것"으로 묘사했다. "대다수의 원주민들은 그 점을 이해할 만큼 충분히 교육받았다"고 덧붙이면서 말이다. 피고는 자신의 발언으로 ADB로부터 연락을 받았을 때, 그러한 표현이 "정확한 것"이라고 설명했으며, ADB가 표현의 자유를 위협하고 있으며 "사회적 통제에 대한 열망"을 입증하는 것이라고 비난했다. 박사학위를 소지하고 있는 원고는 자신이 피고의 주장에 동의하지 않는다는 점을 분명히 했으며, 피고와의 개인적이고 오래 끄는 논쟁이 앞으로의 유사한 진술들을 막는 데 소용이 없을 것이라는 의견을 가지고 있었다. 고소는 취하되었다. 흥미롭게도 ADB 위원장과 토론을 시작했던 원고는 위원장이 다양한 언론 방송을 통해 원주민 문화에 대한 교육적인 텔레비전 프로그램의 제작을 기획하고 있었다는 사실을 언급했다. 원고는 이러한 광범위한 교육적인 접근이 유익할 수 있다고 느꼈다. 그러나 이런 종류의 창의적이고 혁신적인 대응―공영 텔레비전 프로그램의 생성―은 오로지 10년의 연구 기간 동안 단 하나의 고소 파일에서만 언급되었다. 게다가 고소 파일에는 그 같은 프로그램이 성공했는지에 대한 어떤 언급도 포함되지 않았으며, 고소에서 제기된 문제들이 원주민 문화를 논의하는 이후의 텔레비전 프로그램과 어떤 식으로든 연결되었다는 증거를 발견하는 것도 불가능했다.[17]

---

17 연구는 원주민 문화와 관련된 방송에 관한 ABC 프로그램 판매 정보에 대한

또 다른 예시인 사례 C에서, 고소는 어떤 마을에 배포된 전단지에 대해 제기되었다. 비록 ADB는 전단지가 일부 거주민들을 인종적으로 모욕한다고 판결하기는 했지만, 그들은 열성적인 반反동양인 사회 집단에 대한 직접적인 공문이 거의 소용이 없었다는 것에 주목했다. 이 사례에서 원고는 모욕당한 집단 출신이 아니었기 때문에 어떤 조치도 취해질 수 없었고 고소는 기각되었다. 이 사례는 NSW 법에 의해 적용되는 해결 메커니즘은 가해자의 감수성에 구제를 의존해야 한다는 문제를 다시 한 번 제기한다. 이런 접근이 어떻게 혐오 표현의 해악을 개선할 수 있을까? 그러한 발언에 의해 영향을 받은 자들에게 무슨 일이 발생할까? 사례 A, B, C는 NSW 법의 심각한 실패를 입증한다. 이 법은 해결을 위해 모욕을 행한 자의 교정 가능성에 의존한다. 가해자를 교정할 수 없다는 것이 소송 가능한 모욕에 대해 고소를 제기할 수 없다는 것의 근거가 되지 말아야 함에도 불구하고, 이런 일들이 발생했다.

일부 사례들에서 원고들은 고소를 추진할 시간이 없었기 때문에 고소를 취하했다. 다른 사례들에서는 고소 이후 소송 기간 중에 원고가 연락이 두절되었으며 따라서 고소 자체의 이점과는 관계없이 사건을 종결해야 했다. 해결 절차는 종종 6개월 혹은 그 이상 걸리는 시간을 기꺼이 지속할 의향이 있는 원고에 의존하고 있다. 비록 모욕 발언이 법 조항에 따라 소송할 수 있다고 하더라도, 만일 원고가 과정에서 고소를 취하한다면 어떤 것

일람, 고소가 제기되었을 당시의 ADB 위원장과의 인터뷰를 포함했으며 (Mark, 1999), 고소 자체에 대한 일람에서는 고소와 이후 원주민 문화에 대한 언론의 방영과 연결되어 있는 기록은 존재하지 않았다.

도 그것을 밀고 나가기 위해 행해질 수 없다. 인터뷰에서 제공된 입증되지 않은 정보에 따르면(Williams, 1999), 원주민과 토레스 해협 섬 주민 공동체가 한 고소 취하는 특히 그 법의 활용에 대한 공동체의 인식과 법이 정한 한계들 간의 차이를 반영한다. 고소를 제기하려고 준비하던 공동체 구성원들은 종종 다른 공동체 활동에 관여된다. 이는 그들이 법에 의해 명시된 기간 내에 고소를 밀고 나갈 시간이 항상 있는 것이 아니라는 것을 의미하며, 법이 정한 필요조건의 중요성을 이들 공동체에 설명하는 것 또한 쉽지 않다. 게다가 정부 기관을 활용하는 것에 대한 그들의 부정적인 역사적 경험은 자신들의 공동체에 이익을 가져다 줄 수 있는 그러한 법의 효력에 대한 회의를 발생시킨다.

시간을 이유로 취하된 고소 사례인 사례 D는 소수 정당에 의해 배포된 어떤 팸플릿에서의 인종 모욕 때문에 생긴 고소였다. 그 팸플릿은 내용 가운데 "소수민족들"을 범죄자로 비난했으며, 호주 이민자의 축소를 옹호했다. ADB는 그 팸플릿이 소송 가능한 모욕에 해당한다고 결정했지만, 원고는 고소를 진행하지 않기로 결정했다. 풀타임 근무 때문에 충분한 시간을 확보할 수 없었기 때문이다. 따라서 사건은 종결되었다. 원고와의 연락이 두절된 이후 종결된 또 다른 사건의 사례는 사례 E로, 토크백talk back 프로그램에서 이슬람 관습과 무슬림들을 비판하는 발언을 한 라디오 진행자에 대한 고소이다. ADB는 방송 진행자가 그 둘을 충분히 구분하지 않았다고 판단했다. 모든 것을 감안한 뒤 ADB는 그 발언이 모욕에 해당한다고 판결했다. 라디오 방송국에 발언과 관련한 연락을 취했을 때, 그들은 ADB의 판결에 대한 반대를 표명했다. 게다가 개인 방송 진행자는 표현의 자유에 관한 호주 국무총리의 일반적인 옹호와 "정치적 올바름"에 대한 비판을 방어로 인용했다. ADB는 두 당사자 간의 중재 회의를 조직하고자 시도했지만, 원고가 응하지 않자 사건은 종결되었으며 어떤 추가적인 조치도 취해지지 않았다. 사례 F에서는 휴게소에서 어떤 여성이 다른 차량 탑승자로부터 다음의 발언을 들었다. "이 껌둥이 걸레야!", "넌 그냥 껌둥이일 뿐이야!", "나는 너보다 더 시꺼면 껌둥이도 총으로 쏴 죽인 적이 있어!" 이 사례에서 원고는 우선 경찰서로 갔지만 어떤 조치도 취해 주지 않았다.[18] 이후 원고는 거주지를 옮겼으며 연락할 수 없었고, 따라서 ADB는 사건을 종결했다.[19]

다른 사례에서 원고는 특정하지 않은 이유로, 혹은 피고로부터의 보복의 두려움, 즉 피고가 원고의 이름과 주소를 확인해야 한다고 법이 정한 필요조건에 의해 상황이 악화될 수 있다는 두려움을 이유로 고소를 취하했다. 또 다른 고소 사례 G에서, 원고는 휴게소 주인으로부터 인종적인 모욕을 당했다. 이 고소 역시 주인의 폭력적인 보복에 대한 원고의 두려움으로 인해 취하되었다. 그는 원고를 쇠지렛대로 위협했다. 사례 H에서 한 중국계 사람은 공공장소에서 "중국으로 돌아가라"라는 말을 들었으며, 이 발언은 부근의 다른 사람으로 하여금 "우리는 너를 이 나라에 받아 줬는데 네가 이 나라를 파괴하고 있다"고 맞장구치도록

---

18 이 발언을 한 차량 운전자의 신원은 확인되었다.

19 수사를 재개하라는 원고로부터의 이후의 요청은 법이 정한 한계들로 인해 거부되었다.

선동했다. 위협적인 전화를 받고 나서 원고는 자신의 고소를 취하했다.

다른 곳에서 논의된 바 있는 원고의 신원은 또 다른 문제를 제기한다(Gelber, 2000a). NSW 법 하에서는 원고가 고소를 진행하는 것이 허용되기 위해서는 모욕당한 집단으로 지목된 집단의 구성원(혹은 모욕당한 집단 구성원을 대표하는 "대리 기관")이어야 한다. 사례 I에서, 고소는 동양계 사람들을 모욕하는 한 클럽의 뉴스레터에 실린 시詩에 대해 제기되었다. ADB는 이전에도 같은 시에 대한 고소를 맡았으며, 이때는 소송 가능한 것으로 여겨졌다. 그러나 원고가 동양계가 아니었기 때문에 고소는 기각되어야 했다. 사례 J에서는, 호주 토착민들을 모욕했던 한 산업 잡지 속의 만화에 대해 고소가 제기되었다. 그러나 원고가 중국계였기 때문에 고소는 소송으로 진행될 수 없었으며 기각되어야 했다. 사례 K에서는, 동양계 여성의 화보가 실린 외설 잡지에 대해 고소가 제기되었다. 해당 호의 특집에 해당하는 잡지 커버의 제목은 "더러운 동양인 특별 상품Value Pack"이었다. 다시 한 번 원고는 동양 혈통이 아니었기 때문에 고소는 소송이 될 수 없었으며 기각되어야 했다. 그리고 사례 L은, 동양계 사람들의 이민과 호주 원주민의 토지 권리에 비판적인 NSW 주에 있는 법학과 학생들에게 배포된 책자에 대한 소송을 지역 사회 조직이 제기한 것이었다. ADB는 만일 그 조직이 법이 정한 필요조건들을 충족시킬 수 있으며 그들이 대표하여 고소를 제기할 수 있는 모욕당한 인종 집단 각각의 개개인들의 이름을 제출한다면 원고가 "대리 기관"이라는 것을 받아들이고 소송을 진행하는 데 동의하였다. 그 조직이 이들 이름들을 제공하지 못했기 때문에, 소송은 제기될 수 없었다. 어쩌면 긴 시간이 필요할 해결책을 취하는 것을 기꺼이 받아들일 의향이 있는 원고 개인과, 원고 및 피고 모두에 대한 ADB의 신원 확인 요구는 그 법의 효율성을 제한하는 것처럼 보이는 절차적 한계이다. 이러한 절차적 한계는 개인화된 해결 절차로 인해 직접적으로 발생하며, 막대한 기간에 걸쳐 최종 승인까지 소송을 진행할 의향이 있고 진행시킬 수 있는 개인들의 신원을 요구한다.

피고 개인의 신원을 확인해야 할 필요는 몇몇 다른 문제들을 제기한다. 이를테면 만일 피고의 이름과 주소를 알아낼 수 없다면, ADB는 그에 대해 소송을 제기하거나 사과나 철회를 얻어낼 대상을 갖지 못하게 되는 것이다. 이는 자동적으로 일정한 모욕 사례들을 소송할 수 없도록 만든다. 이를테면 모욕 행위가 거리에서 우연히 발생할 경우 종종 피고의 신원을 확인하는 것은 어렵다. 이런 사례들은 ADB에 소송조차 제기할 수 없을 것이다. 고소 희망자가 조언을 얻기 위해 ADB에 전화를 하게 된다면 그들은 소송이 불가능하다는 답변을 듣게 될 것이기 때문이다. 따라서 이런 일이 발생할 수 있는 사례들의 수를 양적으로 측정하는 것은 불가능하다. 그러나 법의 결함으로 인해 그러한 고소가 소송으로 진행될 수 없다는 사실은 혐오 표현의 해악에 충분히 대응할 수 있는 법의 능력에 대한 질문을 제기한다. 이런 피해가 발생할 수 있는 만큼, 모욕을 행한 자의 신원을 확인할 수 있든 없든 그러한 해악들이 생겨날 개연성은 크다. 이런 절차적 한계는 소송이 진행될 수 있는지의 여부가 개인에 대한 신원 확인에 의존하는 해결 절차로 인해 직접적으로 발생한다. 이는 또한 개인화된 해결 절차의 부적절성을 분명히 보여 준다.

추가적인 절차적 한계는 NSW 법 내의 서면 자료의 분배나 배포에 적용되는 "지식을 가지고(도)with knowledge"라는 단서 조항이다. NSW 법은 인종 모욕죄로 판단하기 위해서는 배포자가 해당 자료가 개인이나 집단 구성원의 인종을 근거로 한 개인이나 개인이 속한 집단을 향해 혐오, 심각한 경멸, 극심한 조롱을 표현하거나 이를 옹호하는 것이라는 지식을 가지고 있었어야 한다고 기술되어 있다. 예를 들어 사례 M에서는, NSW 내에 만화 팸플릿을 배포하는 근본주의 기독교 집단에 대한 고소가 제기되었다. 이 팸플릿 속에서 아랍 남성은 개종하고 "예수님을 발견하기" 전까지는 폭력적이고, 아동 학대자이며, 비이성적인 것으로 전형화되었다. ADB가 배포자에게 편지를 보냈을 때, 그들은 팸플릿을 배포한 목적이 무슬림들에게 하나님의 사랑을 가져다주는 것이었다고 답했다. 이것을 근거로 ADB는 고소를 취하할 것을 권고했다. 해당 팸플릿이 인종적으로 모욕을 하고 있다는 "지식을 가지고(도)" 배포된 것이 아니었으며, 따라서 "공적 행위"라는 법적 정의에 해당되지 않았기 때문이었다. 따라서 어떤 추가적인 조치도 취해질 수 없었다. 이는 보상받기 위해 가해자의 감수성에 의존하고 있는 NSW 법에 따라 적용된 해결 메커니즘의 또 다른 사례인 것이다. 이 사례에서 가해자는 자신들의 표현이 모욕에 해당한다는 것을 알고 있었다고 기꺼이 자백해야 한다. 이는 또 다른 NSW 법의 실패를 보여 준다. 왜냐하면 모욕이 행해졌을 경우, 그 발언이 해악을 끼칠 것이라는 지식을 가지고 행해졌든 아니든지 간에 관계없이 해악은 가해졌기 때문이다.

따라서 실질적인 근거 하에 소송 가능한 모욕에 해당될 수 있는 어떤 고소가 법의 적용에 있어서의 약점으로 인해 진행될 수 없는 사례들은 정말로 존재하는 듯 보인다. 이는 법이 도입되었을 때 언급된 "부수적 해악"을 가하는 일부 발언들이 소송 불가능하다는 것을 의미한다. 이 사례들에 대해 소송을 진행할 수 없는 ADB의 무능력은 법에서 진술된 목표들과는 조화되지 않는 것 같다. 이러한 적용의 약점은 개인화되고 사적인 해결 절차로 인해 직접적으로 발생한다. 그럼에도 이런 해결 절차는 "공적 행위"로서의 혐오 표현 행위들에 여전히 적용되었다. 더욱이 ADB가 혐오 표현의 발언에 대해 조치를 취할 수 **있는** 경우조차도, 경험적인 증거는 모욕이라는 공적 행위로서의 발언과 ADB에 의한 개인화되고 사적인 해결 절차의 활용 사이의 일정한 균열을 보여 준다. NSW 연구에서 "성공적으로" 해결된 고소[20]는 사적인 사과를 통하거나 원고와 피고 간에 서로 중단하기로 합의하는 것으로 귀결되는 경향이 있었다. 이런 해결 절차는 폐쇄된 문 뒤에서 발생하곤 한다. 이에 대한 예외는 신문을 대상으로 성공적으로 제기된 고소인데, 여기서의 성과는 처음 기사의 메시지를 논박하는 후속 기사의 발행을 포함한다. 어떤 합의가 고소의 대상이었던 기관 내에 차별 금지 정책을 개발하고 완수할 의무를 포함할 때조차도, 이런 해결 절차는 더 광범위한 피해자

---

20 이것들은 1989~1994년 기간 내 사례들의 약 21퍼센트와 1995~1998년 기간 내 사례들의 약 16.5퍼센트에 해당한다(Gelber, 2000a:17, 18).

공동체의 개입을 허용하지는 않는다. 따라서 혐오 표현 행위가 "공적인 행위"여야 한다는 법이 정한 필요조건에도 불구하고, 그에 대한 합의 절차는 대체로 사적인 것에 그친다.

'혐오 표현' 정의하기

그런데 경험적인 데이터는 논의를 위한 또 다른 문제를 제기한다. 즉 실현 가능한 방식으로 법적인 모욕을 정의하는 문제이다. NSW 법에 명시된 정의는 위에서 개괄되었으며 "혐오 문턱"으로 지칭되었다. 10년간의 연구 기간 동안 ADB에 제기된 많은 고소들은 NSW 법에 명시된 정의 하에 모욕에 해당하지 않는 것으로 결정되었으며 기각되었다. 예를 들어 사례 N에서는, 인종 혼혈 비율이 높고 또 토착 호주인 인구밀도가 높은 것이 특징인 어떤 지역의 학교 벽에 칠해진 벽화에 대한 고소가 한 앵글로색슨계에 의해 제기되었다. 그 벽화는 깃발 앞에 총을 들고 서 있는 앵글로색슨계 군인이 있는 거대한 유니언잭 배경을 묘사했다. 전경 속에는 재산을 빼앗긴 토착 호주인을 나타내는 수갑을 찬 흑인이 보였다. 벽화는 호주 원주민들의 박탈과 약화弱化의 역사를 전달하고자 의도되었다. 이 고소를 기각하면서 ADB는 비록 원고가 벽화를 모욕적이라고 간주할 수 있기는 하지만, 영국 식민지 시대의 원주민 공동체의 박탈과 약화는 역사적인 기록의 문제이며 그에 대한 묘사는 모욕에 해당하지 않는다고 조언했다. 또한 벽화가 원주민성뿐 아니라 다문화주의와 관련된 보다 다양한 문제들에 관한 자부심을 반영하는 다른 긍정적인 이미지들을 포함한다고 설명했다.

그러나 모욕에 해당하지 않는다는 이유로 ADB에 의해 거부당한 다른 고소들은 평가하기가 더 어려운 사례들이었다. 예를 들어 사례 O에서는, 지역사회 기반의 정치조직이 배포한 어떤 팸플릿에 대한 고소가 제기되었다. 팸플릿 속에서 논의된 주제는 다문화주의였다. 헤드라인은 "다문화주의가 위협한다(다양한 인종 배경을 지닌 사람들의 입국을 허용하는 이민 정책이 호주의 사회적 안정을 위협한다는 주장)", "침묵의 음모(이민 논쟁의 억제에 대한 주장)", "살해당한 최고의 이민자(낙태 반대 주장)", "동양인 문제(호주 내 "동양" 인종 간의 다툼으로 알려진 사건에 대한 지칭)" 등이 포함되었다. ADB는 그 자료가 혐오 문턱을 통과하지 못할 것 같다고 판단하여 기각했다. 사례 P에서는, 이민 문제에 관한 긴 기사가 주요 신문 주말 섹션에 실렸다. 기사의 헤드라인은 "이민자들에게 들어가는 숨겨진 비용", "호주의 4분의 1이 동양인" 등이었다. 기사는 증가하고 있는 "동양인" 이민이 호주의 사회통합과 안정성에 대한 위협을 나타낸다고 주장했다. 기사와 함께 실린 이미지들은 4분의 1이 노란색으로 색칠된 전형화된 얼굴, 공격적인 동양 용, 어둡고 불길한 새들로 둘러싸인 겁먹은 흰 앵무새 등이었다. 기사는 "곧", 즉 앞으로 27년[21] 내에 호주의 4분의 1이 "동양인"이 될 것이라고 주장했다. 이런 수치는(이후 다문화 전문가가 편집자에게 보낸 편지가 지적하듯이)[22] 이민율에 대한 부당하게 높은 산정과 동양계

---

21   이 수치는 인구통계적 변화에 따른 계산에서 도출된 것이었다.

22   나는 원고와 피고의 익명성을 보호하고 있는 법에서 정한 조항으로 인해 이

조상을 가진 누구라도 "동양인"으로 동일시하는 것에 근거한다. ADB는 이 자료가 혐오 문턱을 통과하지 못할 것 같다고 판단했고 고소를 기각했다. 비록 자료가 혐오 문턱을 통과한다 해도 법의 "공적 토론" 조항 하에 면제될 것 같다고 언급하면서 말이다. 이러한 종류의 고소는 혐오 표현의 해악을 개선하기 위해 고안된 법률을 제정하려고 하는 정책 입안자에게 흥미로운 질문을 제기한다. 해로운 혐오 표현에 적절하게 대응하는 동시에 표현의 자유를 허용하는 법적인 혐오 표현 정의에 도달하는 것이 어떻게 가능할 것인가? 어떤 진술이 혐오 표현에 해당하며 어떤 것은 해당하지 않는지를 결정하는 것이 어떻게 가능할 것인가? 이 질문에 대한 답변 또한 다음 장에서 추구될 것이다.

결론

이 연구에서 나는 법이 제정되었을 때 인용된 목표들을 달성할 수 있는 혐오 표현 정책을 완수하는 것이 가능한지를 결정하기 위해, 검토를 보증해 줄 세 개의 경험적인 문제들을 제시하였다. 첫째로, 그 법이 광범위한 예외들과 많은 혐오 표현 사례들을 규제에서 면제시켜 주는 법적 혐오 표현 정의를 가지고서 어째서 그런 식으로 형성되었는지를 이해하는 문제가 있다. 둘째로 그 법의 적용에 있어서의 명백한 약점과 불일치에 대한 설명을 추구하는 문제가 있다. 셋째로 시행 가능한 법적인 혐오 표현

편지를 확인할 수 없다는 것을 유감스럽게 생각한다.

의 정의를 찾는 문제가 있다. 이런 문제들은 여기서 연구된 NSW 법에 국한되지 않고 혐오 표현 문제와 관련하여 국제적으로 보다 광범위하게 적용될 수 있을 것이다. 나는 이 점을 이후 이 책의 비교하는 장(5장)에서 보다 분명하게 제시할 것이다.

우선은 나는 표현의 자유, 표현 정책 및 혐오 표현을 둘러싼 더 넓은 맥락 내에 내 논증을 위치시킴으로써 이들 세 가지 경험적 문제들에 대한 탐구로 되돌아올 것이다. 나는 이것을 다음 장에서 행할 것이다.

CHAPTER 2
표현의 자유 확장하기: 역량 접근법

표현의 자유를 옹호하는 지배적인 현대의 주장들이 표현 정책의 영역에 적용되었을 때의 한계는 다른 학자들(Schauer, 1983; Barendt 1985)에 의해 논의되었으며, 여기서는 단지 관련된 비판들에 대한 간략한 개괄만이 필요할 뿐이다. 아래에서 나는 이 모든 논증들은 표현의 자유 정책에 적용하는 데 있어서 치명적인 약점을 드러낸다고 주장하고자 한다. 즉 그것들은 제약 없는 표현의 자유를 핵심적인 정책 목표로 삼는 표현의 자유 정책 개념에 대한 강조를 공유하고 있다. 이는 대안적인 표현 및 표현 정책 개념이 정당화된다는 주장의 근거가 되는 것이다. 나는 이어서 그런 대안적인 성격의 표현의 자유가 고려될 수 있는가라는 질문을 검토하고자 한다. 표현의 자유 개념에 대한 논의는 개개인의 표현의 자유 행사에 대한 규제를 최소화하도록 고안된 정책과, 표현의 자유 행사에 대한 참여를 보장하도록 고안된 정책

간에 어떤 구별이 만들어지게끔 한다. 나는 역량 이론을 표현 정책에 대한 고찰로 통합시키는 것이 사람들이 표현에 참여하는 것을 보장하도록 하는 정책을 불러오고 적용하는 것이라고 주장하고자 한다. 이는 보다 효과적인 표현 정책 접근을 제공한다. 이러한 접근은 표현의 자유를 보장하는 것과 혐오 표현의 해악을 개선하는 것이 대립되는 것이 아님을 의미하기 때문이다. 오히려 그 두 목적은 표현 정책의 상호 보완적으로 달성 가능한 목표로 간주된다.

주요 표현의 자유 옹호 논증들의 결점

진리로부터의 논증argument from truth에 따르면, 사상과 의견에 대한 토론은 새로운 정보 그리고/또는 지식의 전파라는 점에서 '진리'[1]의 획득을 낳을 수 있으며, 심지어 그것은 필연적이다 (Schauer, 1982:15). 비록 이 논증이 존 스튜어트 밀John Stuart Mill[2]의

---

1 '진리'라는 용어는 아래에서 논의되듯이 상당히 논쟁의 여지가 있다. 그 용어의 인식론적인 어려움에도 불구하고, 밀은 그것을 가장 합리적이거나 '이성적'인 사건의 해석을 의미하는 것으로 의도한다. 나는 여기서 내가 어떤 진리에 대한 주장을 행하고 있는 것이 아니라는 것을 분명히 하고 싶다. 그 용어는 밀의 것이다.

2 1859년 초판이 출간된 『자유론On Liberty』은 개인적 자유와 사회적 질서 간의 긴장들을 검토하는 논쟁 속에서 핵심적인 텍스트가 되었다. 밀은 특히 그가 "다수의 횡포"라고 일컬은 억압적인 대중의 의견으로부터의 보호와, 정부의 권위로부터의 보호를 통합시키는 개인적 자유에 대한 이론을 확립시키는 데 관심이 있었다(Riley, 1998:42). 밀의 논증은 네 개의 주요 저서들에서 발전되었다. 즉, 『대의 정부에 대한 고찰Considerations on Representative Government』(1861),

작업으로부터 나온 것이기는 하지만, 그것은 현대의 표현의 자유 논쟁에서도 지속된다. '사상의 시장marketplace of ideas'[3]이라는 개념 속에서도 우리는 그 후예들을 알아볼 수 있다. 이는 대립하는 사상과 의견들 사이에서 자유롭고 열린 토론이 개인들의 엄밀한 경쟁에 대한 요구를 충족시키며, 이를 통해서 좀 더 참된 것으로 보이거나 "진리"의 요소를 포함하는 사상을 선택하는 것을 보장한다는 것이다. 조나단 라우흐Jonathan Rauch는 사상과 표현의 자유에 대한 제약은 학문의 자유[4]에 적대적이며, 또한 "진리의 판결이라는 명분하에 [누군가의 감정을] 기꺼이 짓밟는다"고 주장한다(1993:19). 그러나 진리로부터의 논증은 표현 정책 입안에 대한 안내로서는 취약한 듯 보인다. 그것은 "진리의 추구"가 최고선(Schauer, 1982:17: Barendt, 1985:9)이라는 가정에 의지하고 있으며, 영업 기밀이나 명예훼손 같이 표현에 대한 규제나 금지가 요

『여성에 대한 예속The Subjection of Women』(1861년에 저술되었으나 1869년에 출판됨), 『공리주의Utilitarianism』(1861)(이 책은 밀의 행복 개념과 도덕 영역의 범위와 내용을 명료화했으며, 정의론을 발전시킴); 그리고 개인들이 개성을 향유할 수 있고 행복을 추구하는 데 필수적인 자율적인 선택을 하도록 하는 간섭 금지의 영역을 정당화하고자 한 『자유론』(1859)(Gray in Mill 1991). 그레이John Gray는 『공리주의』에서 발전된 공리주의 정의론과 『자유론』의 개성의 추구에 필수적인 개인의 자유 간의 일관성을 인용하면서 마지막 두 저서가 밀의 저서 속의 논증에서 다른 노선을 보여 준다고 주장했던 이론가들에 반대한다. 밀의 저서는 자유주의 의무론과 표현의 자유에 대한 물음을 둘러싼 법철학에 영향을 미쳤다.

3   이 비유는 *Abrams vs U.S.*, 250 U.S. 616(1919) at 630-631에서 홈스Holmes 판사에 의해 사용되었다. 프랑크퍼터Frankfurter 판사는 *Dennis v. United States*, 341 U.S. 494(1951) at 546-553에서 이에 동의했다.

4   라우흐는 "학문의 자유"를 지식을 생산하는 자유주의적인 지적 체제로 정의한다. 그 용어는 자유주의적 정치체제 ("민주주의") 및 자유주의적 경제체제 ("자본주의")와 대비된다(1993:4).

구될지 모르는 경쟁하는 선들에 대한 고려를 하지 않기 때문이다. 진리로부터의 논증은 "진리"가 표현에 대한 제약을 최소로 하는 조건들 하에서 가장 잘 출현할 수 있다고 가정한다. 이는 역사를 통해 입증된 것이 아닌 낙관적인 가정이다. 왜냐하면 많은 "진리"들은 그것들이 맥락적[5]이라는 점에서 규정되기 힘들며, 많은 표현들이 "진리"에 대한 추구에 기여하는 것으로 간주되기에는 충분히 정합적이지 않기 때문이다 (Barendt, 1985:13; 8; 11).[예; 위에서 인용된 사례 F의 예시에서, 원주민 여성은 "흑인 걸레"이자 "그냥 껌둥이"라고 불렸다.]

정책 입안에 대한 안내로서 가장 강한 비판은, 그것이 '진리'에 대한 추구의 중요성을 다른 경쟁적인 가치들에 비해 강조한다는 것이며 (이 가치들은 시민들을 해악으로부터 보호할 필요를 포함할 수 있다), 따라서 진리로부터의 논증이 표현의 자유에 대한 헌법적 혹은 법적 옹호로 사용될 경우 경쟁적인 요구들에 도전받게 된다는 것이다. 1장에서 검토된 혐오 표현 정책은 적용 가능성에 예외를 제공함으로써 '표현의 자유'를 유지하고자 시도했다. 이런 예외 조항의 도입에 대한 구체적인 정당화를 고정하는 것은 쉽지 않았다. 실제로 예외 조항들은 해로운 발언들을 면제가 되게 만듦으로써 표현의 자유에 정책 우선성을 두도록 기획된다. 그렇다면 이런 예외 조항들은 입법의 측면에서 경쟁하는 요구들─

---

5 "진리들"이 경쟁할 수 있다는 생각이 존재론적인 가능성으로 고려되어야만 한다. 예를 들어 드워킨은 진리를 질문하는 자가 비난하고자 하는 평가의 틀의 영향에서 벗어난 어떤 외부 입장의 관점으로부터 객관적인 진리를 부정하는 것이 가능하다는 주장들을 비판한다 (1996). 한편 잭슨Jackson, 오피Oppy 및 스미스Smith(1994)는 윤리학에서의 비인지주의 이론과 진리 이론의 통합을 통해, 윤리적 문장들은 "진리 성질", 즉 참 또는 거짓이 아니라고 주장한다.

구체적으로는 혐오 표현의 해악을 개선하자는 요구—이 제대로 충족될 수 없다는 비난에 직면하도록 내버려 두는 것인지도 모른다. 이 예외 조항들이 진리로부터의 논증에 따라, 심지어는 암묵적으로 정당화된 만큼, 경쟁하는 요구들을 고려하지 못하는 이러한 무능력은 그 정책이 형편없이 수립되었다는 사실을 드러낸다. 게다가 진리로부터의 논증은 논박을 가장 잘 견뎌 내는 사상이 가장 좋은 사상임을 암시한다. 그것들이 논박을 견뎌낼 수 없는 사상들에 비해 더 높은 층위의 '진리'를 설명하기 때문이라는 것이다. 그러나 이는 그 자체로 논박 가능한 것이다. 이 모든 것은 진리로부터의 논증을 정책 입안에 대한 안내로서는 불충분한 것으로 만든다.

자기 발전 혹은 자기 완수로부터의 논증The argument from self-development or self-fulfillment(Barendt, 1985)은 표현 행위에 참여하는 **과정process**이 자기 발전과 개인성의 구축을 위한 필요조건이라고 강조한다(Rees, 1985:48; Gray in Mill, 1991). 이 주장 안에서는, 존 스튜어트 밀이 이야기한 대로, 그가 깊은 관심을 가지고 표현으로 간주했던 의견들은 그것이 직접적이고 인과적인 해악을 초래하는 경우에만 단지 해로운 것으로 간주될 수 있다(Mill, 1991:62). 밀의 '해악 원칙'은 그것이 모욕에 대한 현대의 문제에 적용되는 경우 오로지 표현의 자유만을 보호하게 되는 실수를 범하게 될 듯하며, 사례 F("나는 너보다 더 시꺼먼 껌둥이도 총으로 쏴 죽인 적이 있어")나 사례 A("히틀러의 생각이 옳았다. 문제는 그가 실수를 좀 했을 뿐이다")에서와 같은 발언에 대한 규제는 허용되지 않을 것 같다. 이 사례들의 경우 그 같은 표현은 직접적이고 인과적으로 누군가에게 토착

민을 총으로 쏘거나 유대인을 살해하게 하는 일을 초래하지는 않을 것이기 때문이다(비록 그러한 가능성이 완전히 제거될 수 없기는 하지만 말이다).

밀의 논증 내에서 발화가 허용되는 것은 내용이나 견해 여부에 달린 것이 아니다.[6] 밀은 모든 개인들이 자기 발전 과정에 참여해야 하며, 잘 알려져 있으며 이론의 여지가 있는 표현이 이 과정에 필수적이라는 규범적인 주장을 한다. 그러나 밀은 '좋은' 표현과 '나쁜' 표현, 혹은 '고차원적인' 표현과 '저차원적인' 표현을 구별하지 않는다. 다시 말해 밀은 현대의 언어학자들이 그러하듯이 형식, 내용 혹은 견해에 근거한 '질 낮은' 표현의 **독자적인**sui generis 범주에 대한 구획을 허용하지 않는다. 이것의 현실적인 함의는, 밀의 모델이 이를테면 자기 발전에 필요한 토론과 논박 과정에 도움이 안 되는 인종 혐오 표현을 자동적으로 비난하지는 않을 것이라는 사실이다. 인종 혐오 표현도, 만일 그것이 잘 알려진 것이며 이론의 여지가 있다면, 자기 발전에 기여할 만한 것일 수 있다는 것이다. 루이스David Lewis는 이것을 밀의 중립주의 원칙이라고 일컫는다(1997:3).

자기 발전으로부터의 논증은 또한 자기 발전의 기회에 참여하고 이를 극대화하는 것에 대한 책임을 개인에게 압도적으로 의존하고 있다는 이유로 비판받을 수 있다. 그러나 자기 발전에 있어서 개인들이 직면한 모든 문제들이 개인들에 의해 독립적으로 해결될 수 있는 것은 아니다. 사회적인 것으로 규정될 수

---

6   예를 들어 선스타인Sunstein은 논의되는 주제에 관한 물음에 좌우되는 "내용 기반적"인 표현 규제와 화자에 의해 표현된 견해에 대한 물음에 좌우되는 "견해 기반적"인 표현 규제 간의 차이를 설명한다(1993b:8-14).

있으며 개인적인 욕구들과 경합할 수 있거나 심지어 적대적일 수 있는 욕구들은 그러한 논증에서 염두에 두지 않기 때문에 고려되지 않는다. 예를 들어 인종주의적 모욕들(이민 감소를 옹호하는 어떤 팸플릿에서 범죄와 관련하여 '인종'을 비난하는 것과 같은)을 사회 전반에 있어서 금지하는 것이 그 모욕이 대상으로 삼은 피해자들의 자기 발전에 직접적으로 기여하는 것으로, 그리고 관용의 촉진을 통해 그 사회 내에서 모든 이들의 자기 발전에 간접적으로 기여하는 것으로 규정하는 것이 가능하다.

그러한 적용상의 결점에도 불구하고, 자기 발전으로부터의 논증은 실용적인 이유들로 인해 지속된다고 주장되어 왔다. 표현의 자유는 정부의 개입으로부터 자유를 향유하는 해방으로서 소극적 측면으로 상정되기 때문에, 표현의 자유 정책은 개인들을 제약하지 않는 정부에 의해 유지된다(Barendt, 1985:15). 정부가 개인들의 표현 활동에 개입하는 것을 단순히 삼가거나, 앞에서 개괄된 NSW 혐오 표현 정책 사례의 경우처럼 표현에 대한 제약의 부과에 폭넓은 예외를 허용하기 때문에, 이는 표현의 자유 정책의 완수를 비교적 쉽게 만든다. 이러한 소극적 자유negative liberty는, 정부로 하여금 자유가 행사될 수 있는 시설이나 수단들을 제공하도록 적극적인 개입을 요청하는 적극적 자유positive liberties[7]와 대치된다. 이런 구분의 국제적인 운용의 현대적인 사례

---

7   소극적 자유와 적극적 자유 간의 차이에 대한 논의로는 특히 벌린Isaiah Berlin(1969)과 스키너Quentin Skinner(1984)를 보라. 그 용어들은 완전히 상호 배타적이지 않다고 알려져 있으며 그런 구분의 실현 가능성에 대해 상당한 논쟁이 존재한다. 그럼에도 불구하고, 그것이 표현에 대한 정책 접근들을 구분하는 데 도움을 주는 만큼, 그 구분은 여기서 유용하다. 나는 이 점을 발전시키는 데 도움을 준 리사 힐Lisa Hill에게 감사를 표한다.

는 국제자유권규약위원회(ICCPR)에 체현된 시민권과 정치권(소극적 자유), 그리고 경제권, 사회권, 문화권에 관한 국제규약(ICE-SCR)의 사회권 및 경제권(적극적 자유) 간의 구분이다. 이 구분은 여러 가지로 불안정하지만, 유의미한 역사를 갖는 불완전한 도구이다. 소극적 자유로 여겨지는 표현의 자유가 경쟁적인 적극적 자유에 대해 행정 "우위"를 가지고 있다는 생각은 표현의 자유 정책에 대한 **실용적인 정당화**이다.

자기 완수로부터의 논증은 그 기저를 이루는 정당화의 근거로 개인들이 표현에 참여하는 데 따른 이익 산출에 의존하고 있기 때문에 결과론적이다. 그러나 이 논증은 표현이 개인에게 중요하다고 평가할 수 있는 가능한 근거들을 샅샅이 다루는가? 결과론적인 접근 대신 개인들과 표현의 자유의 관계에 대한 의무론적인 견해에 근거하여 표현의 자유를 옹호하는 별개의 주장을 구분하는 것이 가능하다. 그러한 일종의 의무론적인 관점은, 표현의 자유는 그것의 보유나 행사의 어떤 결과와도 관계없는, 개인들에게 내재적인 가치로 간주되어야 한다는 규범적인 주장으로 구성될 수 있다. 이런 구별이 가능한 만큼, 표현의 자유를 지지하는 권리 기반적인 논증right-based argument 또한 존재한다.[8] 즉 그/녀가 기회의 평등과 인간 존엄성과 같은 여타 다른 기본적이고 주요한 자유에 대해 권리를 갖는 것과 마찬가지로, 개인은 표현의 자유에 대해서도 '권리'를 갖는다는 것이다.

표현의 자유의 권리를 옹호하는 가장 영향력 있는 논증은—

---

8   이는 배런트Eric Barendt(1985)가 권리 기반 논증을 민주주의로부터의 논증에 포함시킬 때 그가 하지 못한 구분이다.

내 생각에 이 논증의 일부분은 설득력이 있는데—로널드 드워
킨Ronald Dworkin(1977)[9]에 의해 제시된 것이다. 그는 개개인의 권리
들은 정치적인 으뜸패political trumps라는 규범적인 주장을 한다. 그
것은 목표들이 대립되는 상황에서는 개인들이 보유하는 권리들
이 보편 복지와 같은 다른 정책 고려 사항들을 밀어낸다는 것을
의미한다. 개인적인 권리들은 공리주의적인 고려 사항들을 이
긴다. 비록 그렇게 행하는 것이 일반 이익이라 하더라도, 권리에
대한 성공적인 주장이려면 그 권리가 어떤 개인에게 부정되는
것은 잘못이라는 것을 의미하기 때문이다.(1977a:269). 그는 대신
"평등한 대우"(1977a:227)[10]라는 근본적이고 양도 불가능한 권리
라고 간주되는 평등 개념에 근거한 표현의 자유를 지지한다
(1977a:272-278). 드워킨의 자유 개념은 이런 평등의 권리로부터
파생된 것이기 때문에, 정부에게 동등한 기회의 분배를 보장하
도록 강제할 수 있다.

드워킨은 표현의 자유를 개인적이고 양도 불가능한 권리로
정립시킨다. 이는 개인들이 중요하고도 기본적인 표현의 자유
에 대한 권리를 가지고 있다는 것을 의미하며, 표현의 자유 권리
에 대한 어떠한 침해도 정부가 모든 시민들에게 평등한 기회의
분배를 보장해야 한다(1977a:272-273)는 드워킨의 근본적인 관심

---

9   *Taking rights seriously*(1997a); *The Philosophy of Law*(ed.)(1997b); *A matter of
     Principle*(1985)를 보라.

10   게다가 자유는 평등으로부터 파생된 것이기 때문에, 드워킨은 이것이 역차별
     의 실천과 같은 것이 아니라고 주장한다(1977a:223-239). 소수자 우대 정책 논
     증의 의의는 이 장에서 뒤에 논의될 것이다.

을 침해할 위험을 감수해야 하는 것이다.[11]

그러나 만일 표현이 난공불락의 권리로 여겨진다면, 이는 권리로부터의 논증argument from rights이 표현의 절대론적인 보호에 반하는 내적인 제한을 거의 제공하지 못한다는 것을 의미한다. 즉 개인의 표현할 권리에 대한 정부 개입에 정당화를 제공하지 못하는 정책 틀이라는 것이다. 표현에 관한 법률에 적용됨으로써 권리로부터의 논증은 절대주의를 향하는 경향을 나타낸다. 미국의 수정헌법 1조의 법리는 논란이 되는 표현이 모욕적이거나 해로운 것으로 간주될 때조차도 표현에 대한 절대적인 보호를 옹호하는 경향이 있음을 인정한다(나는 아래에서 수정헌법 1조를 검토할 것이다).[12] 그러나 어떠한 자유민주주의적인 사법부도 표현의 자유에 대한 절대적인 보호를 제공하지는 않는다. 표현의 자유 권리에 대한 제약이 자유민주주의에도 실제로 존재한다. 그러나 이는 권리 그 자체로부터의 논증에서 정당화를 이끌어 내기보다는 보편 복지에 대한 공리주의적인 고려에 의해서 정당화되기 쉽다. 이는 권리 자체로부터의 논증을 표현 정책에 적용하는 데 있어서 문제가 되는데, **일부** 표현에 제재가 허용되도록 정책이 기획될 경우 표현의 자유 정책에 대한 합리화로서의 논증은 상당한 그리고 끊임없는 조건을 요구할 것이기 때문이다.

---

11 특히 Dworkin(1977a), Chapter 12, "What Rights Do We Have?", pp. 266-278 을 보라.

12 여기에서의 사례 연구의 사용은 연구 결과들이 단지 혹은 주로 권리로부터의 논증에 의존한다는 것을 암시하고자 의도된 것은 아니다. 그것들은 표현의 자유 논증들이 절대주의로 여겨진다는 것을 보여 준다. 나는 다른 곳에서 이것이 권리로부터의 논증에 특히 그렇다는 것을 확인하고자 했다.

권리로부터의 논증을 표현의 자유에 대해 적용하는 것의 두 번째 약점은 그것이 화자의 권리에 특권을 부여한다는 것이다. 왜냐하면 만일 어떤 표현이 모욕적이고 마음을 아프게 하며 해롭다고 할 수 있다면[13], 그런 표현을 할 수 있도록 허용하는 권리 논증을 강조하는 것은 다른 권리에 대해 특정 권리에 특권을 주는 셈이 되기 때문이다. 다시 말해서, 그러한 표현이 마음을 아프게 하거나 해롭다고 생각하는 청자의 권리에 비해 화자의 권리가 특권을 부여받는 것이다. 표현이 끼치는 영향에 대한 어떤 고려도 권리로부터의 논증 내에선 주어지지 않는다. 권리로부터의 논증은 본질적으로 의무론적이기 때문에, (개별 청자 혹은 그 같은 발언을 들은 타인에 의해 영향을 받은 개인들에 대한) 표현의 영향이나 영향이 미치는 범위에 대해 고려하지 않는다. 드워킨은 편견이 주입된 사회에서는 그러한 편견으로 인해 불가피하게 개인의 선호들preferences로 포화를 이룰 것이라고 주장했다(1977a:237). 현실 세계에서는 마음을 아프게 하는 표현은 편견의 결과들을 감당하는 사람들, 예를 들어 유색인종을 향해 제기되는 경우가 흔하다. NSW 경험 연구에 인용된 사례들은 이 주장을 뒷받침한다. 그것들은 인종차별적인 모욕의 대상이 되는 주변화되고 취약한 사회집단(예를 들어 호주 원주민과 비앵글로색슨계 이민자)이라는 사실을 입증해 주기 때문이다. 인종차별적인 편견이 존재하는 것이 규명될 수 있는 만큼, 표현의 자유를 권리로 보호한다는 것은 주변화되고 무력화되거나 억압된 사회 영역이 그러한 보호의 부담들까지 떠맡아야 한다는 것을 암시한다. 언제 어디서든,

---

13 표현의 이러한 차원은 다음 장에서 상세히 검토될 것이다.

그런 부담이 불균등한 경우에서조차 말이다. 이는 샤우어Frederick Schauer(1992:1355)와 마쓰다M. J. Matsuda(1993)에 의해 주목받았으며 아래에서 보다 상세히 논의될 것이다. 이 같은 문제는 의무론적인 표현의 권리 주장에 본질적인 문제이다.

마지막으로 민주주의로부터의 논증argument from democracy은, 효율적인 민주주의는 정부를 비판할 수 있고 문제에 대한 숙의에 적극적으로 참여함으로써 자신들의 의사 결정 능력을 발전시킬 수 있는 시민들의 능력에 의존하고 있다고 주장한다. 여기서 이 논증의 목적을 위해 민주주의는 주권, 그리고 정부의 작동에 대한 통제가 인민의 의무인 체계로 정의된다(Schauer, 1982: 86). 민주주의로부터의 논증은 미국에서 수정헌법 1조의 표현의 자유 보호에 대한 정당화로 사용되어 왔다.[14] 민주주의로부터의 논증은 또한 호주에서 정치적 문제에 관한 암묵적인 헌법적 표현의 자유 보호 판결을 뒷받침하고 있는 추론에서도 확인된다.[15] 정치적 문제에 대한 표현의 자유를 보장하는 것은 효율적인 대의제 민주주의의 실천에 있어서 본질적이라고 주장된다.

그러나 다수결 원칙의 민주주의 모델은 표현에 대한 제약을 지지하도록 사용될 수도 있다. 예를 들어 민주주의 체제 내에서 다수의 인민은 민주적인 절차를 통해 사회의 일부 구성원들의 표현을 제약하도록 투표할 수 있다(Barendt, 1985:21; Schauer, 1982:40). 어쩌면 그들이 푸른 눈을 가진 사람들일 수도 있는 것

---

14   예를 들어, *Whitney v. California*, 274 U.S. 357(1927).

15   5장의 호주 대법원의 '표현의 자유' 판례에 대한 논의를 보라.

이다.[16] 혹은 민주주의 체제 내에서 다수의 인민은 민주적인 과정을 통해서 어떤 주제에 대한 표현을 제약하도록 투표할 수도 있다. 그 다수는 푸른 눈을 가진 자들의 표현이나 특정 주제를 논의하는 자들의 표현을 제약하는 것이 민주주의를 강화하는 것이라고 간주할 수 있다(어쩌면 푸른 눈을 가진 모든 사람들이 갈색 눈을 가진 모든 사람들을 투옥시키려고 했을 수도 있기 때문이다). 그런 경우엔 다수결 원칙의 민주주의로부터의 논증에 따라 제약이 정당화될 수 있다. 드워킨은 인종차별주의가 존재하는 사회에서 다수결 원칙은 인종차별적인 편견에 젖어 있는 선호 형성으로 인해 결함이 있을 수 있다는 것을 지적한다(1977a:237).[17] 이는 다수결 원칙의 민주주의 논증의 틀 내에서 상정된 어떤 표현 정책이, 다수가 보호할 가치가 있다고 여기는 표현은 허용하지만 그렇게 여기지 않는 일부 표현에는 제재를 가할 수도 있다는 것을 의미한다. 그리고 이 결정들이 인종차별적인 편견을 강화하기 위한 방식으로 행해질 수도 있다는 것을 뜻한다. 이는 인종차별에 반대하는 의사를 표현하는 것을 불가능하게 할 수 있다.

그러나 민주주의로부터의 논증이 **참여적인**participatory 모델에 근거한다면, 이 문제는 극복될 수 있다. 참여 민주주의 모델은 모든 시민들이 민주주의적인 논쟁과 반대에 참여할 수 있고 의사결정을 추구할 수 있는 권리를 적용한다. 이는 반대자들이나

---

16 나는 이 비유를 제인 엘리엇의 "파란 눈, 갈색 눈" 실험에서 끌어 왔다. 이를 테면 *Blue-eyes [Videorecording]*. Director of photography, Waldemar Hauschild, writen and directed by Bertram Vehaag in cooperation with Jane Elliott. Denkmal Filmproduktion을 보라.

17 사더스키Sadurski 또한 이런 주장을 지지한다(1994:178-179).

일반적이지 않은 견해를 보유한 자들을 포함한다. 이런 참여 모델은 일부 언어학자들(예를 들어 Schauer, 1982:41)에 의해 인정되었다.[18] 그러나 심지어 민주적인 의사결정에 참여할 수 있는 표현의 중요성 개념에 의지하는 표현의 자유 옹호 논증이라 하더라도, 관련되어 있지만 구분되는 속성을 반드시 설명할 수 있는 것은 아니다. 민주주의로부터의 논증은, 설사 참여 민주주의라 하더라도, 표현 정책 결정에 대한 안내로서 표현의 자유 행사가 가능해지려면 **어떻게** 참여해야 하며, 혹은 심지어 어째서 참여를 **격려하는**encourging 것이 표현 정책의 정당한 목적일 수 있는지를 설명할 수 없는 문제로 곤란을 겪는다.

이 물음들은 앞에서 제기된 주제, 즉 표현이 어떤 유형의 자유로 생각되어질 수 있는가라는 주제로 되돌아오게 한다. 사람들로 하여금 어떻게 표현의 자유 행사에 참여하는 것을 보장하도록 할 수 있을 것인가에 대한 논의는 이것이 심지어 표현에 관한 정부 정책을 위한 적절한 목표인가 아닌가라는 물음을 제기하

---

18 나아가 샤우어는 동등한 참여를 표현의 자유 정책에 대한 정당화로 통합시키는 것은, 민주주의로부터의 논증으로 하여금 표현의 자유 원칙을 위한 독립적인 논증을 전혀 제공할 수 없게 만든다고 주장한다. 왜냐하면 그것이 인민주권 원칙과 모순되기 때문이라는 것이다(1982:41-42). 샤우어의 반대는 여기서 '민주주의로부터의 논증'이 '다수결 원칙의 민주주의로부터의 논증'과 동의어라는 전제에 근거하고 있는 것 같다. 내 논증에서 평등 개념(표현의 자유에 평등하게 참여한다는 점에서)은 역량 이론의 틀 내에 통합된다. 나는 민주주의로부터의 논증을 여기서 다수결 원칙의 민주주의로부터의 논증으로 적용하는 측면과 참여 민주주의로부터의 논증으로 적용하는 측면 모두를 비판하고자 한다. 나는 민주주의로부터의 논증 내에 표현의 자유 원칙에 대한 지속 가능한 옹호를 제공하는 것이 어렵다는 샤우어의 일반적인 의심을 공유하지만, 다른 근거들에서 그렇다. 샤우어는 민주주의로부터의 논증을 다수결 원칙과 동일시한다. 나는 민주주의로부터의 논증이 표현의 자유 행사에 대한 동등한 참여를 보장하는 정당화 혹은 그러한 기제를 제공할 수 없다는 것을 논할 것이다.

기도 한다.

이 지점까지 논의된 논증들은 유해한 표현을 개선하려는 정책 목표가 **잔여적인**residual 정책 목표로서의 혐오 표현 정책으로 통합될 수 있다는 가정을 뒷받침한다. 다시 말해, 뒤에 남은 표현, 즉 어쩔 수 없이 정부 규제에서 빠져나간 것으로 간주되는 표현을 분리하여, 소송 가능한 것으로 남기는 것이다. 이러한 '잔여주의residualism'는 입법자의 정해진 목표(혐오 표현을 개선하는 것)와, 입법 대응으로부터 많은 표현을 보호하고자 하는 법률 제정의 기저에 놓인 전제들 사이의 간극에 대해서 질문을 제기한다. 이는 NSW 연구에 적용됨으로써 NSW 법이 표현의 자유와 혐오 표현의 해악 개선이라는 대립하는 정책 목표들을 실제로 어떻게 조정했는가라는 질문에 대한 답을 도출한다. 이 법은 많은 표현을 대응으로부터 면제시켰기 때문에 이 같은 서로 **대치하는** 대립적인 정책 목표들을 그다지 통합시키지 못했다. 이는 일부 혐오 표현을 대응으로부터 면제시키기 때문에, 이 법이 혐오 표현의 해악을 제대로 참작하지 않는다는 비판에 직면하게 한다. 역량 이론으로부터 도출되는 표현 정책을 위한 대안적인 개념적 틀을 활용함으로써, 여기서 규명된 약점들을 극복하는 것이 가능하다.

어떤 종류의 자유인가?

적절한 표현 정책 목표란 무엇인가라는 질문은 표현의 자유에 해당하는 것은 무엇인가에 대한 가정과 본질적으로 연결된다. 17세기의 계약론적 사유의 출현 이후, 자유 개념을 제약의 부재로 생각하는 '소극적$_{negative}$'인 경향이 있어 왔다(Skinner, 1984:194). 나는 위에서 논의한 지배적인 표현의 자유 옹호론들이 가장 중요한 정책 목표로 제약의 부재를 강조하는 표현 정책 개념에 영향을 끼친다고 주장했다. 그렇다면 이러한 개념적 틀 내에서 표현을 규제로부터 제외시키는 정책 목적은 해로운 표현을 개선하려는 정책 목적과 대립된다. 이러한 제약의 부재에 대한 강조는 소극적 표현의 자유 개념을 전형적으로 보여 준다. 몇몇 사례들의 경우 소극적 표현의 자유 개념에 대한 의지는 명시적이다. 이는 예를 들어 밀의 자기 발전으로부터의 논증에 대한 옹호에서 그렇다. 여기에서 그는 각각의 행위자들이 선택한 목적을 추구하도록 그들을 가능한 한 최대한 내버려 두어야 하며, 그들은 자신들의 선善에 가장 잘 부합하는 목적을 스스로 선택할 수 있는 입장에 있다고 주장한다(Hill, 1999:33). 제한된 소극적 자유 개념은 자기 발전으로부터의 논증의 지속을 위한 실현 가능성의 정당화에서도 또한 명시적이다(Barendt, 1985:15). 여기에서는 표현의 자유의 기회를 격려하는데, 그런 정책은 단지 표현의 자유에 대한 구속의 부재만을 요구하기 때문이다. 또 다른 논증에서는 제한된 소극적 자유 개념이 **암묵적**이다. 이는 진리로부터의 논증의 경우인데, 예를 들어 '진리'가 추구될 수 있기 위해 표현에 대한 제약의 부재가 전제된다. 마찬가지로 자기 발전으로부터의 논증은 개인들이 자기 완수에 기여하는 활동에 착수할 수 있도록 방해로부터의 자유에 대한 전념을 전제하고 있다. 권리로부터의 논증 역시 개개인의 표현의 권리의 소유가 그 권리에 대한 외적 제약, 부과, 방해의 부재를 전제하고 있는 만큼, 소극적 자유 틀에 의해 뒷받침된다고 할 수 있다. 마찬가지로 민주주의적 절차와 의사 결정에 참여할 수 있는 능력이 그런 참여에 필수적인 활동들에 대한 제약으로부터의 자유를 암시하는 만큼, 민주주의로부터의 논증 역시 소극적 자유로서의 표현 개념에 의지하는 것 같다. 소극적 자유 개념이 표현 정책을 형성하기 위해 사용되는 논증들에서 전제될 때, 그러한 정책의 결과는 불가피하게 표현에 대한 제약의 부재를 낳게 된다. 소극적 자유 개념이 현대 자유민주주의 체제에서 지배적이기 때문에 (Skinner, 1984:194-195), 이러한 표현 정책의 목적과 기획 개념이 우위를 차지한다.

그러나 해링턴(1977), 깁스(1976), 테일러(1979), 볼드윈(1984), 스키너(1984: 1997), 벌린(1969)의 연구들과 같이 소극적 자유 개념의 지배에 도전하고 확장하는 다른 자유 개념이 세공되었다(이는 역량 이론에 영향을 끼친 확장된 자유 개념이며 따라서 이 맥락에서 유용함을 가지고 있다). 이를테면 찰스 테일러Charles Taylor는 자유를 단순히 '기회'가 아닌 '행사excercise'로 간주한다(Skinner, 1984:1916에서 인용). 테일러의 주장은 개인들은 자신들이 역량을 행사할 수 있을 때 자유로우며, "이 역량들이 어떤 식으로든 충족되지 않거나 가로막힐 때 자유롭지 않거나 덜 자유롭다"는 것이다(1079:179). 테일러의 자유 개념은 정책 고안에 있어서 제약의 부재 이상의 어떤 것이 요청될 수 있다는 것을 보여 주는데, 모든 개인들이 자신의 역량 행사에 자발적이거나 자동적으로 참여하는 것은 아니기 때문이다. 깁스Benjamin Gibbs는 이와 비슷하게 자유는 선택한 선을 획득할 수 있고 향유할 수 있는 개인들에게 달려 있다고 주장한다(1976:22). 이사야 벌린Isaiah Berlin은 누군가에게 어떤 것을 행하도록 해주는 "개입"으로서의 '적극적' 자유 개념을 언급했다. 그는 이를 '소극적' 자유 개념, 즉 간섭으로부터 자유로운 영역과 대조시켰다(1969: 121-122).[19] 넓은, 적극적 자유 개념은 자유가 행사될 수 있는 조건들에 대한 고찰을 적용한다. 정책 구성에 대한 가이드로서 그것은 제약의 부재 이상을 암시한다.[20] 표현 정책에 적용되는 경우, 적극적 표현의 자유 개념은 정책이 표현행위에 참여하는 것을 보장하는 조건들을 제공할 것을 고려해야 한다는 것을 의미한다. 표현을 적극적 자유로 생각하는 것은 흔하지는 않으며, 불가능한 것은 아니지만, 진정으로 적극적 자유 개념은 표현 정책의 영역에서 전례가 없다. 예를 들어 오웬 피스 Owen Fiss는 역사적으로 자유 지상주의적인 표현의 자유 논증들은 국가를 자유의 적으로 바라본다고 지적한다. 따라서 그들은 표현의 자유는 국가가 간섭하지 못하게 하는 것에 의해 달성될 수 있다고 전제한다(1996:2). 그는 대신 완전하고 개방적인 토론을 **조성**fostering하는 것이 국가의 허용될 수 있는 역할이라는 전제를 통합시키는 민주주의 표현 이론을 옹호하면서 이러한 전제가 잘못된 것이라고 비판한다(1996:17). 이 책에서 제기된 비판은 피스(1996)에 의해 시도된 보다 깊고 포괄적인 적극적 자유

---

19 벌린은 그 두 범주 사이의 중첩 가능성을 인정한다(1969:121)

20 센Sen 역시 제약의 부재는 "자유 지상주의적 권리에 대한 절차적 충족"에 불과한 것이며 이것이 소극적 자유가 요구하는 전부라고 비판한다(1993a:30).

개념의 적용을 겨냥한다. 만일 정부가 완전하고 개방적인 토론을 조성하는 데 관여해야 한다면, 이는 제한된, 소극적인 표현의 자유 개념으로 채워진 것보다 더 두터운 표현의 자유 개념을 시사하는 것이다. 여기서 정부는 시민들이 스스로 그렇게 행할 수 있도록 조치를 취하는 것을 단순히 금지하지 않는 것이 아니라, 표현의 자유가 착수될 수 있는 조건들을 제공하는 데 개입할 것을 요청받기 때문이다. 국가권력에 대한 공포는 시대착오적이라는 주장 역시 사더스키Wojciech Sadurski에 의해 채택되었다. 19세기 자유주의자들은 국가권력이 증가하고 있으며 검증되지 않는 것을 두려워했는데, 권력이 소수자들을 무력화시키는 데 사용될 수 있기 때문이었다. 그러나 한 세기 뒤에 국가는 다수의 억압에 맞서 소수를 보호하는 데 있어서 정당한 역할을 부여받게 되었다고 그는 주장한다.

우리가 이 틀을 표현에 적용할 경우, 그것은 새로운 표현 정책 가능성을 제기한다. 적극적 표현의 자유 개념은 토론을 **강화**enhance하기 위한 방식으로 정책 계획에 적용될 수 있다. 이런 식으로 표현 정책 목표 개념은 정부의 개입 금지로부터 표현의 자유 행사 참여를 강화하는 정부의 행위 적용으로 이동한다. 이런 식으로 표현 정책을 개발할 때 핵심적인 질문은 정부가 시민들의 표현에 개입을 해야 하는가에 대한 고찰로부터, **어떤 조건하에서** 그리고 **어떤 형태로** 정부가 표현의 자유 행사를 보조하도록 개입할 수 있는가에 대한 고찰로 바뀌어 간다. 전자의 질문은 규제적이거나 금지적인 형태의 개입을 전제하며, 소극적 표현의 자유 개념을 암시한다. 후자의 질문은 표현의 자유 행사를 강화할 수 있는 개입의 가능성을 허용한다. 이런 가능성은 더 나아간 개념적인 변화를 요구한다. 만일 표현이 적극적 자유로 여겨질 수 있다면, 정책 구성자가 관심을 가져야 하는 것이 반드시 표현의 자유인 것은 아니다. 대신에 표현의 자유의 **행사**exercise에 기여하는 적절한 조건들의 유지가 중요해진다. 이런 조건들은 표현의 자유를 허용하는 것을 포함할 수는 있지만 그것에 제한되지는 않는다. 표현의 자유의 행사에 기여하는 조건들은 **참여적인**par-ticipatory 표현 조건들의 극대화를 또한 포함할 것이다. 이 지점에서 역량 이론 틀을 표현 정책에 대한 고찰로 통합시키는 것이 중요해진다. 역량 이론은 표현 정책을 개발하는 데 있어 개념적으로 보다 만족스러운 틀을 제공하기 때문이다.

표현 정책에 대한 역량 접근

누스바움(1990; 1993a; 1993b)과 센(1993a; 1990)에 의해 세공된 역량 이론은 객관적인 인간의 선(또한 인간 번영)을 추구하기 위한 필요조건으로 정립되는 아리스토텔레스적인 윤리 이론이다. 아리스토텔레스는 훌륭하게 짜인 정치체는 정치 설계자들이 인간 번영이 가능해지는 조건의 제공을 보장하는 것이라고 주장했다. 누스바움은 아리스토텔레스의 "훌륭한 입법자excellent lawgiver"라는 개념을 소생시키는데, 그는 모든 개인들이 인간 번영에 도움이 되는 활동을 향유할 수 있고 참여할 수 있는 것을 보장하는 사람이다.

훌륭한 입법자의 임무는 도시와 인간 계급 및 기타 모든 모임과 관련하여 그것들이 어떻게 그들에게 삶의 번성을 가능하게 하는 데 기여하게 할 것인가를 고려하는 것이다 (Nussbaum, 1988: 147, Aristotle, *Politics*, 1325a7 이하 참조).

이것이 가능해지는 명확한 수단은 모든 시민들이 좋은 인간 기능을 선택할 수 있고, 잘 살고 잘 기능하는 것을 충분히 선택할 수 있도록 구체적인 환경을 이용할 수 있게 하는 것을 포함한다. 따라서 정치제도의 임무를 이해하기 위해서는 먼저 무엇이 좋은 인간의 기능일 수 있는가를 이해하는 것이 필수적이다. 정치제도는 그런 기능들을 달성하는 측면에서 정의되기 때문이다 (Nussbaum, 1990: 303, 208).

이 기능들이 무엇일지를 논하기 전에, 누스바움은 보편주의적인 주장으로 초문화적인 규범들을 합리적으로 정당화하는 가능성을 거부하는 이론가들(예를 들어 MacIntyre, 1981)에 맞서서 자신의 윤리 이론의 보편성을 옹호한다는 것에 주목하는 것이 중요하다. 그러한 옹호는 "모든 지역 전통 아래에 놓여 있는 인간성의 특징"(1993a:243)에 대한 참조에 근거하는 아리스토텔레스적인 윤리 이론의 객관성에 의지하고 있다. 누스바움의 이론은 "선에 대한 두텁고thick 모호한vague 개념"(1990:205, 217)을 (a) 포괄적인 좋은 인간 기능 개념("두터운")을 제공하는 것으로서만이 아니라, (b) 높은 수준의 일반성("모호한")의 측면에서 옹호한다. 따라서 그녀의 개념은 좋은 인간 삶에 본질적인 특정 방식들로 기능하는 역량들뿐만 아니라 그것들이 기능할 수 있는 방식들에 대해 잘 알려진 선택들을 개인들 스스로로 하여금 내리도록 하는 정책 목표들의 개발을 제공한다(Nussbaum, 1990:214).[21] 이는 사회정책 입법자의 역할은 "특정 방식들로 기능하는 사람들을 만들어 내는 것을 목표"로 하는 것이 아니라 오히려 특정 방식들로 "기능**할 수 있는** 사람들을 만들어 내는 것"을 겨냥하는 것이라는 아리스토텔레스의 개념을 의미한다(Nussbaum, 1990:214). 선에 대한 누스바움의 개념은 두텁고 모호한 동시에 또한 "넓고broad" "깊은deep" 것이기도 하다. 이는 정치제도의 임무에 대한 그녀의 개념이 정치체 구성원들 각자 그리고 모두와 관련되며("넓은"), 단지 돈이나 땅과 같은 자원들의 제공뿐 아니라 좋은 인간 삶에 해당하는 기능들 모두("깊은")에 관련된다는 것을 의미한다(1990:209). 이는 그녀로 하여금 "가부장주의적"이거나 불가피하게 편파적인 것으로서의 인간 기능들의 목록 개념에 대한 자유주의적 반대를 극복하는 것을 가능하게 한다. 왜냐하면 이 목록은 "두터운"—인간 삶의 모든 영역을 다루는—동시에 "모호"—규정하지 않고서 선한 삶에 대한 "개요"를 제공하는—하기 때문이다(Nussbaum, 1990:217).

　여기서 누스바움의 이론은 정부에 관한 자유주의 논증과 공리주의 논증 둘 다에 대립되며, 역량 이론은 자유에 대한 두터운 고려들을 통합시킬 수 있다는 것이 입증될 수 있다. 정치제도의

21　더욱이 좋은 결정들은 누군가의 경험을 고려한다는 점에서 맥락에 민감하다. 그러나 이것이 그 결정들을 맥락에 구속된 것으로 만드는 것은 아닌데(예를 들어 상대주의자), 세계 어디에서도 맥락에 참여하는 것은 올바른 것으로 남아 있으며, 맥락에 참여하는 것은 인간적으로 올바른 결정들을 행하는 것이기 때문이다(Nussbaum, 1993a:257). 맥락 민감성과 "올바르게 하기getting it right"는 따라서 상호 보조적인 가치들이다.

역할에 관한 자유주의 논증은 선good을 부의 측면(혹은 누스바움의 용어를 사용하자면 "부유opulence")에서 정의하는 경향이 있으며, 정부의 임무는 따라서 이용 가능한 부의 총량을 극대화하는 것이다. GDP에 따른 국가 순위와 같은 이 논증의 거친 형태에서는, 어떤 국가 내에서의 부의 분배나 부가 자신의 구성 요소인 삶의 질에 어떻게 영향을 주도록 사용되는지를 전혀 설명하지 못한다(Nussbaum, 1990:209). 정치제도의 임무에 대한 공리주의적인 논증 또한 누스바움에 의해 비판받는다. 정치제도의 올바른 임무에 대한 결정이 개인적 욕망의 충족이나 선호도에 의존하고 있을 경우, 그것들은 우선순위의 변화와 신뢰할 수 없음에 의해 결함이 발생한다. 앞에서 언급했듯이, 드워킨은 편견으로 포화된 환경 속에서 개인의 선호는 편견에 의해 영향을 받게 되고 따라서 '이상적'이 아닐 것이라고 주장한다. 누스바움도 유사한 주장을 한다―인간들은 지배적인 환경에 자신의 선호를 적응시키며 따라서 자신들의 선호를 불가피하게 제한할 수 있고, 그렇기에 많은 사람들이 이용할 수 있는 대안들을 알고 있지 못한다고. 선호에 근거한 의사 결정은 따라서 삶의 질을 개선하는 데 필수적인 변화를 가져오기보다는 현상을 강화하기가 쉽다(Nussbaum, 1990:213). 역량 이론은 이와 달리 부와 같은 자원들을 그것들이 인간 존재를 위해 무엇을 할 수 있는가에 따라 그 자체가 목적이 아닌 어떤 도구로서 평가한다. 누스바움은 분배의 문제에 주목하는 일부 자유주의적인 설명(예를 들어 Dworkin, 1981/1985; Rawls, 1971)에서조차, 그 같은 자원들의 극대화에 대한 강조는 자원들이 인간 기능을 위해 무엇을 할 수 있는가에 대한 충분한 설명을 가로막는다고 주장한다(Nussbaum, 1990:209-211). 예를 들어 더 많은 부는 더 좋기보다는 오히려 과도한 경쟁력을 부추기거나 학습과 같은 다른 추구들을 사실상 방해함으로써 개인들의 삶의 질에 부정적인 영향을 줄 수 있다. 정치제도의 임무와 관련된 자유주의적 접근에 대한 누스바움의 비판은 표현 정책에 적용될 수 있다. 그녀의 비판은, 이 장의 앞에서 논의한 지배적인 표현의 자유 논증들이 결국 사람들이 표현 행위에 참여할 수 있는가, 표현할 수 있고 없고가 온전한 인간적인 삶을 살 수 있는 능력에 무엇을 의미하는가에 대한 충분한 고찰 없이 표현을(어떤 자원으로) 극대화하려는 정책 목표를 나타낼 뿐이라는 주장을 뒷받침한다. 그녀의 비판은 이런 주장을 자유주의 및 공리주의에 대한 보다 일반적인 비판의 틀 내에서 정책 결정에 대한 안내로서 위치시킨다. 만일 자유주의와 공리주의가 사회정책에 대한 적용에 있어 이러한 일반적인 약점을 드러낸다면, 그것들이 표현 정책에 대한 적용에서도 결점을 지니고 있다는 주장은 보다 커다란 의미를 지니게 된다.[22]

그렇다면 "좋은 인간 기능들"을 이용할 수 있게 하는 정치적 계획의 임무란 무엇인가? 누스바움은 모든 사람들이 어떻게 살지를 선택해야 하는 인간 삶의 영역을 규명함으로써 포괄적인 좋은 인간 기능 개념을 제공하고자 한다(1990:219-223). 이러한 인간 기능의 영역은 인간이라는 것의 "근본적인 환경", 즉 시공을 가로지르는 인간 경험의 "공통성"으로부터 도출된다(1990:217).

---

22 이런 비판의 확장이 물론 필연적인 것이 아니긴 하지만 말이다. 다음 문단에서 나는 표현 정책 개발에 대한 역량 접근법의 우월성에 대한 다른 근거들을 제시할 것이다.

사람들이 결정을 내려야 하는 기능의 영역, 즉 사람을 인간으로 만들고 공통적인 "인간적인 삶"의 개념을 형성하는 것들은 필멸성mortality, 인간의 몸(배고픔, 목마름, 주거지, 성욕, 이동성을 포함), 쾌락과 고통의 능력, 지각, 사유, 상상과 같은 인지능력, 조기 유아 발전, 실천이성 (스스로의 삶을 계획하고 관리하며 자신의 삶에 대한 결정을 내리고 평가할 수 있다는 의미에서), 다른 인간 존재와의 관계, 다른 종과 자연과의 관련, 유머와 놀이, 그리고 단독성이다(1990:219-224; 1993a:263-265). 누스바움은 이 모든 영역들에 있어서 인간들은 결정해야만 하고 어떻게 기능할지를 선택해야만 한다고 주장한다. 이들 영역들 중 하나라도 기능할 수 있는 역량을 거부당하는 것은, 어떤 점에서는 한 사람의 인간성을 부정하는 것, 즉 그들에게 온전한 인간적인 삶을 부인하는 것을 의미할 것이다.

이들 각각의 영역은 인간의 '역량capabilty', 즉 어떤 인간 존재가 이 영역들 내에서 어떻게 기능할지를 선택할 수 있는 수단에 대응한다(1990:225). 이 각각의 인간적인 기능의 영역에 대응할 수 있는 역량들은 놀라운 것이 아니다. 그것들은 온전한 인간적인 삶의 목표를 위해 살 수 있다는 것, 좋은 건강, 영양, 성적 만족을 가질 수 있으며 이동할 수 있다는 것, 불필요한 고통을 피하며 쾌락을 느낄 수 있다는 것, 자신의 감각들을 사용할 수 있다는 것, 상상하고 사유하며 추론할 수 있다는 것, 관계를 형성하고 사랑하며 슬퍼하고 감사할 수 있다는 것, "선 개념"을 형성하고 그에 따라 자신의 삶을 계획하는 데 관여할 수 있다는 것, 다른 사람들 및 자연과 더불어 살 수 있다는 것, 웃을 수 있다는 것, 그리고 자기 자신의 삶을 살 수 있다는 것이다(Nussbaum,

1990:225). 이것들은 기본적 역량들basic capabilities이며, 그것들을 온전한 인간다움이란 무엇을 의미하는가라는 개념에 핵심적인 것으로 파악한다는 점에서는 다소 논란의 여지가 있을 것 같다.

아리스토텔레스 모델에서는 충분한 제도적, 물질적, 교육적 지원을 통해 각각의 개인들로 하여금 자신의 역량을 달성할 수 있도록 보장하는 것이 훌륭한 입법자의 역할이라는 점이 주목되었다. 누스바움은 이런 목적이 어떻게 획득될 수 있는가를 규명하는 추가적인 도움을 제공한다. 그녀는 '실천이성'과 '관계af-filiation'라는 인간의 "특별한" 기능에 대한 "해석"을 보여 준다. 이 두 역량은 인간을 다른 동물들과 구분해 주며 "편재적"인(그것들은 여타 다른 능력들에 영향을 미친다) 동시에 "건축적"(그것들은 다른 기능들이 실현될 수 있는 어떤 기획을 제공한다)이다(1990:226-277). 실천이성은 누군가의 삶의 상황들을 신중하게 그리고 집합적으로 계획하고 관리하는 기능이다. 누스바움은 인간의 삶은 다른 모든 능력들을 알려 주고[23] 안내하는 방식으로 이러한 기능들에 참여하는 것을 포함한다고 주장한다. 인간은 자신들의 삶을 다른 동물들과 구별 가능한 방식으로 계획하고 관리하고 조직하는 사회적인 존재이기 때문이다. 인간 존재가 자연환경을 형성해 왔으며 독특한 방식으로 복잡한 사회구조를 발전시켜 왔다는 것은 틀림없는 사실이다.

---

23 누스바움은 물론 역량들이 한계들을 또한 포함한다고 언급한다. 예를 들어 배고픔도 식사도 없는 삶에 비해 되풀이되는 배고픔과 식사를 선호하는 것이 인간이다. 역량들 각각을 보장하는 인간적으로 "좋은" 방식은 절대적인 욕구의 제거를 포함할 것 같지 않으며, 오히려 욕구가 인간적인 방식으로 충족될 수 있는 방식들에 대한 주의 깊은 평가를 포함할 것이다(1990:224).

이런 점에서, 표현은 꽤나 많은 인간 역량들에 핵심적인 것으로, 즉 다양한 방식으로 훌륭한 인간적인 삶에 기여하거나 손상시킬 수 있는 것으로 간주될 수 있는 것 같다. 실천이성 및 관계라는 기능에 참여하는 것은 위의 누스바움의 목록에서 도출된 다음 역량들을 지닐 것을 요청한다.[24] 즉, 상상하고 사유할 수 있다는 것, "선에 대한 이해conception of the good"를 형성하고 자신의 삶을 계획하는 것에 대해 "비판적인 반성"을 수행할 수 있다는 것, 따라서 다른 사람들과 더불어 그리고 다른 사람들을 위해 살 수 있고 다른 사람들에 대한 관심을 보여 줄 수 있으며 사회적인 상호작용에 참여할 수 있다는 것 (Nussbaum, 1990:225). 표현은 이 모든 역량들을 실현시키는 데 분명 중요한 요소이다. 사상, 지식, 의견의 의사소통 도구로서의 표현에 참여하는 것은, 인간 발전에 핵심적인 활동이다. 여기서 역량 이론과 자기 발전 논증argument from self-development 사이에 표현의 자유에 대한 옹호로서의 어떤 연결이 만들어질 수 있다. 둘 모두 개인적인 자기 발전을 위해 표현활동에 참여하는 것의 중요성을 강조하는 한에서 말이다.[25] 표현에 참여하는 것은 거의 무수한 방식으로 인간 역량을 돕는 것이라는 점에는 의심의 여지가 없다. 표현이 음성 언어를 통해서가 아닌 경우, 예를 들어 어떤 사람이 청각장애가 있거나 언어장애가 있는 경우, 교육, 다른 사람들과의 관계, 자아감, 여타 다른 인지 능력들이 개발되기 위해 다른 표현 수단들이 활

---

24 누스바움은 범주들 간의 상호작용과 중첩에 주목한다(1990:225). 그럼에도 불구하고 그것들은 논의에 유용한 안내를 제공한다.

25 그러나 이 장의 앞에서 논의된 자기 발전으로부터의 논증은 말하고자 하는 자들의 참여 수단을 보장하는 것을 뒷받침하는 틀을 제공하지는 않는다.

용될 수 있다. 이렇듯 표현의 자유는 실천이성 및 관계의 기능에 핵심적인 것으로 보이며, 또한 상상하고, 사유하고, 반성하고, 계획하고, 다른 사람들과 관계를 맺는 데 필수적인 것 같다. 표현은 따라서 독특한 인간적인 삶을 살아가는 데 무엇보다 중요하며, 이런 이해에 상응하는 표현 정책은 모든 이에게 이용 가능한 표현의 자유를 행사하게 만드는 것을 무엇보다도 우선시한다.

나아가 표현활동에 참여하는 것은 "내적" 역량과 "외적" 역량의 개발 모두에 적용된다. "내적" 역량은 개인으로 하여금 훌륭한 기능을 선택할 수 있게 하는 사람, 지능, 성격과 육체의 특징들이며, 이는 어린 시절과 성인 시절 모두의 교육에 의해 발전된다(Nussbaum, 1988:160-161). 그러나 개인은 내적 역량을 소유하고 있을 수 있지만, 훌륭히 기능할 수 있도록 선택하는 것이 외적으로 제약되어 있을 수 있다. 따라서 "외적 능력"이 또한 중요해진다. 그것들은 어떤 개인에게 그들의 내적 역량이 행동으로 옮겨지는 "기회scope"를 제공하며, 개인들로 하여금 훌륭히 작용할 수 있게끔 선택하는 것을 저해하거나 금지하지 않는 조건들을 포함한다(Nussbaum, 1988:162-164). 누스바움은 이러한 외적 역량의 정의에 대한 정식은 그것이 선택하는 것을 강화하기보다는 선택하는 것을 제약한다는 의미에서 "소극적negative"인 것이라고 언급한다(1988:164).[26] (훌륭히 작용하도록 선택하지 못하게 제약하는 것의 부

---

26 모든 기능들이 모든 시간에 이용될 수 있는 것은 아니기 때문에 누스바움이 이런 식으로 외적 역량들을 정의하는 방법을 택한다는 것에 주목하자. 그러나 외적 역량들은 그럼에도 불구하고 개인이 충분히 역량을 발휘할 수 있도록 적기의 특정 시점에서 실현되어야 한다.

재라는 이러한 개념은, 발언하는 것을 선택하지 못하게 제약하는 것의 부재라는 하버마스의 이상적인 발화 상황의 맥락에 대한 주장 속에서 다시 논의된다.) 그럼에도 불구하고 이는 사회정책의 목적에 대한 그녀의 설명을 제한하지 않으며, 소극적 자유 개념에 국한시키지 않는다. "총체적인 임무"가 포괄적이고 전체론적으로 남아 있기 때문이다. 총체적인 임무는 내적 역량들을 훈련하고 유지하는 것이며, 동시에 발전된 역량들이 "활기를 띨 수 있는" 외적 상황들을 "창조하고 보존하는" 것이기도 하다(Nussbaum 1988:164). 표현활동은 내적 역량들 및 외적 역량들 모두에 중요한 것 같다. 개인의 발전에 있어서 표현의 역할은 개인의 지성과 특성의 발전과 연관되기 때문에 표현의 역할은 내적 능력에 보다 밀접하게 관련되는 듯 보인다.

외적 역량들의 차원에 대한 인정은 앞에서 논의했던 네 개의 여타 다른 논증들에서는 부재했던 사람들의 삶에서 표현이 갖는 역할에 대한 고찰에 깊이를 더한다. 역량 이론 분석을 사람들의 삶에서 표현이 갖는 역할에 대한 분석에 적용함으로써, 인간 역량 발전에 있어서 표현이 갖는 중요성이 입증되었다. 동시에 해악을 주는 표현에 대한 고찰은, 외적 역량의 차원을 통한 논증으로 통합된다. 만일 어떤 표현이 다른 사람들이 말하는 것을 저해하거나 막는다는 점에서 해악을 끼친다면(이는 뒤에서 탐구될 것이다), 그러한 표현은 내적 역량들뿐 아니라 외적 역량들의 발전, 유지, 행사에 역효과를 낳는 것으로 평가하는 것이 가능해질 것이다. 그리고 만일 어떤 표현이 개인의 역량의 발전, 유지, 행사에 역효과를 낳는다면, 이는 그러한 역량들의 발전을 가능하게 하도록 기획된 대응의 타당성을 제시하는 것이다.

따라서 나는 역량 이론이 이전에는 대립되었던 두 개의 표현 정책의 목적들을 통합할 수 있다고 주장하고자 한다. 표현의 자유를 허용하려는 목적과 혐오 표현의 해악을 개선하려는 목적은 새로운 표현 정책이 고안된다면 함께 고려될 수 있을 것이다. 나아가 그것들은 동일한 메커니즘, 즉 말할 수 있는 능력이 다른 이들에 의해 방해받을 수 있는 사람들에게 도움을 제공하는 것을 통해 개선될 수 있을 것이다.

인간 역량들의 발전에 있어서 표현이 갖는 핵심적인 역할은 어떤 관찰자로 하여금 실제로 모든 표현이 개인 역량들의 발전과 관련이 있는 것이라고 결론 내리도록 이끌 수 있다. 그리고 이것이 사실이라면, 언뜻 보기에 역량 이론은 실제로 모든 표현들이 표현의 자유 원칙에 의해 보호받아야 한다는 것을 함의하는 것 같다. 실제로 선스타인은 표현 정책에 대한 "현대적인 아리스토텔레스주의"(1993b:248)의 적용이 모든 표현이 보호받아야 한다는 것을 함의하는지 여부를 질문한다. 그것이 개인 역량들의 발전과 관련이 있는 숙고와 표현의 과정을 반영하기 때문이다. 그러나 그런 입장에 도달하는 것은 내적 역량들과 외적 역량들 간의 구별이라는 측면에서 볼 때 미심쩍다. 어떤 표현은 다른 사람들이 역량들을 행사하도록 선택할 수 있는 능력 그리고/또는 발전을 방해한다는 주장이 인정되는 한에서, 그러한 표현은 개인 역량들의 발전에 역효과를 낳는 것으로 규명될 수 있기 때문이다.

위에서 언급한 것처럼 누스바움은 자기 자신의 삶을 살 수 있는 능력에 대응하는 개별성separateness의 영역을 논의한다. 그녀는 이후 이를 두 개의 영역으로 확장한다. 우선은 각각의 인간 존재는 세계를 통해 자기 스스로의 길을 진행한다는 의미에서의 개별성 영역이 있다. "우리는 한 사람이 어디에서 시작하고 다른 사람은 어디에서 끝나는지를 알아내는 데에 어려움이 없다"(1990:223). 이와는 달리 "견고한 개별성" 영역은 개인들이 각자 자신들의 역사, 교유交遊 관계, 장소를 포함한 자신들의 삶을 살아가는 맥락에 대한 감각을 환기시킨다. 이것은 맥락의 개별성이다. 비록 누스바움은 이들 영역의 범위는 다를 수 있다고 언급하지만, 그녀는 그럼에도 불구하고 그 영역들이 사생활privacy에 대한 요구를 환기시킨다고 주장한다. 나아가 그녀는 이 영역에 대한 과거 아테네적인 해석은 "거의 모든 표현"과 무엇보다도 모든 "정치적인 표현"을 포함했었다고 주장한다(1990:229). 지금은 그러나 표현은 그것이 "좋은" 인간의 삶을 선택할 수 있는 역량들의 발전을 도울 수 있는 역할의 측면에서 생각될 수 있다고 제안한다. 누스바움은 아리스토텔레스적인 접근이 변화 가능성에 열려 있어야 하는 것, 즉 "현상을 고집스럽게 옹호"하지 않는 것이어야 한다고 강조한다(1986:371). 그녀는 이와는 달리 법은 수정될 수 있어야 한다고 주장한다(1993a:249). 인간의 욕구를 충족시키는 것은 항상 혹은 반드시 과거에 순응할 것을 요청하는 것이 아니라 선에 대한 발전된 설명을 요청하기 때문이다. 변화가 좋은 것이라는 것이 합의되는 경우, 법을 변화시키는 것이 가능해져야 한다. 그렇다면 만일 어떤 표현이 다른 사람들에게 인간 역량들의 발전과 행사에 역효과를 낳는다면, 일정한 역량들 틀 내에서의 적절한 대응의 개발이 정당화될 수 있을 것이다. 이러한 타당한 대응은 표현활동에 참여하는 것을 통해 얻을 수 있는 이점을 극대화함으로써, 일부 사람들의 표현이 가져오는 억제시키는 효과에 대항하는 것을 추구할 수 있다. 이런 역할은 혐오 표현에 대한 대응을 발생시킴으로써 혐오 표현의 수신자들이 표현의 자유를 행사하는 데 참여하는 것을 도와주는 조건들을 제공하는 것을 포함한다.

아리스토텔레스적인 정치의 임무는 핵심적인 인간 역량들을 달성할 수 있도록 해주는 제도적, 물질적, 교육적 지원의 제공을 보장하는 것임에 유념하면서, 누스바움은 사회정책의 목표가 일종의 "제도적"("잔여적"과는 반대로) 복지주의라고 설명한다 (1990:228). 이는 사회정책이 오로지 제도적, 물질적, 교육적 지원 없이는 훌륭히 행하지 못하는 사람들만을 포착하는 어떤 안전망으로 기획되어야 함을 의미하는 것은 아니다. 이와는 달리 사회정책은 모든 인간 기능의 영역에 있어서 모든 시민들에게 포괄적으로 기획되어야 한다. 누스바움은 아리스토텔레스의 공동식사 계획, 즉 먹을 수 있는 여유가 없는 자들을 단지 도와주는 것이 아니라 모든 시민들을 위한 보조금이 지원된 공동 식사로서 기획된 계획과의 비교에 의지한다. 이 계획은 어떤 시민도 먹을 수 있는 여유가 없는 상태에 도달할 필요가 없도록 하는 것을 보장하기 위해 기획된 것이며, 오로지 먹을 수 있는 여유가 없는 자들에게만 보조금을 지원하기 위한 것이 아니었다(1990:228). 따라서 역량 지향적인 사회정책 접근은 시민들이 이용 가능한 자원들을 제공받아 "문턱"을 넘어서서 훌륭히 기능하도록 선택할 수 있는 능력을 소유하는 데로 나아갈 수 있게 충분한 지원을 제공해 주도록 기획되어야 한다(Nussbaum, 1990:229). 이런 목표를 유지하는 것은 정책의 초점이 가능한 한 많은 시민들이 역량들의 문턱을 넘어서는 것을 의미하지, 이미 문턱을 넘어선 시민들의 기회를 추가적으로 강화하는 것을 의미하는 것이 아니다. 따라서 아리스토텔레스주의적인 사회정책으로부터 이익을 보는 필요충분조건은, 기능을 수행하기에는 덜 발달된 역량을 지닌 사람이 있는 것과, 그가 적절한 물질적 및 사회적 환경을 제공받는다면 발전될 수 있는 역량을 보유하는 것이다. 다른 한편으로, 어떤 사람이 스스로 훌륭한 선택을 할 수 있는 역량의 단계에 도달한다면, 그는 정의상 선에 대한 스스로의 추구에 있어서, 그리고 타인들과의 연대에 있어서 스스로의 삶을 계획하고 관리하기 위한 선택과 행사를 계속할 수 있는 역량들을 보유하게 되는 것이다(Nussbaum, 1988:168-169).

아리스토텔레스적인 정책의 목적에 대한 질문은 중요한데, 그것은 타인의 표현에 의해 자신들의 표현할 수 있는 능력이 저해되었을 수 있는 사람들의 역량을 발달시키기 위한 도움을 제공해 주도록 기획됨으로써 역량 지향적인 표현 정책으로부터 이익을 얻을 수 있는 사람들에 대한 질문에 도달할 수 있게 하기 때문이다. 나는 마지막 장에서 더 깊이 있게 이 질문으로 되돌아올 것이다. 우선은 누스바움에 의해 상술된 이론 틀은 시민들이 표현할 수 있도록 도움을 제공해 주는 제도적 복지정책 개발에 대한 정당화를 제공해 준다는 것, 그리고 덜 발달된 내적 혹은 외적 역량들을 지닌 시민들이 적절한 물질적 및 사회적 환경들을 제공받는 것을 통해 더 발달될 수 있는 역량들을 보유하게 되는 때와 장소를 인식하는 것이 중요하다.

요약하자면, 역량 이론은 네 가지 이유에서 표현 정책을 개발하는 데 있어 우수한 틀을 제공해 준다. 첫째, 역량 이론은 사회 정책 개발에 대한 전체론적인 접근, 즉 개인들에게 자신들의 기능을 잘 선택할 수 있게 해주는 제도적, 물질적, 교육적인 지원을 제공하려는 접근을 가능하게 한다. 따라서 이런 접근은 경쟁하는 요구들을 앞에서 논의된 몇몇 주장들과는 다른 방식으로 조절할 수 있는 듯 보인다. 경쟁하는 정책 요구들에 대한 판정은, 그것들이 역량을 아직 소유하지 못한 개인들이 더 높은 역량들을 갖도록 도와줄 수 있는지를 검토함으로써 내려진다. 둘째, 역량 이론 틀은 이른바 "해로운" 표현에 관한 논증을 정책 결정에 대한 고찰로 통합시킬 수 있다. "해로운" 표현이 사람들이 표현활동에 참여하고 이를 통해 자신들의 내적 및 외적인 역량들을 발전시키는 것을 저해한다는 설정이 가능한 한에서 말이다. 셋째, 역량 이론은 가능한 한 많은 사람들이 역량의 문턱을 넘는 것을 추구한다. 따라서 그것은 모든 시민들에게 그들의 역량들을 발전시킬 수 있는 동등한 기회를 제공해 주려는 종합적인 목적의 맥락에서 아직 역량들을 소유하지 못한 자들에게 도움을 제공해 주는 것을 정당화할 수 있는 틀을 제공해 준다. 넷째로, 역량 이론은 표현의 자유 행사에 참여하기 위한 수단을 제공하는 것에 대한 고려와 정책 결정을 통합한다. 이는 정책 목적으로서 표현의 자유에 정부가 개입하는 것에 맞서는 역사적인 전제를 극복한다. 이 정책 목적은 가능한 한 많은 사람들이 표현활동에 참여하는 것을 보장해 주는 것으로 정립되며, 이는 어떤 사람들이 표현활동에 참여할 수 없는 경우, 표현의 자유에 참여하는 것을 가능하게 하는 데 있어서 훌륭한 입법자의 역할이 존재한다는 것을 시사한다. 그러므로 역량 지향적인 표현정책의 목적은 표현활동에 **관여**engagement하고 **참여**participation하는 것이지, 일탈적인 표현을 규제하거나 처벌하는 것이 아니다. 역사적으로, 일탈적인 표현은 처벌적이거나 규제적인 방식으로 다루어져 왔다. 즉 벌금이나 징역형이나 어떤 종류의 검열의 부과를 통해서 말이다. 일탈적인 표현에 **대응**respond할 수 있는 도움을 제공함으로써 그러한 표현을 다루도록 기획된 정책은 앞서의 정책 접근들과는 극명한 대조를 이룬다. 이 정책은 인간의 역량들을 줄이는 것이 아니라, 그것들을 **확장**expand할 것을 목표로 한다.

아리스토텔레스적인 사회정책(제도적 복지주의)의 **목적**과 그것을 달성하기 위한 **수단**(제도적, 물질적, 교육적 지원)에 대한 이러한 이해와 함께, 어떤 표현이 행해질 수 있는가에 대한 고찰이 중요해진다. 왜냐하면, 만일 어떤 표현이 역량의 발전과 행사를 방해하는 역할을 한다는 주장이 존속된다면, 모든 표현이 개인의 역량들의 발달에 반드시 기여하는 것은 아닌 것이 되기 때문이다. 역량들의 틀 내에서 표현을 고찰하는 것은, 모든 표현이 제도적 대응과 상관없다는 주장을 발생시키지 않는다. 만일 어떤 표현들이 다른 이들의 개인 역량들의 발달을 방해하는 역할을 한다면, 이는 그러한 표현들이 아리스토텔레스적인 사회정책의 **목적**을 달성하는 것을 방해하는 것을 의미한다.

역량 지향적인 표현 정책의 정책 목적이 일탈적인 표현의 규제나 처벌이 아니라 표현활동에 대한 관여와 참여일 수 있다는 결론은, 아직 검증되지 않은 어떤 전제에 의지하고 있다. 즉 혐오 표현이 해악을 야기할 수 있다는 가정, 구체적으로는 피해자들의 말할 수 있는 능력을 저해하는 해악을 야기할 수 있다는 가정 말이다. 어떤 사람들의 표현할 수 있는 능력을 저해하는 것은 그들로 하여금 개인 역량들을 발달시키고 행사하는 것을 가로막는 것이다. 나는 다음 장에서 어떤 표현들은 타인들이 표현활동에 관여하는 것을 저해하거나 방해할 수 있다는 전제를 분석하고자 한다.

CHAPTER 3
표현은 행위이다

어떤 표현이 다른 사람들로 하여금 표현활동에 참여하는 것을 억제하거나 방해할 수 있는가? 만일 그렇다면, 어떻게 그런 것인가? 이 장에서 나는 '표현' 개념을 표현-행위 이론, 특히 J. L. 오스틴의 작업과 위르겐 하버마스의 의사소통행위 이론을 검토하는 틀 내에서 분석하고자 한다.[1] 나는 혐오 표현은 일종의 행위로 간주할 수 있으며, 표현 정책 내에서 표현-행위의 구분을 유지하는 것에 이의를 제기할 수 있다고 주장하고자 한다. 나는 표현을 일종의 행위로 여길 수 있도록 하려는 목적으로, 표현-행위 이론을 표현 정책에 대한 고려로 통합할 것을 옹호한다. 비록 이런 표현 개념이 표현활동을 과도하게 처벌적 그리고/또는 제약적 규제에 노출되게 한다고 주장할 수 있기는 하지만, 나는 표현 정책을 역량 지향적인 접근 내에 위치시킴으로써

---

1   일반적으로 표현-행위 이론은 발언의 의미를 그것들이 발언된 맥락 내에서 결정하는 방식을 확립하는 것을 목표로 하며(예를 들어 Serle, 1980을 보라), 오스틴과 하버마스에 국한되지 않는다.

이러한 어려움을 극복할 수 있다고 주장할 것이다.

표현이란 무엇인가에 대해 생각하는 것은, 표현이 '행위'[2]와 구별될 수 있는가, 그리고 어떻게 구별되는가라는 핵심적인 질문을 제기한다. 표현은 행위라기보다는 사고 과정과 좀 더 유사한 "특별한 활동"인가? 이에 답하는 것은 어떤 탐구, 즉 개념적인 표현-행위 이분법에 대한 최초의 철학적 기원을 살필 것을 요구한다. 그런 다음에 나는 수행문-진술문 구분에 대한 오스틴의 비판을 상술하고, 표현 정책에서의 이러한 구분의 잠재적 적용에 대해 진단할 것이다. 이는 발화적locutionary, 발화 수반적illo-cutionary, 발화 효과적perlocutionary 표현행위 간의 오스틴의 대안적인 구분을 검토하는 것을 포함할 것이다. 오스틴 스스로도 세 개로 이루어진 모델 사이의 표현행위들 간의 중첩으로 인해, 이들 간의 차이를 적용하는 것의 어려움을 인정했다는 것에 주목함으로써 말이다. 구체적인 표현행위의 유형들을 평가하는 어떤 틀을 발전시키는 보다 성공적인 수단으로서, 나는 다음으로 하버마스의 의사소통행위 이론에서 파생된 타당성 주장validity claims 분석을 설명하고자 한다. 나는 이 두 이론이 제시한 요소들을 조합하는 것을 통해 어떤 발언의 의미와 영향력을 모두 평가할 수 있는 틀을 발전시키는 것이 가능하다고 주장하고자 한다. 이러한 틀은 표현행위에 대한 상세한 분석을 가능하게 하며, 이 틀 안에서 어떤 유형의 표현행위 (혐오 표현 행위)들이 해로운지 아

---

2 '행위act', '행동action', '활동activities', '행동conduct'이라는 용어는 이 장에서 상호 교환적으로 사용될 것이다. 다른 무언가가 의도된 것이 텍스트 속에서 분명해지는 경우를 제외하고서 말이다. 이 용어들은 인간 활동human activities이라는 넓은 개념과 동의어로 사용된다.

닌지, 해롭다면 특히 어떤 방식으로 해로운지를 구별할 수 있게
한다.

표현-행위 이분법

역사적으로 표현의 자유라는 학제 안에는, 표현 혹은 표현활
동 및 명시적인 행위 사이에 선명한 구분이 그어져 있었다.[3] 표
현-행위 구분은 표현의 자유 원칙—표현은 정부 개입으로부터
"특별한" 면제를 부여받아야 한다는 생각—속에서 암시적이다
(Barendt, 1985:1; Schauer, 1982:xi). 브래큰Harry M. Bracken은 표현의 자
유 원칙에 대한 철학적 토대는 정신/신체 이원론—정신과 신체
는 두 개의 매우 다른 실체들(Bracken, 1994:3)이며 그것들 간에는
"막대한 차이"가 있다(1966:99)는 생각—에 의지하는 데카르트의
철학에 의거한다고 주장한다.[4] 이런 철학을 표현 영역에 적용하

---

3   이 장과 이 책의 초점은 혐오 표현에 관한 것이지 혐오 범죄라는 더 넓고 완전
    히 다른 문제가 아니다(Gelber, 2000b; Williams, 1998을 보라). 그러나 혐오 표현
    과 혐오 범죄에 대한 논의 모두에서 어떤 규제도 사람들의 사고에 대한 처벌
    을 의미할 수 있다는 비판이 제기되어 왔다. 밀Mill은 표현을 단순히 사고의
    외재화로 생각했으며, 따라서 신성불가침적이고 사상thought으로서 개입으로
    부터 필연적으로 자유로운 것이라고 생각했다. 그러나 사상의 표현은 그런 생
    각들을 단순히 가지고 있는 것과는 구별될 수 있다. 의사소통 행위는 정의상
    상호작용이기 때문이다. 전적으로 비-의사소통적인 방식으로 어떤 생각을 가
    지고 있는 것(예를 들어 어떤 사고)이 타자에게 영향력을 가져야 할 필요는 없
    다. 여기에서 구분은 사고와 표현 사이에 유지된다. 여기서 논의되고 있는 문
    제는 책 본문에서 정의된 것처럼 표현과 행위 간의 구별의 실현 가능성이다.

4   하버마스 역시 20세기 사고에 있어서 인간 본성에 대한 데카르트적인 모델의
    지배를 언급한다(1984: viii).

는 것은 표현을 정신에 필수적인 것으로 여기게끔 하고, 이와 별개인 행위를 신체에 필수적인 것으로 여기게끔 한다(Bracken, 1994:xi). 이러한 주장에 따르면, 표현은 정신의 일부에 속하는 것이며, 육체적인 운동을 설명할 수 있는 메커니즘은 "창의적인 언어 사용의 측면"(Chomsky, 1968:6), 즉 이미 제도화되고 구성된 표현 형태들의 틀 내에서 새로운 사고를 발전시키고 새로운 의미들을 만들어 낼 수 있는 인간의 능력을 설명할 수 없다. 이러한 언어 사용은 신체와는 동일한 측면에서 설명될 수 없는 정신이라는 별개의 세계를 나타낸다. 이런 개념을 표현에 적용하는 것은 정신적인 사생활의 영역 내에 표현을 위치시키며, 따라서 지나친 개입이나 규제로부터 표현을 보호하기 위한 강력한 토대를 제공한다(Bracken, 1994:4).

표현과 행위 간의 구분을 인간 조건에 대한 데카르트적인 이해로부터 도출하는 것은 가능하다. 데카르트 철학은 17세기에 영향력이 있었고, 18세기(Bracken, 1994:11) 및 의식에 대한 역사적, 사회적, 문화적 영향력을 강조했던 헤르더, 헤겔, 맑스, 다윈을 포함하는 학자들에 의해 이후 19세기에 근본적으로 도전을 받았다(Habermas, 1984:viii). 인간 의식에 대한 경험론의 발전에 동반된 것은 언어학적인 전회shift였다. speech이라는 용어는 expression이라는 용어로 대체되기 시작했다. 의사소통 행위 개념 내에서 비언어적인 표현활동을 포함하는 것을 시사하면서 말이다(Bracken, 1994:xi-xii).

하지만 이원론적인 철학적 표현 개념은 이러한 비판에도 살아남았으며, 표현 정책을 둘러싼 논쟁에 대한 현대적 기여 속에서 확실히 지배적이 되었다. 이는 표현은 행위가 아니고, 억압할 수 없으며(Bracken 1994:8), 표현의 자유의 유지는 "표현이 다른 인간 행동과 활동 영역과 구별될 수 있는 한에서 정합적"(Bracken, 1985:6)이고, 모욕적인 발언을 하는 것과 폭력 행위를 동일시하는 것은 "이데올로기적인 [견해의] 차이를 명시적인 행위와 융합시키는 것으로 잘못된 것이며 해롭다"(1994:51)라는 주장을 포함하는 논증들 속에서 그 자체로 표명된다. 미국 수정헌법 1조의 법리학은 비록 다양한 표현행위를 "표현"으로 간주했다는 증거를 보여 주기는 하지만, 해당 표현행위가 "내재적이고, 부인할 수 없으며, 매우 중대한 대중적인 해악"(Richards, 1994:40)[5]으로 구별될 수 있고 잇따르는 위험을 불러일으킬 경우에만 해악을 야기하는 것으로 간주되고 따라서 해로운 행위로 고려될 수 있을 따름이라는 생각을 뒷받침하곤 했다. 미국에서의 중요한 표현의 자유에 관한 대법원 판결에서, 휴고 블랙Hugo Lafayette Black 판사는 수정헌법 1조는 표현(혹은 표현활동)을 절대적으로 보호하며 행동은 전혀 보호하지 않는다고 명시했다(Shauer, 1993:833).[6] 그렇다면 표현-행동 이분법은 어떻게 존속될 수 있는 것일까?

---

5   이는 *Schenk v. United States*, 249 U.S. 47(1919)로부터 파생된 "명백하고 현존하는 위험" 테스트이다. 미국 수정헌법 1조 학제는 5장에서 더 상세하게 논의될 것이다.

6   In *Cohen v. California*, 403 U.S. 15(1971).

수행문과 진술문

  J. L. 오스틴은 그의 중요한 저작인 『어떻게 말로 행위하는가 How to Do Things with Words』(1975)에서 진술statement이 무언가를 기술하거나 사실들facts을 이야기하는 것이라는 철학자들의 가정이 "너무 오래 되었다"는 이유로 비판적이었다(1975:1). 그는 서술적인 진술들이 때로는 단순히 서술 이상의 무언가가 착수되고 있음을 나타내는 말들을 포함할 가능성을 분석했다. 우리가 말할 때 행하고 있는 것이 무엇인가를 탐구함에 있어서,[7] 오스틴은 '행하기doing'와 '말하기saying' 간의 구분으로서의 수행문-진술문 구분의 유용성에 대해 질문했다. 수행문은 무언가를 말하는 것이 동시에 그것을 행하는 것에 해당하는 문장들로 이루어져 있다(1975:5). 이를테면, 결혼식에서 "맹세합니다"라고 말하는 것은 타인과의 결혼이라는 행위에 착수하는 것이다. 이와 비슷하게 "나는 이 배를 □□□라고 명명한다", "유산을 물려주겠다", "내기한다" 등의 발언하는 것은 배를 명명하거나 재산을 물려주거나 내기하고 있음을 설명하는 것이 아니라, 실제로 그러한 것들을 행하는 것이다. 수행적 발언은 그 행위가 끝나기 위한 필요조건이지, 충분조건은 아니다. 다른 필요조건들이 또한 충족되어야 하기 때문이다. 대개 수행문은 다른 사람의 손가락에 반지를 끼워주는 것이나 뱃머리에 병을 던져 깨는 것과 같은, 다른 행위가 합쳐져서 동반된다. 수행문이 발생하는 상황은 그 행위가 발

---

7 여기서의 구분은 오스틴(1975)과 썰John Searle(1973)이 그러했듯이, "진지한" 발언들에 한정되며, 이를테면 연극을 수행하고 있는 배우에게 해당되는 것은 아니다(Austin, 1975:22).

생하는 데 적절해야 하며 그렇지 않으면 그 행위는 성공하지 못한다. 어떤 수행문이 실패하는 경우 그 결과는 대개 의도된 것과는 질적으로 다르게 된다. 예를 들어 누군가가 결혼식에서 "맹세합니다"라고 말하지만, 그들이 강아지와 결혼하고자 한다면, 혹은 그들이 이전에 결혼했었다는 사실이 발견된다면, 그 수행적 발언은 자신의 목표를 달성하는 데 실패할 것이다. 어떤 할리우드 영화에서 여주인공이 그녀가 납치당하는 과정에서 두 남성에게 "나는 연방 보안관이며 당신들은 체포되었다"고 선언한다.[8] 즉각적인 결과는 폭소이지, 연행이 아니다. 오스틴은 이런 식의 수행문의 실패를 불행unhappy 혹은 불운infelicitous이라고 설명한다(1975:14). 수행문은 진술문-수행문 이분법의 논리에 따라 서술적인 진술들이 '참' 또는 '거짓'으로 이해될 수 있다는 의미에서 '참'이거나 '거짓'이 아니다. 수행문은 다행happy이 될 수 있으며, 이는 의도된 행위가 성공적으로 수행되는 것을 의미한다. 혹은 수행문은 불행해질 수 있으며, 이는 행위가 '불발misfired'되었고 효과를 낳지 못했거나, 행위의 수행이 절차의 남용abuse이었음을 의미한다(누군가가 제공할 수 있는 수단을 갖지 못한 어떤 것을 약속하는 것과 같이)(Austin, 1975:12-24). 이런 맥락에서 "넌 그냥 껌둥이일 뿐이야"(사례 F), 원주민의 종교를 "괴상"하고 "원시적"이라고 묘사하는 것 (사례 B), 혹은 유대인들을 "역병"이라고 부르는 것 (사례 A)이 수행문으로서의 자격을 갖는가를 고찰하는 것은 흥미롭다. 답은 불확실하다.

진술문은 수행문과는 반대로 '말하기sayings', 즉 서술적인 진술

---

8   영화 〈표적Out of Sight〉에서의 제니퍼 로페즈. 1998년 호주에 출품되었다.

들이다. NSW 경험 연구로부터 도출된 발언들이 정확히 "서술적 진술들"로 분류될 수 있는가? 수행문-진술문 이분법 논리에 따르면, 서술적인 진술들은 '참'이거나 '거짓', 즉 다른 수단들에 의해 검증될 수 있는 문제일 수 있다. 그러나 여기서 문제가 발생하는데, 수행문의 다행-불행 자격과 진술문의 참-거짓 자격은 정밀한 검토를 견뎌내지 못하기 때문이다. 오스틴은 복잡한 논증에서 많은 수행문들이 다행이 되기 위해서는 특정 진술들 역시 참이어야 한다고 논증한다(1975:45). 예를 들어 어떤 사람이 "나는 이 차를 당신에게 주겠다"라고 말한다면, 그는 그 차의 소유권을 양도할 수 있는 권리를 가지고 있어야만 한다. 그가 그런 권리를 가지고 있는지 아닌지는 명백히 참이거나 거짓에 해당한다. 따라서 일부 수행문은 참 또는 거짓을 고찰해야 한다. 마찬가지로, 서술적인 진술들은 반대로 다행과 불행을 고찰해야 하는데, 성공이나 실패에 대한 고려들이 화자가 그 또는 그녀의 동의를 얻을 수 있느냐에 적용될 수 있다는 의미에서 말이다 (Austin, 1975:55). 따라서 수행문과 진술문의 차이는 분명하게 정의될 수 있는 것이 아니다. 이런 이유에서 오스틴은 수행문-진술문 이분법은 표현의 의미를 이해하기 위한 유용한 방식이 아니라고 주장한다. 어떤 것을 단지 '말하는' 발언과, 어떤 것을 '행하는' 다른 발언들 사이의 이원론은 존속될 수 없다. 1장에서의 경험적 연구 속에서 설명된 사례들 역시 수행문 또는 진술문 중 하나로 범주화하는 것은 어려울 것으로 보인다.

오스틴은 표현의 수행문적인 요소와 진술문적인 요소가 동화될 수 있다고 주장한다. 이를 위해 그는 어떤 진술의 의미를 이해하기 위해서는 그것이 발화된 전체 상황에 대한 고려가 필요하다는 생각을 옹호한다. 이는 발언을 '표현행위'로 고찰하는 것을 수반한다. 썰Searle은 진술이 표현-행위라는 오스틴의 "발견"을 "철학에서의 혁명"(1975:3)으로 설명한다. 그는 다음과 같이 결론 내린다.

> 진술들이 어떻게 고장 날 수 있는가를 설명하기 위해선 우리는 단지 관련된 명제에만 주목할 수 없다 …… 우리는 그것이 표출된 전체 상황을 고찰해야만 한다 …… 따라서 우리는 진술적 발언이라고 추정되는 것을 수행문과 동화시키고 있는 것이다(1975:52).

오스틴은 우리가 말할 때 행하는 것이 무엇인지를 구별할 수 있는 대안적인 방식을 위한 제안들을 만들었다. 그러나 이것들을 고찰하기에 앞서 현대의 표현 정책이 어느 정도로 수행문-진술문이라는 이론적인 구분에 의존하고 있는지를 살펴보는 것이 유용하다. 이는 중요한데, 이 구분이 불안정함에도 만일 정책이 이것에 의존하고 있다면, 정책 입안자가 잠재적으로 불안정한 철학적 토대에 의지하고 있다는 비판을 받을 수 있기 때문이다.[9]

---

9 비록 이 명제가 그 자체로 정책 입안자들에게 경종을 울릴 수는 없지만, 그럼에도 불구하고 이 명제는 이 책의 맥락 속에서 우려를 불러일으키며, 여기서 정책의 기저에 놓인 철학적 전제들을 밝히려는 목적은 그것들의 실행이 정책의 완수와 성과에 있어서의 취약함을 드러내는 것이다.

수행문-진술문 구분의 정책 적용

현재의 자유민주주의 법적 체제는 표현의 자유에 대한 절대적인 보호를 제공하고 있지는 않다. 표현에 관한 제약들은 명예훼손에 대한 보상, 영업 기밀에 대한 보호, 국가 안보 및 외설 문제에 대한 출판 제한, 사생활 침해 등을 포함하여 많이 존재한다. 그렇다면 규제의 대상이 되는 발언들과 규제로부터 자유로운 발언들 간의 구분을 수행문-진술문 구분을 통해 설명하는 것이 가능할 수 있을까?

'수행문'에 들어맞는 표현은 일반적으로 말해 '진술문' 유형에 들어맞는 표현에 비해 좀 더 쉽게 규제의 대상이 된다고 주장될 수 있다. 예를 들어 결혼식에서 "맹세합니다"라고 말하는 행위는 법적으로 규제된다. 그 수행문은 적절한 상황이 그것의 행사에 부합될 경우에만 다행이 되는 것으로, 즉 성공적으로 수행된 것으로 여겨질 수 있다. 규제는 누가 결혼식을 수행할 수 있는가, 결혼하고자 하는 두 사람의 젠더, 그들의 가족 관계, 이미 결혼한 바 없는 그들의 지위를 포함한 상황들에 따른 결정에 적용된다. 이 같은 상황들은 법에서 정한 바에 따라 규제된다. 나아가 적절한 상황이 충족되는 경우, "맹세합니다"라고 말하는 행위는 법적인 구속력을 갖게 되며, 또한 예를 들어 이혼법, 가정법원 규정, 세금 제도를 통해 규제되는 법적 결과들을 갖게 된다. 명예훼손 범죄를 수행적 발언으로 해석하는 것 역시 가능한데, 명예훼손적인 진술을 함에 있어서 화자는 어떤 사람에 관한 사실을 진술(참이거나 거짓)하는 것 이상을 행했다고 간주되기 때문이다. 화자는 타인의 명예를 손상시킴으로써 미래의 삶의 행로에 심대하게 영향을 끼칠 수 있는 해악을 야기했다고 간주된다. 이것이 바로 손해배상 청구를 정당화하는 것이다. 명예훼손 범죄를 변호하는 것, 손해배상을 추구할 수 있는 개인의 능력, 허용 가능한 손해배상의 정도는 법에서 정한 바에 따라 규제된다. 마찬가지로 많은 자유민주주의 국가에서 상업적 언어는 규제의 대상이 된다. 상업적 언어는 기밀을 보호하기 위해 제약된다. 상업적 언어의 규제 뒤에 놓인 가정은, 그러한 발언을 허용하는 것은 단지 영업 활동에 대한 보고나 회사의 용납 범위를 넘어 경쟁사에 회사의 성취를 알게 함으로써 영업 활동에서 오는 회사의 잠재적 이익이나 주도권을 감소시킨다는 것이다. 회사의 성취를 경쟁사에 설명하는 보고들은 이 같은 영향을 미치기 때문에, 그것들은 규제의 대상이 된다. 기밀 규제를 위반하는 것은 보상이나 사과 형태의 추가적인 규제의 대상이 된다는 것을 의미한다. 유사한 논증들이 1장에서 설명된 혐오 표현 정책을 포함하는, 규제의 대상이 되는 발언들의 사례를 위해 만들어질 수 있다. 그 정책들에서 "혐오", "심각한 경멸", "극심한 조롱"을 선동하는 발언들은 규제의 대상이 되었다. 그러한 규제는 진술 그 자체가 아니라, 진술이 특정한 맥락에서 발언되면서 필연적으로 **행하는** 활동을 억제하기 위해 의도된 것이라고 해석할 수 있다. 따라서 규제의 대상이 되는 것은 그 발언의 수행적인 요소이다.

한편, 단순히 의견의 표명으로 여겨지는 표현은 진술문 유형에 들어맞는 것으로 해석될 수 있다. 의견, 반대 혹은 비판의 표명은 역사적으로 규제로부터 보호받아 왔다. 수행적 표현에 대한 규제와 진술적 표현의 규제로부터의 보호는 이 논의의 맥락에서 우연한 것이 아닌 것처럼 보일 수 있다. 서로 다른 규제적 접근은 어쩌면 표현-행위 이분법에 의존하는 자유민주주의의 정책 체계 내에서의 채택과 이행으로부터 기인하는 것일 수 있는데, 여기서 '표현'은 진술문에 들어맞으며 '행위'는 수행문에 들어맞는다. 의사소통과 사상의 교환이라는 의미에서 표현을 진술문으로 해석하는 것[10]은 규제로부터의 면제에 대한 이론적이고 철학적인 정당화를 제공한다.

그러나 만일 오스틴이 주장하듯이 수행문-진술문 구분이 불안정한 것이라면, 이는 표현 정책에 상당한 영향을 끼치게 된다. 만일 수행문-진술문 구분이 안정적인 것으로 여겨지지 않는다면, 어떤 표현들은 행위의 수행을 포함하고 있으며 다른 표현들은 행위의 수행을 포함하지 않는다는 판단은 도전을 받게 된다. 만일 이것이 사실이라면, 이는 규제로부터 어떤 표현을 면제시킬 것인지에 대한 서로 다른 정당화가 추구되어야 한다는 것을 나타낸다. 그렇다면 나는 여기서 오스틴이 발전시킨 표현-행위 이론으로 되돌아가고자 한다. 지금까지는 단지 그 첫 단계만 논의되었을 뿐이다. 오스틴이 수행문-진술문 구분이 불안정할 수 있다고 주장했을 때, 그는 누군가가 말할 때 행하는 것이 무엇인지를 이해하기 위한 대안적인 모델을 계속 발전시키고자 했다.

10　이는 표현에 관한 법률적 규제의 초안을 작성하고 이를 시행하는 데 책임이 있는 자들이 이런 철학적 문제를 알고 있었든 아니든 적용된다. 나는 표현 정책에 대한 철학적 가정들을 여기서 밝히고 있다. 그 가정들이 정책 입안자에 의해 표명되었는가는 일반적으로 중요하지 않다.

누군가가 말할 때 그가 **행하는** 것이 무엇인지를 이해할 수 있는 가능성들을 위해서 이 대안적 모델은 이제 탐구될 것이다.

표현의 발화 수반적 가능성들

오스틴은 서술적인 발언들, 혹은 진술들이 수행적이라고 인지되는 발언들만큼이나 그 자체로 어떤 행위의 수행에 해당된다는 것을 보여 주는 것과 함께 (Searle, 1973:142), 이후 '표현'과 '행위' 혹은 '진술문'과 '수행문'이 아닌, 일반적인 '표현-행위'[11]의 범주 내에서 대안적인 유형을 발전시키고자 했다. 그는 발언이 행해질 때, 화자는 "발화locutionary" 행위, 즉 어떤 것을 말하는 행위를 수행한다고 주장했다. 발화 행위는 특정 의미를 가지고 있는 문장을 발언하는 것으로 정의된다 (Austin, 1975:109). 말하는 행위에 있어서, 무언가가 말해지는 경우, 발화 행위가 수행된다. 오스틴의 두 번째 유형의 표현-행위는 "발화 수반illocutionary"이다 (Austin, 1975:94-101). 어떤 발언을 **하면서** 어떤 행위가 수행되면, 화자는 발화 수반 행위를 수행하는 것이다. 예를 들어 만일

---

11 오스틴은 어쨌든 어떤 발언을 하는 것은 말이 행위라는 가장 기본적인 의미에서 행위하는 것임을 인정했다. 어떤 것을 말하는 것은 세 가지 요소들을 포함한다. 즉 음성 행위, 형태 행위, 의미 행위이다. "음성phonetic" 행위는 소리를 발하는 행위이다. "형태phatic" 행위는 단어나 어휘를 발하는 행위이다. "의미rhetic" 행위는 "뜻sense"과 "지시대상referemce"(이 둘의 결합은 "의미meaning"와 동등하다)을 가진 낱말들을 사용하는 행위이다 (1975:92-93; Searle, 1973:146). 누군가가 낱말이나 문장을 말한다는 의미에서 어떤 발언을 행한다면, 이 세 가지 요소들이 결합된다. 여기서의 논의는 완전한 발언들로 한정되기 때문에, 이러한 상세한 수준은 직접적인 관련은 없다.

누군가가 "불이야!"를 외침으로써 건물 안에 있는 사람들에게 실제로 불이 났다는 것을 알리고 그들이 건물을 빠져나갈 것을 암묵리에 주장했다면, 그는 발화 수반 행위를 수행한 것이다. 만일 아무 일도 없었음에도 불구하고 그가 "불이야!"를 외쳤고, 그렇게 함으로써 건물 안에 있는 사람들에게 불이 났다는 공포를 불러일으켰다면, 그럼에도 불구하고 어떤 발화 수반 행위가 수행되었다고 간주될 수 있다. 수행된 발화 수반은 첫 번째 사례에서 수행된 것과는 다르다. 첫 번째 사례에서 발화 수반 행위는 행동하라는 경고였다. 두 번째 사례에서 발화 수반 행위는 불안감에 사로잡히기 쉬운 사람들을 놀리는 장난이었다. 마찬가지로 "넌 그냥 껌둥이일 뿐이야. 난 너보다 더 시꺼먼 껌둥이도 총으로 쏴 죽인 적이 있어"와 같은 발언의 표적이 된다면, 그것은 인종을 근거로 경멸하고 청자가 극단적 폭력에 노출될 수 있다는 것을 경고하는 발화 수반 행위로 해석될 수 있다. 발화 수반 행위의 다른 사례들은 누군가에게 어떤 사건이 발생했다는 것을 알리기, 누군가에게 무언가를 하라고 명령하기, 혹은 누군가와 논쟁하기 등을 포함한다. 이 모든 경우에 있어서 화자는 단순히 무언가를 말하는 것 이상을 행한다. 발언을 하면서 또한 어떤 것을 행하고 있는 것, 즉 발언과 동시발생적인 것으로 규정될 수 있는 어떤 행위를 수행하고 있는 것이다.

오스틴의 세 번째 유형의 표현행위는 "발화 효과perlocutionary"이다. 발화 효과 행위는 무언가를 말하는 것에 의해, 혹은 그 결과로서 야기된 행위들이다(Austin, 1975:94-101; 109). 발화 효과 행위의 사례에서, 어떤 행위는 무언가를 **말함으로써** 수행된다. 예를 들어 만일 누군가가 "불이야!"라고 외치고 그것을 통해 사람들이 불이 났다고 믿고 건물을 빠져나가도록 작용했다면, 그는 다른 사람들로 하여금 건물을 빠져나가도록 설득한 발화 효과 행위를 수행한 것이다. 또한 발화 효과 행위는 수행된 발화 수반 행위 (경고)의 결과지만, 발화 수반 행위와는 별개로 규정될 수 있다. 설득적이지 않은 방식으로 사람들에게 불에 대해 경고하는 발화 수반 행위를 수행하는 것이 가능했을 수도 있다. 이런 경우에는 사람들이 건물을 벗어나려 하지 않으려 했을 것이며 발화 효과 행위로 규정될 수 없었거나 다른 발화 효과 행위로 규정될 수 있었을 것이다. 만일 후자였다면, 그 발화 효과 행위는 "불이야!"라고 외쳤던 화자가 신뢰할 만한 자가 아니었다는 것을 건물 안에 있는 사람들에게 확인시키는 것이었을지도 모른다. 발화 효과 행위의 사례들은 그렇다면 확신시키기 혹은 설득시키기를 포함한다. 또 다른 사례에서 만일 배심원단이 법정에서 피고석에 앉아 있는 피고에게 "유죄!"를 선언한다면, 특정 사람에게 범죄에 대한 유죄를 선언하는 발화 수반 행위가 착수된다. 그 발화 수반과 관련된 발화 효과 행위는, 합당한 상황에서 피고에게 법정에서 이끌려 감옥으로 들어간다는 것을 확인시키는 것이다. 발화 효과 행위는 본질적으로 그것에 선행하는 발화 수반 행위와 관련되지만, 발화 수반 행위와는 별개이며 구별될 수 있다. 어떤 발언으로부터 발생하는 발화 효과 행위의 사례는 NSW 경험 연구의 사례 I에서 볼 수 있는데, 뉴스레터 속의 만화는 동양계 사람들을 모욕함으로써 경멸과 조롱을 불러일으키려는 목적으로 발행되었다.

세 유형 사이의 밀접한 관계는 그것들의 구분 가능성에 대한 몇몇 질문들, 즉 오스틴이 깊게 탐구한 질문들을 제기한다. 예를 들어 발화 행위는 특정한 의미 (Austin, 1975:109)를 가진 어떤 문장을 발언하는 것으로 정의되며, 발화 수반 행위는 특정한 힘 (Searle, 1973:142)을 가지고 발언되는 것이다. 그러나 발언의 의미나 설득력은 발언의 맥락으로부터 고립되어 해석될 수 없다. 위에서 인용된 사례에서 "불이야!"라고 외치는 것은 다른 의미를 가질 수 있으며, 불이 [정말로] 났었는지 아닌지, 화자의 신뢰도, 연기의 존재와 같은 다른 외부 요인들에 따라 다른 발화 수반에 해당될 수 있다. 마찬가지로 그 발언은 맥락에 따라 다른 설득력 (발화 효과)을 가질 수 있다. 만일 화자의 신뢰도에 문제가 있다면, 청자들은 건물을 빠져나가지 않겠다고 판단할 수 있으며 그 발언은 그들로 하여금 자신의 데스크로 되돌아오게 하는 힘으로 작용한다. 무수한 해석의 가능성들이 존재한다. 발언은 어떤 위협, 경고, 예측, 혹은 심지어 약속으로 해석될 수 있다. 발언이 행해졌던 맥락 혹은 상황을 검토하지 않고서 어떤 의미가 정확한지 아는 것은 불가능하다. 의미와 힘은 서로, 그리고 발언이 발생한 맥락과 관련된다. 썰은 발언의 의미와 영향력을 종종 분리 불가능한 것으로 간주하는데 (1973:147-148), 그것이 끼치는 영향력은 발언의 의미로부터만 추상될 수는 없기 때문이다. 궁극적으로 의미는 발언을 함에 있어서 화자의 의미, 그 의미에 대한 청자의 이해, 그리고/또는 그 문장의 결과라는 점에서 추상적으로 결정될 수 없다—그것들은 그 발언이 놓인 상황에 달려 있다.

오스틴은 사실상 발화/발화 수반/발화 효과 구분이 유지되기 어렵다는 것을 인정한다. 세 유형의 표현행위에 착수하는 것은 동시에 서로 다른 많은 것들을 행하는 것을 포함하기 때문이다. 세 유형의 표현행위를 이해하는 것은 상황과 맥락의 많은 다양한 측면을 고려하는 것을 포함한다. 각각의 표현 상황은 복잡한 상호작용의 그물망을 나타낸다. 세 유형의 표현행위 중 어떤 것을 발언하더라도, "동시에 많은 것들이 이루어지도록 행하는 것을 포함한다(Austin, 1975:108)." 오스틴은 이로부터 표현행위를 이해하는 것은 어떤 문장을 연구하는 것 이상을 요청한다고 결론 내린다. 표현행위를 이해하기 위해 필요한 것은 "표현 상황" 내에서의 각각의 표현행위에 대한 연구이다(Austin, 1975:139). 어떤 표현 상황 내에서 모든 발언은 일종의 행위이다. 따라서 오스틴 스스로 자신이 창안하는 데 착수한 세 유형의 표현행위를 구획하는 데 있어서의 어려움을 인정한다. 수행문-진술문 이분법의 폐기와 마찬가지로, 표현행위의 의미를 이해하기 위해서 그는 "상호 관련되고 중첩적인 표현행위들의 전반적인 가계도family" 에 대한 검토를 옹호한다(Austin, 1975:150; Searle, 1973:149).

이들 세 유형의 표현행위를 해석하는 데 수반되는 복잡성들에도 불구하고, 발화적(또한 소위 "명제적"), 발화 수반적, 발화 효과적 표현행위들 간의 구별은 표현-행위 이론의 핵심으로 남아 있다. 따라서 발화와 발화 수반 간의 구별은 종종 어떤 발언의 규정된 의미에 대한 고찰 속에서 유지된다. 또한 어떤 발화의 동일한 표현은 서로 다른 수반 행위 속에서 발생할 수 있기 때문에, 일부 표현-행위 이론가들은 이런 목적을 위해 발화/발화 수반 구분을 유지하는 것이 필연적이라고 생각한다(Searle, et al eds.

1980:vii). 어떤 발언의 규정된 의미에 대한 이해에 도달하는 것은 이들 유형들 중 최소한 하나, 그리고 종종 하나 이상을 체현할 수 있는 표현-행위의 잠재성을 이해하는 것을 요청한다. 이 세 유형의 표현행위의 복잡성들 간의 차이를 구별하는 것은 표현-행위 이론 내에서 상당한 논쟁의 대상이 되는 영역이다.[12] 이 논쟁에 뛰어든 이론가들은 하버마스(1979:34-68; 1984; 1987), 썰, 키퍼Ferenc Kiefer와 비어비쉬Manfred Bierwisch(1980), 모취Wolfgang Motsch(1980), 레빈슨Stephen Levinson(1983:226-283), 랭턴Rae Langton(1993), 혼스비Jennifer Hornsby(1994), 버틀러(1997) 등을 포함한다.

그러나 이들 표현행위 이론가들의 주장이 갖고 있는 공통된 전제는 발언들을 일종의 '표현행위'로 해석할 수 있다는 것이다. 오스틴은 발화/발화 수반/발화 효과의 구분을 착수된 행위의 **유형**들을 판별하는 수단으로 제공했다. 세 유형의 표현행위 모두 행위에 해당하기 때문에, 오스틴은 따라서 "병폐ills"를 가할 수 있는 행위로서의 고찰을 필요로 하게 만든다고 주장한다 (1975:105). 행위는 규제의 고려 대상이 되기 쉬우므로 표현행위들(그것들은 행위 유형이므로) 역시 규제의 고려 대상이 될 수 있다는 것을 의미하기 때문에 오스틴의 발견은 여기서 중요하다. 이는 어떤 행위가 규제 대상이어야 하는가를 판단할 때 일반적으로 적용되는 고려들이 또한 표현행위에도, 이를 테면 어떤 표현행위 속에서 실행된 해악의 정도에 대한 고려에도 적용될 수 있다는 것을 의미한다. 이는 공공정책에 중대한 함의들을 가지고 있기 때문에 중요한 지점이다. 발언들이 "병폐"를 가할 수 있다는

---

12 이 논쟁에 대한 인식은 이를테면 Davis, 1999를 보라.

생각은 정책에서 규제를 고려하도록 만든다. 정책 입안자에 대한 물음은 더 이상 표현행위가 규제로부터 특별한 면제를 받아야 **하는가 아닌가**하는 것이 아니다. 이 질문은 소극적으로 답변될 수 있다. 대신 정책 입안자는 (1) 어떤 종류의 해악을 표현행위가 끼칠 수 있는가, (2) 어떤 유형의 규제가 대응으로 적절할 수 있으며, 해악을 최소화하거나 근절할 수 있는가를 고려하기 시작할 수 있다.

현대의 표현의 자유 학자들은 행동으로서의 표현 개념을 자신들의 논증에 통합시키기 시작했다. 선스타인Sunstein은 이를테면 표현의 자유 이론 내에서의 표현-행위의 구분을 "신뢰할 수 없는 것"이라고 말하면서(1993a:826), 대신 표현행위로 의도된 행위들(언어적, 상징적, 혹은 물리적), 사상의 교환에서 상호 메시지를 주고받는 것, 그리고 그렇게 의도되지 않은 행위들(1993:833-840)로 구분하는 것을 선호한다. 토마스 스캔론Thomas Scanlon은 마찬가지로 표현 형태를 구분할 수 있는 방식으로 표현을 행위로부터 구분하는 것은 매우 성공적이지 않다(1977:156)고 주장한다. 그는 대신 추론을 통해 타인을 행위하게 하는 표현, 그리고 원하는 것을 행할 수 있는 수단을 타인에게 제공함으로써 타인을 행위하게 하는 표현 간의 구분을 옹호한다. 사더르스키Sdurski 역시 표현을 "표현 이상의" 것으로서의 고차원적인 "행위 요소"를 가진 것으로 간주함으로써 표현-행위의 구분을 보다 세련되게 만들려는 일부 법학자들의 시도에도 불구하고 그러한 구분이 유용하지 않다는 것을 인정한다(1962:168). 그가 그러한 구분이 유용하지 않다고 선언하는 근거는 모든 표현은 어떤 종류의 행위를 동반한다는 사실과, 그러한 행위가 생각을 소통하려는 일차적인 목표(예컨대 깃발 태우기)를 지니고 있다는 것을 포함한다. 조셉 라즈Joseph Raz는 표현의 자유를 공적으로 의사소통할 수 있는 권리라고 정의하는데, 여기서 '의사소통'은 넓게 해석되며 그 자체로 타인에 의해 이해받도록 의도된 표현행위를 포함한다(1994:1). 그리고 프레드릭 샤우어는 입안자author가 무엇을 의도하였는가에 대한 분별없이 '표현'이라는 용어를 사용하는 것을 비판하는데, 각각의 입안자가 의도하는 것은 그 기저에 놓여 있는 이유—이는 항상 논박 가능하다—에 따라 다르기 때문이다(1993:635-636). 샤우어는 언어학자들이 기저에 놓여 있는 이유를 드러내고 논쟁을 보다 의미 있게 만들기 위해서 "표현"이라는 용어로 구분하는 것을 지지한다.

행위로서의 표현 개념은 또한 표현 정책에 통합되어 왔다. 예를 들어 1장에서 검토된 NSW 법은 어떤 사람의 인종에 근거하여 혐오, 진지한 경멸이나 극심한 조롱을 선동하는 자에게 벌금형을 부과함으로써 명백히 표현행위가 해로울 수 있다는 검토를 요청한다. 법률의 집행을 위해 제공되는 정당화는 모욕의 사례들이 '해악'을 초래했다는 것을 인정하는 것을 포함한다(NSW Government 1988:3). 두 가지 질문—(1) 어떤 종류의 해악을 표현행위가 끼칠 수 있는가, 그리고 (2) 그런 해악에 적절하게 대응할 수 있는 규제의 유형—은 밀접하게 관련되어 있다. 해악에 대한 적절한 대응의 고찰은 오로지 가해지고 지속되는 해악의 정도와 방식이 규명될 수 있을 경우에만 이루어질 수 있다. 나는 이것을 다음 장에서 고찰할 것이다. 우선은 발언을 표현행위로 상정하는 것은 정책들이 어떤 종류의 규제를 고려하도록 만든다는 사실이 중요하다.

이는 과도한 규제에 대한 우려를 제기한다. 표현-행위 이분법을 옹호하는 표현의 자유 이론가들은 표현을 너무 많은 규제 앞에 열어 놓는 것일 수 있다는 근거로 그렇게 생각할 수 있다. 그러한 우려는 타당하지만, 여기서 제시된 전반적인 논증의 맥락에서 답변될 수 있다. 내가 앞에서 주장했듯이, 역량 이론 틀 내에 표현 정책을 위치시키는 것은 표현이 가능한 조건들의 유지에 대한 강력한 정당화를 제공하는데, 표현은 인간 역량들의 다양성의 형성에 핵심적이기 때문이다. 생각, 지식, 의견을 의사소통하는 수단으로서 표현에 참여하는 것은 인간 발달에 핵심적인 활동이다. 표현의 자유는 실천이성 및 친교의 기능에 핵심적인 것으로 보이며, 이는 상상하고, 사유하고, 반성하고, 계획하며 타인과 관계 맺는 것과 같은 역량들의 발달에 필수적인 것이다. 사회정책의 목적은 내적 역량들을 연마시키고 유지하는 것이며, 여기에 표현은 핵심적이다. 이러한 틀에 표현 정책을 위치시키는 것은 따라서 행위로서의 표현 개념이 표현을 과도한 규제에 직면하게 만든다는 우려를 논박하는 풍부한 논증을 제공해 준다. 과잉 규제는 역량 지향적인 표현 정책의 목적과 직접적으로 모순되기 때문이다. 나아가 사회정책의 두 번째 목표는 발달된 역량들이 "활성화될 수 있는" 외적 상황들을 "만들어 내고 보존하는"(Nussbaum, 1988:164) 것이다. 이는 어떤 표현이 해악을 끼친다면, 그것을 외적 역량들과 내적 역량들의 발달과 유지에 역기능을 하는 것으로 간주하는 것이 가능해진다는 것을 암시한다. 이는 결국 그러한 해로운 표현에 대한 대응을 보조해 주도록 기획된 정책을 정당화한다는 것을 의미한다. 즉 표현을 규제하거나 처벌하도록 지향된 규제가 아니라, 일종의 표현 기회들을 강화하도록 지향된 규제 말이다. 이러한 유형의 정책은 표현의 자유에 과도한 규제가 가해질지 모른다는 우려를 제기하지 않는다.

표현을 일종의 행위로 간주하는 것은 표현이 해로운 행위에 해당할 수 있는가를 평가하는 데 있어서 필수적인 첫걸음이다. 그러나 혐오 표현 행위가 실제로 해로운 행위라고 하는 전제를 유지하는 것이나, 그것들이 어떤 종류의 해악에 해당할 수 있는가를 설명하는 것으로는 충분하지 않다. 이것이 이루어지도록 하기 위해서는 혐오 표현 행위를 보다 구체적으로 검토할 필요가 있다―나는 이것을 다음 장에서 검토할 것이다. 우선 표현이 해악에 해당할 수 있는가에 대한 평가를 계속하기 위해서는, 표현행위가 평가될 수 있는 방법론적인 틀이 중요한 것으로 남는다. 이를 행하기 위해 나는 오스틴의 세 가지 구분을 위르겐 하버마스의 의사소통행위 이론의 요소로 통합시키는 것에 의지하고자 한다.

하버마스의 타당성 주장을 표현행위 분석에 적용하는 것에 대한 예비 고찰

하버마스는 의사소통행위 이론을 발전시켰는데, 여기서 언어는 그 안에 내재된 구조를 갖는 의사소통 수단으로 간주된다(1984:x).[13] 하버마스는 이 구조들, 즉 의사소통의 의미에 관해 합의에 이를 수 있는 규칙들을 이해 도달 지향적인 의사소통행위 이론을 발전시키기 위해 밝혀내고자 했다. 하버마스는 어떤 사람이 말할 때, 그는 문법적 문장들을 구사하는 것 이상을 행한다고 주장했다. 그는 이해 가능한 무언가를 청자에게 이해 가능한 방식으로 말하고 있다고 주장하는 것이다(1979:1). 이러한 이해가 상호 인정될 수 있는 수단들을 밝혀내는 것은 의사소통이 이해 도달, 즉 언어 사용의 본질적 **목적**telos에 지향될 수 있는 규칙들을 밝혀내는 것을 필요로 한다(Habermas, 1984:285-287). 하버마스는 자신의 표현행위 이론을 "보편 화용론universal pragmatics"이라고 일컫는데, 여기서 "화용론"은 화자와 청자가 맥락 의존적이고 활용 의존적인 발언의 의미들을 결정하는 조건들에 대한 연구를 의미하는 것으로 의도된다. 화용론은 사용자로부터 추상된 언어에 대한 연구("의미론")와 구별되어야 한다(Searle 외, 1980:viii-x; Habermas, 1984:316-319).[14]

의사소통의 의미에 관해 합의에 이를 수 있는 규칙들은 의사소통행위에서 화자가 제기하는 주장들이다. 하버마스는 이를 "타당성 주장들validity claims"(1984:305)이라고 부른다. 화자가 어떤 발언을 행할 때, 그는 객관세계의 진리성, 상호주관적인 규범 및

---

13 하버마스는 이 이론적 접근의 표현행위 요소가 오스틴의 작업으로부터 발전한 것임을 인정한다(1979:7).

14 "화용론"이라는 용어의 사용은 논쟁적이다. 언어학에서 화용론은 확립된 하위 영역이다. 이 논쟁에 대한 역사적 개괄에 대해서는, Levinson, 1983, 특히 1-53을 보라.

가치들에 대한 정당성, 그/그녀의 주관성에 담긴 진실성에 관한 주장들을 행한다. 이 세 가지 타당성 주장들[15]을 모든 발언과 동시에 제기하는 것이다. 그것들을 이해하는 것, 즉 세 가지 타당성 주장들에 관한 이해에 도달하는 것은 즉 그 발언을 이해하는 것을 의미한다. 나는 곧 타당성 주장들을 좀 더 상세히 논의할 것이지만, 우선 하버마스의 의사소통행위 이론과 오스틴의 세 가지 표현행위 유형들의 구분 사이의 관계에 대해 예비적인 고찰을 하는 것이 필수적이다. 하버마스의 의사소통행위 이론의 적용을 오스틴의 표현행위 구분으로 말문을 여는 것은 두 가지 이유로 필연적이다. 첫째, 이러한 표현행위 이론에 대한 검토의 배열은 표현에 대한 철학에서의 발달의 연대기와 일치하며, 따라서 여기서 이런 연대기를 활용하는 것은 주제에 대한 이해를 발전시키는 데 있어서 도움이 된다. 둘째, 하버마스는 "발화 수반" 및 "발화 효과"라는 용어를 그의 의사소통행위 이론에 활용한다.

이 지점에서 하버마스의 의사소통행위 이론의 요소들에 대한

---

15 몇몇 저자들은 하버마스의 초기 작업에서의 네 번째 타당성 주장(Habermas, 1970), 즉 서로 말을 걸고 있는 화자들의 이해 가능성에 관한 설명적인explicative 발언에 담긴 주장에 대한 그의 기술을 언급한다(예를 들어 Wodak, 1996:30). 타당성 주장이라는 생각은 하버마스의 후기 저작(1984:1987)에서 다시 논의되고 명료화된다. 설명적 발언과 평가적evaluative 발언들 둘 다 고찰되고 비판된다(1984:39, 42 이하). 상징적/평가적 표현들의 적격성wellformedness 개념(이해 가능성이 평가될 수 있는 것에 대한)은 이후 "제외"(1984:99)되며, 평가문은 표현문, 즉 그것들의 주관적 진실성을 기반으로 평가될 수 있는 발언들과 동일시된다. 하버마스의 주장은 내가 이 책에서 사용하는 세 개의 묘사, 즉 사실성, 정당성, 진실성이라는 비판 가능한 타당성 주장들에 전반적으로 기초하고 있다(예를 들어 1984:75, 137, 278, 302-9, 329-330).

설명으로 옮겨 가기 전에, 하버마스가 "발화 수반적인illoctionary"
표현행위 개념을 어떤 발언을 행할 때 제기되는 타당성 주장에
관해 청자가 합의할 수 있도록 화자가 동기를 부여하는 것으로
구체화한다는 것에 주목하는 것이 중요하다(Habermas, 1984:278).[16]
화자에 의해 제기되는 타당성 주장에 관해 합의에 이르는 것은,
화자와 청자 간에 발언의 내용에 관해 합의에 이르는 것을 의미
한다(Habermas, 1984:287). 이러한 발언의 의미에 대한 상호 이해
의 달성에 맞추어진 언어 사용은 하버마스에 의해 "원초적 방식
original mode"으로 간주된다. 다른 모든 목적들이나 결과들은 "기
생적parasitic"(1984:288-289)이거나 이차적인 언어 사용임을 의미
하면서 말이다. 이는 어떤 전략적이거나 목적론적인 언어 사용
은 이해 지향적인 언어로부터의 파생물이라는 것을 의미한다.
하버마스는 전략 지향적인strategic-oriented 언어 사용과 이해 지향
적인understanding-oriented 언어 사용을 구별하는 데 공을 들인다
(1984:285-286).

하버마스는 오스틴의 틀 내에서 발화 수반 행위는 말해진 바
의 의미를 통해 이해될 수 있다고 주장한다(1984:289). 한편 발화
효과적인 결과들은 발화 수반 행위가 상호작용의 맥락 속에 체

---

16 하버마스는 발화 수반 행위들 간의 추가적인 구분을 발전시키는 데 상당한 시
    간을 쏟았다. 그는 세 가지 유형의 발화 수반들을 규정하는데, 이는 그의 세 가
    지 타당성 주장들의 충위를 따른다. 하버마스는 "진술문constatives"을 사태를
    재현하는 표현행위로, "사실성"에 근거하여 거부될 수 있으며 객관세계와 관
    련 있는 것으로 규정한다. "규정문regulatives"은 상호주관적인 관계들을 성립시
    키는 표현행위로, "정당성"을 근거로 거부될 수 있으며 사회세계와 관련된다.
    "표현문expressives"은 자기 재현적인 표현행위로, "진실성"에 근거하여 거부될
    수 있으며, 주관세계와 관련된다(Habermas, 1984:329). 이러한 구별은 세 가지
    타당성 주장들의 충위와 관련하여 아래의 논의에 반영된다.

현되는 곳에서 발생한다(1984:289). 언어 사용의 발화 효과적인 결과들에 대한 규정은 표현행위들이 이해 도달의 맥락들과는 반대되는 전략적 상호작용의 맥락들로 통합되었다는 것을 암시한다(1984:292). 하버마스는 발화 효과를 다음과 같이 주장한다.

[발화 효과는] 발화 수반이 목적론적인 행위의 맥락들 속에서 수단으로 사용되는 특별한 유형의 전략적 상호작용이다(1984:293).[17]

따라서 하버마스는 이해 지향적인 언어 사용과 밀접하게 연결되어 있는 발화 수반 행위와, 전략적으로 사용되는 언어와 밀접하게 연결되는 발화 효과적인 언어 사용의 결과들을 구별한다.
이러한 분리bifurcation는 하버마스의 타당성 주장을 표현행위들에 적용하는 것이 발화 수반적인 표현행위들에 대한 분석의 개발을 가능하게 한다는 것을 의미하며(물론 오스틴의 세 가지 구분이 실행 가능한 정도까지), 나는 아래에서 이를 행하고자 한다. 그러나 이러한 분리는 또한 하버마스의 타당성 주장을 적용하는 것이 검토해야 할 표현행위가 발화 효과적인 결과들을 갖는 표현행위의 경우엔 적절하지 않을 수 있다는 것을 나타낸다. 하버마스는 의사소통에서 최소한 한쪽 당사자가 발화 효과적인 결과들을 낳기를 원할 경우, 그 발언은 언어적으로 매개된 전략적 행위로 분류될 수 있다고 주장한다(1984:295). 그렇다면 이는 어떤 표현행위가 발화 효과적인 결과들을 가지고 있을 경우, 타당성 주

---

17 하버마스는 물론 그의 제안들에 대한 경합성(특히 1984:310-319를 보라)과 발화적, 발화 수반적, 발화 효과적 표현행위들 간의 구분들에 대한 표현행위 이론 내의 상당한 논쟁을 언급한다(1984:292).

장들은 전략적으로 사용된 발언이 아닌 이해의 도달에 지향된 발언의 맥락 속에서 제기되기 때문에 타당성 주장 분석이 적용되지 말아야 함을 의미하는가?

전략적 언어 사용과 이해 도달 지향적 언어 사용 간의 구분 자체가 문제적인 것으로 보인다. 하버마스 자신은 발화 수반 행위들은 그것으로부터 여타 다른 용례들은 파생적이 되는 언어 사용의 형태라고 주장한다. 이는 우선 **모든** 표현행위들을 이해 달성에 지향된 언어 사용으로 분석하기는 어렵다는 것을 의미하는 것처럼 보인다. 이러한 분석이 이루어진 이후, 모든 가능한 발화 효과적인 언어 사용의 결과들을 **함께** 검토함으로써 이를 기반으로 하는 것이 가능할 것으로 보인다. 이러한 검토되고 있는 언어 사용의 유형에 대한 질문은 중요한데, 왜냐하면 언어가 행위라는 전제가 존속 가능하다면, 어떤 표현행위들이 어떤 종류의 행위인가를 분석하는 것이 가능해질 것이기 때문이다. 이 책의 포커스는 특별한 유형의 표현행위, 즉 혐오 표현 행위에 관한 것이다. 액면 그대로 어떤 관찰자는 혐오 표현 행위를 전략적 목적을 가진 표현행위로 여기고 싶을 수 있다. 즉 공격하는 것, 조롱하는 것, 비하하는 것, 차별하는 것, 모욕하는 것, 상처 주는 것 혹은 위협하는 것. 이 책에서 연구된 NSW 인종모욕금지법의 어법은 마찬가지로 혐오 표현 행위들이 어떤 전략적 목적을 가지고 사용된 발언들임을 암시한다. 즉 혐오를 선동하는, 심각한 경멸이나 극심한 조롱들 말이다. 혐오 표현 행위들이 전략적으로 사용되는 발언이라는 생각은 특히 세련되지 않은, "조잡한" 혐오 표현 행위들의 경우에 사실일 수 있다. 만일 혐오 표현

행위들이 이런 식으로 여겨지게 된다면, 하버마스의 의사소통 행위 이론에 대한 처음의 독해는 독자로 하여금 여기서 제기되고 있는 분석 틀이 부적절하다는 결론을 내리도록 이끌 수 있다. 만일 혐오 표현 행위들이 전략적으로 사용되는 발언들이라면, 이해 도달이라는 지향을 가지고 사용되는 발언들의 의미를 설명하고 이에 관한 합의에 도달하기 위해 개발된 틀 내에서 그것들을 분석하는 것은 부적절한 듯 보인다. 그러나 하버마스는 이렇게 인지된 문제에 대한 자신의 해결책을 제공한다. 그 해결책은 전략적 언어 사용을 이해 지향적 언어 사용으로부터 파생적이거나 이차적인 것으로 이해하는 것이다. 이는 모든 표현행위들은 우선 이해 지향적인 언어 사용의 측면에서 먼저 분석될 수 있음을 의미하는데, 발화 효과적인 결과들을 달성하기 위해서는 그 발언이 **원래부터** 어떤 종류의 이해의 도달에 지향된 것이어야만 하기 때문이다. 하버마스는 다음을 명확히 한다.

> 만일 청자가 화자가 말하고 있는 것을 이해하지 못했다면, 전략적으로 행위하고 있는 화자는 의사소통행위를 통해 [화자가] 욕망한 방식대로 청자로 하여금 행동하도록 이끌 수 없기 때문이다 (1984:293).

따라서 혐오 표현 행위들을 분석하기 위해 의사소통행위 이론의 요소들을 사용하는 것은 적절하다.

다음의 분석에서 나는 이해 도달에 지향된 언어 사용의 의미에 관해 합의가 도달될 수 있는 수단들을 이해하기 위해 하버마스의 틀을 활용하고자 한다. 이는 어떤 발언을 행할 때 화자가 제기하는 세 가지 타당성 주장들에 대한 분석을 포함할 것이다. 즉 객관적인 진리를 재현한다는 주장, 상호주관적인 규범들 및 가치들에 호소한다는 주장, 그리고 화자의 주관성을 진정으로 재현한다는 주장 말이다. 타당성 주장 분석은 따라서 어떤 발언의 발화 수반적인 힘을 이해하는 데 있어서 포괄적이고 다층적인 접근을 제공한다. 이런 분석은 이번 장에서는 일반적인 표현 행위들에, 그리고 다음 장에서는 특히 혐오표현 행위들에 적용될 것이며, 또한 혐오 표현 행위 사용의 부수적인 발화 효과적 영향들 역시 검토할 것이다.

하버마스의 타당성 주장

하버마스는 의사소통할 수 있는 인간의 능력은 모든 사람들이 언어를 사용하는 것을 배우게 될 때 익숙해지는 기본 구조와 필수적인 규칙들로 구성된 어떤 보편적인 핵심을 지니고 있다고 주장한다(1984:x). 표현-행위 이론은 언어학이 언어의 기초 단위들(문장들)을 주제로 삼는 것과 동일한 방식으로, 표현의 기초 단위들(발언들)을 주제로 삼음으로써 합의에 이르는 방법의 발전을 이루도록 이끈다. 이는 하버마스가 "적절한competent 표현" 규칙을 발전시키고자 시도한 이론적 틀이다. 이러한 규칙들은 화자와 청자가 의도된 것에 관해 합의할 수 있게 되는 그런 방식으로, 발언들을 "만족스럽게happily" 혹은 효과적으로 사용할

수 있게 한다(Habermas, 1979:26).[18]

하버마스는 이 규칙들을 성공적인 표현행위의 수행으로부터 도출한다. 그의 모델에서 어떤 표현행위가 성공적이게 되는 것 ―즉, 의사소통된 것에 합의가 이루어지는 것―은 "타당성 주장들"이 화자와 청자/들 모두에 의해 인정될 때이다(1979:1-3). 실제로 의사소통된 것에 관한 화자와 청자/들 사이의 완전한 합의는 드물기 때문에, 하버마스는 합의에 성공적으로 이를 수 있는 환경들을 상상하는 데 착수한다(1973:3). 당사자들이 타당성 주장들이 의미하는 것에 관한 토론을 통해 합의[19]에 이르도록 하는, 이러한 조건들이 충족되는 표현 상황은 "이상적"이기는 하다. 이상적인 표현 상황은 참여에 대한 제약의 부재를 또한 전제한다(Wodak, 1996:30). 따라서 타당성 주장에 관한 합의에 이르게 될 경우, 논변의 일반적인 화용론적 전제들이 충족된다(Habermas, 1984:285-287). 이것은 의사소통 행위가 이해의 도달을 지향

---

18   따라서 하버마스의 의사소통 합리성 이론은, 담론적으로 합의된 결정들에 대응하는 새로운 제도들을 발전시키기 위해 인간들이 의사소통 행위에 성공적으로 참여할 수 있는 수단들을 발전시키고자 하는 그의 더 넓은 해방적인 기획을 뒷받침한다.

19   하버마스는 이를 "합리적으로 동기가 부여된rationally motivated" 합의라고 일컫는다. "합리성"의 의미에 관한 보충 설명은 하버마스의 전체 기획에 핵심적이다(특히 1984, 1부:1987을 보라). 이 질문에 대한 상세한 검토는 여기서 따로 포함시키기에는 너무 광범위하다. 하버마스는 주관적이고 개인주의적인 전제들로 제한되지 않는 합리성 개념을 발전시키는 데 관심이 있다. 이러한 논의를 위한 목적으로 "합리적으로 동기가 부여된 합의"는 공통 이해 기반을 공유하는 주체들 간에 담론적으로 이루어진 의사소통 행위의 내용과 의미에 관한 합의를 의미하는 것으로 의도되었다. "논변의 실천practice of argumentation"은 이를테면 무력의 사용과는 반대되는 것으로, 불일치를 해결하는 항소법원처럼 행위한다(Habermas, 1984:17-18).

할 수 있게 한다. 이해에 이르는 것은 중요한데, 왜냐하면 이해
는 표현의 내재적인 **목적**이기 때문이다(Habermas, 1984:285-287).

하버마스는 합리적으로 합의에 이르게 할 수 있는 "타당성 주
장들"을 계속해서 설명한다. 어떤 발언의 의미에 관한 합의에
이르기 위해서는, 그 발언은 "사실성$_{truth}$"이라는 전통적인 진술
이 요구하는 필요조건 이상을 충족시켜야 하는데, "사실성"이라
는 필요조건은 어떤 표현행위에 포함된 의미와 힘을 평가하는
데 불충분하기 때문이다. 대신 표현행위는 청자가 타당성 주장
들의 세 가지 차원을 수용하거나 거부하는 것을 의미하는 방식
으로 청자에 의해 평가될 수 있다. 첫째로, 표현행위는 청자/들
과 화자 모두가 공유할 수 있는 지식을 재현하고 있다는 점에서
"사실성" 측면에서 평가될 수 있다. 이는 어떤 객관세계, 즉 "우
리를 둘러싼 세계" 속의 사태를 재현한다. 사실성 주장들은 경
험적인 고찰을 통해 평가 가능하다. 둘째로, 표현행위는 청자와
화자 모두가 공유하고 인정하는 규범들 및 가치들에 관해 동의
한다는 점에서 "정당성$_{rightness}$" 측면에서 평가될 수 있다. 이 규
범들 및 가치들은 상호 관계를 확립시키고 유지하며, 간주관적
inter-subjective이다. 화자가 특정 규범들 및 가치들의 정당성에 대
한 주장을 제기할 경우, 그/녀는 공동체와 연결되는 사회규범들
및 가치들에 호소하고 있는 것이다. 이 규범들 및 가치들의 정당
성은 화자가 (종종 암묵적으로) 호소하고 있는 그 규범들 및 가치들
이 공동체 내에 정말로 존재하고 있는가, 혹은 그 규범들 및 가
치들이 그 발언이 발생한 "생활세계$_{Lebenswelt}$"[20] 내에서 적절한

---

20 하버마스는 "생활세계"를 상호주관적으로 공유되는 공동체의 전통들로 정의

것으로 간주되는가의 측면에서 평가될 수 있다(Habermas, 1984:374). 마지막으로, 표현행위는 화자인 그/녀가 의도하는 것을 재현한다는 점에서 "정직truthful"하거나 진실된sincere 것인가라는 측면에서 평가될 수 있다. 여기서 화자의 주관성subjectivities(감정, 의도, 욕망)이 고려된다. 화자가 제기하는 이 타당성 주장의 차원은 평가하기가 가장 어려운데, 그것이 화자의 명백한 의도에 대한 평가를 포함하기 때문이다. 그것은 화자와 청자가 화자의 주관적 진실성에 있어서 상호 신뢰를 확립할 수 있는가를 고찰(Habermas, 1984:308)하거나 화자의 행위의 일관성을 검토(1984:303)함으로써 평가될 수 있다. 세 번째 타당성 주장은 따라서 각 개인의 주관성에 대한 평가로, 보편화가 가능하지 않다. 그러나 처음 둘은 공유된 지식과 규범적 합의를 통해 시험할 수 있다는 점에서 보편화 가능하다. 지식과 공유된 규범 및 가치들의 존재와 정당성에 대한 객관적인 사실을 확립하는 것이 가능한 만큼, 처음 두 타당성 주장들은 좀 더 수월하게 평가 가능한 것이다.[21] 능숙한 의사소통 행위는 세 가지 타당성 주장들에 대응하는 세 가지 차원들에 관해 합의에 이를 수 있는데, 즉 객관세계, 사회세계, 그리고 화자의 주관세계이다(1979:29-33, 67;

한다. 한 공동체의 각 구성원들은 생활세계가 이미 설명된 것이라고 알고 있으며, 자신들의 생애를 통해 생활세계를 향한 어떤 성찰적인 태도를 채택한다(1984:82-83).

21 의사소통 행위는 사회제도 및 문화제도들과 연결되기 때문에, 문화적 다양성 및 역사적 다양성에 직면한다. 이는 하버마스의 보편주의 주장에 대한 상대주의자들의 이의제기를 불러온다. 하버마스는 상대주의의 케이스가 결정적이지 않으며, 나아가 보편주의적인 주장은 경험적이고 이론적인 연구를 통해 시험될 수 있다고 주장함으로써 이 주장들에 대응한다.

1984:x-xi, 38-42, 279-337).

　하버마스의 모델에서 이해의 도달에 지향된 모든 표현행위들은 세 가지 타당성 주장들 중 어떤 것을 통해 수용되거나 거부될 수 있다(1984:307). 예를 들어 어떤 사람이 동료에게 "당신은 멍청하다You're an idiot"라고 말했을 경우, 그 동료는 세 가지 타당성 주장들에 근거하여 그 발언을 거부할 수 있다. 첫째, 그 동료는 "아니요, 난 올해 모든 시험에 합격했다"라고 말함으로써 객관세계 속의 사실성truth을 재현하는 화자의 주장을 이해하지만 거부할 수 있다. 둘째, 그 동료는 화자의 발언 속에 제시되는 상호주관적인 규범 및 가치들의 정당성rightness을 거부할 수 있으며 "당신은 나에게 그런 식으로 말할 권리가 없다"라고 대응할 수 있다. 여기서 그는 그러한 발언이 발생한 생활세계의 맥락 속에서 발언이 화자와 청자 사이의 관계를 합당하게 표명하는 것으로 간주되는 상호주관적인 규범 및 가치들의 정당성을 거부하고 있는 것이다. 셋째, 그 동료는 화자의 주관성의 진실성sincerity을 거부하여 "나는 당신이 정말로 내가 멍청하다고 생각하지 않는다는 것을 알고 있다"라고 답할 수 있다. 이러한 세 가지 대안적인 대응들은 표현행위를 통해 화자가 행하고자 하는 서로 다른 타당성 주장을 각각 거부하는 것이다. 의사소통 행위는 화자가 제기하는 이유 또는 근거들에 비추어 청자가 "네" 혹은 "아니오"라는 입장을 취할 수 있는 타당성 주장들을 포함하고 있는 표현행위이다(Habermas, 1984:306).[22] 이 이유 내지 근거들은 화자

22　하버마스는 명령문과 같은 어떤 표현행위들은 비판 가능한 타당성 주장들과 연결되지 않는다고 주장한다. 명령문에 대한 청자의 거부는 타당성 주장이 아닌, 화자의 권력을 거부하는 것을 필요로 한다(1984:305).

에 의해 때때로, 아니 대개는 암묵적으로 제기되지, 명시적으로 제기되지 않는다(Habermas 1984:38). 그러나 이것이 제기된 타당성 주장들을 평가할 수 있는 가능성을 감소시키는 것은 아니다.

내용-중립성content-neutrality?

하버마스의 이론은 표현행위가 발언된 맥락 내에서 그것의 의미에 대한 다차원적인 분석을 가능하게 한다. 발언된 맥락 속의 표현행위에 대한 해석의 기반은 어떤 발언의 의미에 대한 해석이 "내용-중립적"일 필요가 없으며, 될 수 없다는 것을 나타낸다. 이는 표현 정책에 있어서의 중립성을 옹호하는 표현의 자유 이론가들에 이의를 제기한다. 많은 표현의 자유 옹호자들은 중립성을 주장하며 KKK단의 표현행위를 보호하는 것과 반反인종차별주의자들의 그것을 보호하는 것 사이의 차이를 구별하지 않는다. 내용 중립적인 표현의 자유 옹호론자들은 해석이 맥락에 묶여 있지 않은 표현을 누가 말을 하며 누가 듣는가와 관계없이 동일한 영향을 끼치는 것으로 간주한다. 그러나 나는 내용 중립적인 표현의 자유 정책은 청자 및 청자 집단에 대한 표현의 불평등한 분배를 고려하지 않는다고 생각한다. 만일 정책 목표(표현 정책의 목표를 포함하여)가 인간 역량들의 향상을 위해 **모두**에게 기회를 보장하는 것을 둘러싸고 조직되어야 하는 것이라면 이는 우려스러운 것이다. 만일 표현이 끼치는 영향이 청자들 사이에 불평등하게 분배되는 것이라면, 그러한 표현에 의해 해악을 받을 수 있는 청자들에게 이익을 제공해 줄 수 있다는 주장이 가능하다. 이 주장을 정당화하기 위해, 표현이 해로운 행위에 해당할 수 있다는 주장을 계속하는 것이 필수적이다. 이 주장에 (오스틴과 하버마스로부터 도출한) 표현-행위 이론 분석을 통합시키는 것은 내용-중립성에 대한 문제제기에 새로운 차원을 추가한다. 이는 청자들이 불균형적인 표현의 부담을 짊어지게 되는 경우, 그들이 짊어지는 부담은 단지 자신들을 폄하하는 말을 듣는 것에 그치는 것이 아님을 의미하기 때문이다. 이 경우 청자는 규제받지 않는, 아니 규제를 벗어난 것이라고 간주되는 **행위**의 부담을 짊어지게 되는 것이다. 내가 다음 장에서 제안하듯이, 만일 이 행위들이 여러 차원에서 해로울 수 있다면 그 부담은 불균형적인 것이며 가해진 해악에 근거하여 규제의 대상이 될 수 있는 것이다. 여기서는 규제의 형태에 관해서는 어떤 주장도 행하고 있지 않다. 그러나 만일 말하는 것이 행하는 것이라면, 어떤 종류의 대응이 정당화 가능한 것으로 보인다.

대응의 필요성

하버마스적인 타당성 주장은 어떤 사람이 발언을 행할 때 그가 의미하는 것을 평가하는 것이 가능한 틀을 제공한다. 동시에 이 타당성 주장은 의사소통적인 내용과 의사소통적인 이해 사이의 상호주관적인 불일치라는 의미에서 착오가 규명되거나 교정될 수 있는 틀을 제공한다. 타당성 주장의 의미를 둘러싼 논변은 토론의 당사자들로 하여금 발언의 의미를 시험하는 것을 가능하게 한다. 그것은 또한 참여자들로 하여금 그들 자신의 타당성 주장을 가지고 응답함으로써 자신들이 이해한 발언의 의미에 대응할 수 있게 한다. 화자는 이후의 발언 속에서 자신들의 주장을 수정할 수 있다. 만일 그가 타인의 주장에 의해 수정하도록 설득된다면 말이다(Habermas, 1984:25). 이런 식으로 참여자들은 "담론", 즉 제기된 타당성 주장들에 관해 합의하는 데 이를 수 있도록 계속되는 토론으로 진입할 수 있다. "논변이 충분히 공개적으로 수행될 수 있으며, 충분히 오래도록 지속될 수 있는 경우에 한해서 말이다"(Habermas, 1984:42). 계속되는 토론은 하버마스가 말하는 덜 제약적인 이상적인 표현 상황에 해당될 것이다.

　역량 지향적인 표현 정책의 목적은 타인에 의해 자신들의 표현 능력이 해악을 입는 사람들이 대응할 수 있는 조건들을 제공해 주는 것이다. 이는 이 정책의 목적이 혐오 표현의 피해자들로 하여금 혐오 발화자/들이 행한 주장들을 논박하는 대안적인 타당성 주장을 제기할 수 있도록 도움을 제공해 주는 것임을 의미한다. 하버마스의 타당성 주장 틀은 따라서 두 가지 방식으로 사용되고 있다. 첫째로 화자가 제기하는 타당성 주장들에 대한 분석은 표현행위 및 혐오 표현 행위들의 의미에 관한 통찰을 제공해 준다. 다음 장에서는 혐오 표현 행위가 어떤 종류의 행위인가를 구체적으로 검토하기 위해 타당성 주장 분석이 전개될 것이다. 타당성 주장 분석이 사용되는 두 번째 방식은, 혐오 표현 행위에 대한 적절한 의사소통적인 대응을 개발하기 위한 틀을 제공하는 것이다. 타당성 주장 틀의 사용은 **제도화된 논변 모델**, 즉 혐오 표현 행위의 피해자들이 혐오 발화자/들에 대응하여 스스로의 타당성 주장을 제기할 수 있는 과정의 개발을 가능하게 한다. 이런 모델을 통해 혐오 발화자의 발언 속에서 제기되는 타당성 주장은 이해될 수 있으며, 혐오 표현 행위에 대한 대응(청자가 대항적인 타당성 주장을 제기할 수 있는)이 발생할 수 있다. 이런 식으로 내가 제안하는 혐오 표현 정책 모델은 암묵적이고 명시적인 타당성 주장들을 노출시키려는 목적과 대안적인 타당성 주장을 대응으로 제기하려는 목적을 가진 논변 담론의 제도화로 간주될 수 있다. 이는 마지막 장에서 상세히 설명될 것이다.

이 장에서 나는 표현이 행위로 여겨질 수 있다고 주장했다. 이는 표현이 정부 규제로부터 자동적이거나 특별한 면제를 부여받아서는 안 된다는 것을 나타내며[23], 결국 표현이 다른 인간 활동들과 유사한 방식으로 규제의 대상으로 고려될 수 있음을 의미한다. 그러나 이것이 표현의 자유를 과도한 규제에 노출시키려는 것은 아닌데, 표현 정책을 역량 지향적인 사회정책의 틀 내에 위치시키는 것은 표현이 핵심적인 개인의 인간 역량들의 발달에 우선권을 부여하는 절차를 의미하기 때문이다. 그러나 표현을 일종의 행위라고 생각하는 것은 표현의 자유를 내가 이 책에서 제안하는 유형의 규제—혐오 표현 행위에 대한 대응을 발생시키는 수단의 제공—를 포함하여 처벌적이지 않고 제재적이

---

23 물론, 모든 표현은 행위이고 따라서 표현은 더 이상 표현에 부과되는 정부 개입으로부터의 자동적인 "특별 면제"의 자격이 없다고 말하는 것이, 행위가 "특별 면제" 조항을 흡수해 버린다는 것을 의미하는 것은 아니다. 모든 행위가 똑같은 대응을 정당화하는 것은 아니기 때문에, 이렇게 주장하는 것은 터무니없다.

지 않은 유형의 규제에 대한 고려의 대상이 되게 하는 것을 의미한다. 그러나 표현이 행위라는 개념은 그 자체로는 혐오 표현 행위의 현상학을 설명하는 데 불충분하다. 이런 모델을 발전시키는 것은 1장에서 제기된 두 번째 질문과 세 번째 질문에 대한 답변을 제공해 주는 데 도움이 될 것이다. 즉 법의 적용과 실현 가능한 법에서 정한 혐오 표현 정의를 찾는 것에 있어서의 명백한 약점과 불일치를 설명하고자 하는 문제 말이다.

CHAPTER 4
혐오 표현은 해로운 행위이다: 혐오 표현 행위의 현상학

라우흐Jonathon Rauch가 주장하듯이, 모욕당한 피해자에게 "안됐네요. 그래도 당신은 살아갈 것입니다"(1993:27)라고 말하는 것은 적절한가? 이 장에서 나는 1장에서 규명된 혐오 표현 발언들이라고 알려진 (인종주의적인[1]) 일부 사례들을 다시 논의하고, 발화자/들[2]에 의해 제기되는 타당성 주장과 그 발언의 발화 효과적 결과에 대한 규명의 측면에서 그것들을 분석하고자 한다. 이 분석은 혐오 표현 행위가 차별을 **실행하고**enact 불평등을 지지하는 타당성 주장을 제기하는 것으로 규정될 수 있음을 보여 줄 것이다. 이에 따르면 혐오 표현 행위는 차별을 자행하고, 영속화하며, 유지시키는 발언이다. 피해자 집단 구성원에 대한 차별의 결과는 이에 대한 대응이 "발화 불가능"(Langton, 1993:311)해짐으로

---

1   "인종주의"는 서문에서 이 책의 목적을 위해 정의되었다.

2   단수와 복수는 상호교환될 수 있게 사용될 것이다. 혐오 표현 행위의 현상학은 화자/들과 청자/들이 한 명의 개인이든 다수이든 영향을 받지 않는다는 것이 나의 관점이다.

써 그들을 침묵시키는 것을 포함한다. 혐오 표현 행위를 이런 식으로 이해하는 것은 또한 기존 혐오 표현 정책 접근의 실현 가능성에 관해 이 책의 시작 부분에서 제기한 질문들에 대한 답변을 제공해 준다. 이 같은 이해는 혐오 표현에 대한 처벌적이고 사적인 해결책이 그러한 발언들이 실행하는 특수한 해악들을 다루지 못한다는 생각과 맞닿아 있다.

내가 평가할 첫 번째 사례는 호주 원주민으로 보이는 사람을 향해 인종주의적인 혐오 표현을 한 사례이다. 이 사례는 어느 정도는 선택된 것인데, 이 집단이 호주에서 인종주의적인 모욕의 매우 높은 발생률을 겪고 있기 때문이다(호주 내 원주민 사망에 대한 왕립위원회 보고서, 1991; 인권 및 기회균등 위원회 1991). 사례 F는 우리가 1장에서 봤듯이, 휴게소에서 다른 차량 탑승객으로부터 다음의 발언을 들어야 했던 여성과 관련된 것이다. 즉, "이 껌둥이 걸레야", "넌 그냥 껌둥이일 뿐이야", "난 너보다 더 시꺼먼 껌둥이도 총으로 쏴 죽인 적이 있어." 이 표현행위는 상스러운crude 것으로, 즉 화자가 유해하고 인종차별적인 생각을 지니고 있다는 명백한 증거를 보여 주는 표현행위로 설명될 수 있으며, 따라서 인종차별적인 혐오 표현 행위에 대한 규명을 뒷받침해 준다. 또한 이 발언에 대한 분석은 그러한 거칠고 과도한 혐오 발언에 의해 발생하는 해악의 정도와 유형에 대한 검토를 수행할 수 있게 한다. 나는 비록 이와 같은 발언이 상스럽기는 하지만, 그것은 중대한 해악을 구성하고 지속시킬 수 있다고 주장하고자 한다.

내가 논의할 두 번째 사례는 좀 더 복잡한 발언이다. 사례 P는 이민 문제를 다룬 신문기사와 관련이 있었다. 헤드라인은 "이민자들에게 들어가는 숨겨진 비용", "호주의 4분의 1이 동양인" 등이 포함되었다. 기사를 설명하기 위해 사용된 그림들은 4분의 1이 노란색으로 색칠된 정형화된 얼굴, 공격적인 동양 용, 어둡고 불길한 새들로 둘러싸인 겁먹은 앵무새 등이다. 이 기사는 무엇보다도 "곧"(27년 내에) 호주의 "4분의 1이 동양인"[3]이 될 것이라고 주장했다. 이러한 발언들이 동양계 사람들에 대한 모욕에 해당한다는 항의가 제기되었다. 이 표현행위들은 사례 F에서 고찰된 것에 비해서는 덜 상스럽다. 이것들을 분석하는 것은 어떻게 세련된 혐오 표현 행위들 역시 해로운 차별 행위에 해당하는 것으로 규정할 수 있는가에 대한 탐구를 수행할 수 있게 한다. 이 분석은 앞에서 제기된 질문, 즉 혐오 표현 행위에 대한 실현 가능한 법적인 정의를 고안하는 데 도움을 줄 것이다.

세 번째 사례는 보다 철저한 검토가 필요한 것으로 보인다. 즉 그것은 검토해 봤을 때 혐오 표현 행위에 해당하지 **않는** 것으로 밝혀질 수 있는 사례들이다. 혐오 표현 행위에 대응하기 위해 기획된 정책 모델 하에서, 비록 청자를 공격하거나 모욕하기는 하지만 혐오 표현 행위에 해당하지 **않는** 표현행위라고 규정할 수 있는가 여부는 중요하다. 이러한 차이를 보여주는 데 도움을 줄 사례는 사례 N으로, 깃발 앞에 앵글로색슨계 군인이 총을 들고 서 있는, 거대한 유니언잭이 그려진 벽화에 대한 한 앵글로색슨

---

3 기사가 나간 이후, 문제의 신문은 기사의 논조를 비판하는 편집자에게 보내진 몇몇 기고들을 실었다. ADB는 모든 것을 감안할 때 이 문제를 계속 추구하는 것을 거절했다. 그 기사가 모욕으로 정의되는 데 필요한 법률적인 혐오의 문턱을 통과하는 것으로 간주하지 않았기 때문이다. ADB는 기사가 혐오의 문턱을 통과할 것인지를 고찰해 봤을 때 법률의 "공적 논쟁" 예외 조항에 해당될 것이라고 언급했다.

계의 고소이다. 이 벽화 속에는 수갑을 찬 토착 호주인의 팔이 그려져 있었다.[4] 원고는 벽화가 백인을 모욕했다고 주장했다.

혐오 표현 행위 혐의가 있는 이 세 사례들은 화자가 제기한 타당성 주장들과 그 표현의 발화 효과적 결과들에 대한 규정이라는 측면에서 이제 분석될 것이다. 다음 절에서, 나는 그러한 발언 속에서 행해진 주장들의 정당성을 비판적으로 평가하기 위해 한 사람의 비판적인 청자의 입장을 취하려고 한다.

직접적인 사례

화자가 발언을 행하면서 제기하는 주장의 첫 번째 차원은, 그것이 우리를 둘러싼 세계의 상황을 재현한다는 주장이다. 암묵적이거나 명시적으로 화자는 어떤 발언을 행할 때 "사실성truth" 주장을 제기한다. 이 사실성 주장은 경험적인 검토를 통해 평가될 수 있다. 사례 F에서 제기된 사실성 주장은 무엇이었을까? 이 사례에서 발언은 청자가 열등하다고 규정되는 상황을 전달하려는 것이었다. "껌둥이coon"와 같은 단어의 사용은 비하적이고, 문화적으로 인종차별적인 의미를 반영했다. 화자와 청자의 공동체 구성원들은 "껌둥이"라는 용어를 사람의 피부색에 대한 모욕적인 비속어로 이해한다는 것은 의심의 여지가 없을 것이다. 그것은 또한 청자가 "너구리racoon", 즉 인간에 비해 낮은 등급을 갖

---

4   ADB는 이 고소를 거절했다. 벽화를 모욕에 해당하지 않는 것으로 판정했기 때문이다

는 동물, 나아가 사냥될 수 있고 포획될 수 있는 유해 동물과 비교된다는 것을 나타낸다. "걸레"와 같은 단어는 청자가 성적으로 난잡하다는 의미이다. 이런 사적인 비하 발언은 그녀의 성생활이 도덕적으로 비난받을 만하다는 것과, 가해자가 청자를 위치시켰던 열등한 상태를 강화하려는 목적을 암시한다. 인종에 근거하여 청자의 열등성에 관한 사실성 주장을 하기 위해 사용된 모욕과, 젠더에 근거하여 청자의 열등성에 관한 사실성 주장을 하기 위해 사용된 모욕 사이에 있는 이 발언에는 교차성intersection이 존재한다. 자신들의 주장을 총기 위협과 연결함으로써—유색인종과 너구리 둘 다—화자는 자신의 사실성 주장을 호주에서의 토착민에 대한 처우와 관련된 역사적인 증거와 연결했다. 토착민이 역사적으로 사냥을 당했으며, 총에 맞고 죽임을 당했다는 주장은 경험적으로 존속 가능하다(HREOC, 1998a). 이 발언에 담긴 사실성 주장은 화자/들이 그런 행위("총으로 쏴 죽인 적이 있어")에 참여했다는 것과, 유색인종에게 총을 쏘는 것은 토착 호주인들에 대한 역사적인 범죄행위와의 연속성에 해당한다는 것이다.

이 사례에서 제기된 사실성 주장들은 따라서 불평등이 존재한다는 주장을 넘어서고 있다. 그것들은 토착 호주인들이 역사적으로 사냥을 당하고 죽임을 당해 왔으며, 앵글로색슨계에 비해 열등한 존재로 대우받아 왔다는 주장을 넘어선다. 이러한 발언에 담긴 사실성 주장의 요소들은 경험적으로 옹호될 수 있는데, 우선 그것들은 문서와 역사적 기록물을 통해 입증될 수 있기 때문이다. 그러나 여기서 제기된 타당성 주장들은 토착 호주인들과 여성들에 대한 불평등한 처우를 현재적 행위의 맥락 속에 위치시키는 것을 통해 역사적 기록을 추가하려는 것이다. 화자는 청자가 그녀의 원주민으로서의 정체성으로 인해 열등하게 대우받아야 한다고 주장한다. 화자는 청자가 경멸적인 이름을 갖는 "한낱nothing but" 생물이라고 주장한다. 이는 경험적으로 논쟁할 수 있는 주장이다. 이 발언의 피해자는 국제법과 호주법에 따라[5] 존엄성을 가지고 보호받아야 하는 양도 불가능한 권리를 보유하고 있다. 경험적인 증거는 어떤 방식으로도 토착 호주인들이 동물로서 대우받는 것이 정당하다는 주장을 입증하지 못한다. 나아가 화자는 청자보다 "더 시꺼먼 껌둥이도 총으로 쏴 죽인 적이 있어"라고 주장한다. 여기서 살인을 범했다는 사실성 주장은 글자 그대로 사실일 수 있다. 비록 화자가 휴게소에 있다는 것이 이 진술이 거짓일 가능성이 있음을 암시하기는 하지만 말이다. 화자의 주장은 여기서 토착 호주인들을 총으로 쐈다는 글자 그대로의 주장이 아닐 가능성이 보다 높지만, 이 사례에서 [화자는] 청자가 대우받던 것과 비슷한 방식으로 다른 토착 호주인들도 그렇게 대우했었다는 주장일 가능성이 크다. 어느 해석이든 사실성 주장은 경험적으로 검증하기가 어렵다. 화자가 지닌 입증할 수 있는 편견이 토착 호주인들에 대한 부당한 대우를 하게끔 만들었을 가능성이 높기는 하지만 말이다.

이 사례에서 화자가 행한 사실성 주장은 불평등이 만연해 있는 객관세계에 대한 주장이다. 비대칭적인 권력 내에서 화자는

---

5   호주는 다음 장에서 논의하듯이 세계인권선언 및 시민적 정치적 권리에 관한 국제협약에 비준했다.

청자에 비해 권력을 가진 위치로 배치된다. 발언은 이러한 불평등한 관계가 "사실"이라고 주장하며 이를 통해 불평등을 기술할 뿐 아니라, 동시에 불평등을 수행하고 강화하고자 한다. 앵글로색슨계인들이 토착 호주인들에 비해 건강, 교육에 대한 접근, 소득과 투옥 비율의 측면(HREOC, 1997b)에서 유리한 위치에 있듯이, 타인과 비교하여 우위에 있는 자들이 불평등이 존재한다고 발언하고, 동시에 청자에게 자신들의 우월한 지위와 지배를 영속시키기 위해 행동할 준비가 되어 있다고 주장할 경우, 이 발언은 불평등한 관계를 **묘사**describe하는 것 이상을 행한다. 이 경우 발언은 화자와 청자 사이의 불평등한 관계를 강화하고 재기입하는 방식으로 불평등이 "사실"이라고 주장하는 발화 수반적인 힘을 가지고 있는 것으로 간주될 수 있다. 따라서 이런 표현행위 속에서 불평등은 실행carry out된다. 이 사례에서 실행되는 불평등은 젠더와 교차하는 인종 정체성에 기반하고 있다. 발언은 따라서 단순한 모욕 이상에 해당한다. 그것은 차별 **행위**에 해당한다.

화자의 발언이 세계 속의 상황을 재현한다는 주장을 제기할 때, 그것은 공유되고 인정되는, 즉 상호주관적인 관계를 확립시키고 유지시키는 규범 및 가치들에 관한 주장을 동시에 제기하는 것이 된다. 이 타당성 주장의 두 번째 차원은 사회세계 내의 상호주관적인 규범 및 가치들을 정의하는 방식 중 하나이다. 화자가 어떤 발언을 행할 때, 그/녀는 생활세계 내의 가치에 호소하며, 이러한 호소는 두 가지 근거에 따라 수용되거나 거부될 수 있다. 첫째, 청자는 화자가 주장하는 상호주관적인 가치가 그것이 제기되는 공동체 내에 정말로 존재하는가 아닌가라는 측면에서 그 주장의 "정당성"을 평가할 수 있다. 둘째, 청자는 그러한 발언이 발생하는 생활세계 내에서 그것이 지닌 가치 적합성 또는 적절성이라는 측면에서 "정당성"을 평가할 수 있다.

사례 F에서는 어떤 규범과 가치들을 화자가 제기하는 것으로 규정할 수 있을까? 이 점에서 그 발언은 꽤나 직접적인 것으로 보인다. 화자는 인종에 근거한 불평등을 강화하는 사실성 주장을 하는 동시에 이에 근거한 불평등이 적절하다는 타당성 주장을 제기한다. 화자는 인종에 근거한 불평등을 **지지**support하는 규범 및 가치들에 호소하고 있다. 다시 말해, 화자는 인종차별을 지지하는 규범 및 가치들—권력을 가진 인종 집단이 권력을 가지지 못한 인종 집단에 대해 사회에 참여하는 방식에 제한을 가하도록 하는 비대칭적인 관계의 전파, 영속화, 유지를 지지하는 규범 및 가치들—에 호소하고 있는 것이다. 제기된 규범 및 가치들은 배타적이고, 그것들은 지배적인 인종 집단을 뒷받침하는 비대칭적 권력을 옹호하는 방식으로 인종에 근거한 차별을 지지하며, 이를 통해 화자는 암묵적 혹은 명시적으로 동일시된다.

이러한 규범 및 가치들의 "정당성"은, 그러한 주장이 제기되는 공동체 내에 그것들이 존재한다면, 공동체의 **관행들**attitudes을 어떻게 평가하는가에 따라 판정될 수 있다. 앞에서 언급했듯이, 수많은 보고들이 호주 사회의 여러 부문들 내에서 인종차별적인 태도가 존재한다는 사실을 인용하고 있다(HRC, 1982; HRC, 1983; 호주 내 인종 폭력에 대한 국가 조사, 1991; 호주 내 원주민 사망에 대한 왕립위원회 보고서, 1991; 옴부즈만 위원회 NSW, 1993). 이러한 점에서 그렇다면 그 주장의 "정당성rightness"은 확인될 수 있는 것이 된다. 그 발언이 인종차별을 지지하는 규범 및 가치들에 호소하고 있으며, 그것들은 화자가 주장하는 공동체 내에 어느 정도 일반적으로 존재한다고 말하는 것이 가능하다. 이는 그 발언을 이해 가능한 것으로 만든다. 청자는 화자가 "의미하는" 바를 알고 있는데, 일컬어진 규범 및 가치들이 화자와 청자 모두에게 인식될 수 있기 때문이다. 화자와 청자는 모두 인종차별을 지지하는 규범 및 가치들에 대해 인지하고 있다. 화자와 청자는 모두 대화 속에 규정된 발언을 이해할 수 있다.

그러나 이 규범 및 가치들의 "정당성"은 그것들이 제기된 생활세계의 맥락에서 적절하거나 정당한 것으로 간주될 수 있는가에 따라 이의가 제기될 수 있다. 여기서 화자가 호소하는 규범 및 가치들이 특정한 기준과 일관성이 있는가라는 질문이 제기될 수 있다. 공동체의 기준을 측정하는 문제는 물론 어려운 것이다. 그럼에도 불구하고 국제법과 호주법의 틀 내에서 수많은 협약과 법령은 모든 인간들을 존엄성과 존중을 가지고 대우할 것을 옹호(예를 들어 세계인권선언)하며 인종에 근거한 차별 대우와 부당 대우를 비난(예를 들어 인종차별철폐협약)한다. 호주는 이 협약들에 서명했으며, 연방 차원 (인종차별법, 1975; 인종혐오법, 1995)과 주정부 차원 (차별금지법 NSW, 1977) 모두에서 이 기준들을 옹호하는 국내법을 보유하고 있다. 그렇다면 인종차별을 지지하는 규범 및 가치들에 대한 화자의 주장의 "정당성"은 이를 근거로 하여 이의를 제기할 수 있는 것으로 보인다.

그렇다면 객관적인 상황을 재현한다는 주장과 공유된 규범 및 가치들을 재현한다는 주장 모두에 대한 평가는 그 발언이 인종차별을 지지하는 방식으로 불평등을 재기입하는 것으로 특징 지어질 수 있다는 사실을 드러낸다. 나아가 호주의 맥락 내에서 검증 가능한 법적 기준의 측면에서도 그러한 주장의 정당성은 의심스러운 것이다. 그 발언은 인종차별을 자행하고, 영속시키며, 유지하는 것처럼 보인다. 그 발언에 의해 구성된 차별 행위는 청자에게 해악을, 즉 차별을 겪게 하는 해악을 가한다.

정직하거나 진실하다고 주장되는, 화자의 주관성을 재현하는 주장 속에서 제기되는 타당성 주장의 세 번째 차원은 어떤 것일까? 앞에서 언급했듯이, 이러한 차원의 타당성 주장은 평가하기가 가장 어려운데, 그것이 그/그녀의 의도를 전달하는 데 있어서 화자의 진실성에 대한 평가에 의존하기 때문이다. 이 차원에서의 발언의 의미에 대한 분석은 화자의 의도를 고려하는 데서 시작한다. 물론 이 사례에서 화자는 실제로 청자를 총으로 쏘려는 의도를 가지고 있지 않을 수 있다. 또한 화자가 정말로 발언이 암시한 것처럼 청자를 낮은 지위에 두고 억압하려 하지 않았다는 판정 역시 가능하지만, 그럼에도 불구하고 그 같은 발언이 행해졌다. 비록 상처는 의도된 것이었기는 하지만, 여기서 규정되는 타당성 주장을 제기하는 데 있어서 화자의 진실성을 평가하는 문제는 어려운 듯 보인다. 어떤 발언의 의미를 평가하는 데 있어서의 방법론적인 접근으로서 표현의 진실성을 화자의 주관성에 대한 평가에 의거해 판정하는 것의 어려움은, 처음의 두 타당성 주장들 속에서 제기되는 경험적으로 평가 가능한(하버마스의 용어를 사용하자면 "보편화 가능한") 주장들에 비해 "의도"나 "동기"가 판단에 있어서 훨씬 덜 중요한 요소들이라는 것을 나타낸다.

하버마스는 세 번째 타당성 주장은 화자와 청자가 화자의 주관적인 진실성과 관련하여 상호 신뢰를 확립할 수 있는가를 고찰하거나 화자의 행위의 일관성을 검토함으로써 평가할 수 있다고 주장한다. 이 사례에서는 "상호 신뢰"를 확립하거나 일관성을 검토하기 위한 어떤 기회도 존재하지 않았다. 의사소통은 일방적인 것이었으며, **대응**retort 가능성을 잘라내기 위한 방식으로 수행되었다. 말다툼은 강렬하기는 했지만 짧았다. 그렇다면 어떤 발언의 의미를 평가하기 위해 타당성 주장 틀을 활용함에 있어서 공유되는 명제적 지식과 규범적 합의에 관해 시험해 볼 수 있는 처음의 두 타당성 주장에 강조를 두는 것이 적절할 수 있다. 세 번째 타당성 주장은 지침을 위해 사용될 수는 있지만, 발언의 의미를 평가하는 데 있어서 결정적이지는 않을 것이다.

어쨌든 타당성 주장 기반 분석을 채택하는 것은, 그 발언이 불평등을 지지하고 인종에 기반한 차별 행위에 해당하는 주장을 했던 것으로 범주화하는 것을 가능하게 한다. 그 발언은 따라서 혐오 표현 행위, 즉 차별을 자행하고 영속시키며 유지하는 표현 행위로 평가될 수 있다. 이 표현행위는 무언가를 기술하는 것 이상을, 그리고 청자를 모욕하는 것 이상을 행했다. 그것은 견해나 진술, 그 이상의 표현이었다. 그것은 그 자체로 차별 행위에 해당되었다. 차별 행위에 직면하여, 라우흐가 제안했던 "안됐네요. 하지만 당신은 살아갈 것입니다"라는 응답을 채택하는 것은 부적절하며 불충분한 것 같다.

좀 더 세련되고 난해한 사례

검토될 두 번째 사례는 사례 P이다. 두 가지 이슈로 신문 지면을 할애한 기사의 헤드라인은 "아시안 호주: 당신이 생각한 것보다 가까이 있다", "4분의 1이 동양계인 호주: 어째서 금방인가", "호주 인구: 동양인 비율" 그리고 "이민자들에 들어가는 숨겨진 비용" 등을 포함했다. 기사는 호주가 "너무나 멀리, 너무나 빨리 동양계 이주자들로 넘어가고 있지 않은가"라고 물었으며 동양계 이주자들의 높은 비율이 사회적 긴장과 폭력으로 이어질 수 있다고 주장했다. 동양계 이주자들이 다른 민족 집단들과 "쉽게 섞이지" 않으며, 이민자들이 복지와 의료 서비스뿐 아니라 증가하는 범죄율로 부담을 가한다는 주장을 제기했다. 기사는 "동양인"에 대한 정의가 다양하다는 것을 인정했지만, 헤드라인에서 인용된 방식으로 "동양계"이거나 "중동" 사람이거나 누구라도 동양계로 포함시키기에 충분히 광범위한 정의를 활용했다. 이 기사에서 제기된 타당성 주장들이 얼마나 많이 이해될 수 있을까? 기사들은 이민 정책에 관한 공적 토론의 지속에 진정한 기여를 했을까? 아니면 그것들은 다른 어떤 효과를 가져왔을까? 나는 먼저 제기된 사실성 주장들을 검토하고자 한다.

그 기사들은 경험적으로 평가할 수 있는 많은 사실성 주장들을 제기했다. 첫째, 호주가 예상했던 것보다 빠르게 "동양화"되고 있다고 주장했다. 이 주장을 뒷받침하기 위해 인용된 수치는 이민자 비율이 1985년에는 해마다 6만 2,000명씩 증가하여 1986-1991년에는 해마다 14만 2,000명까지 증가했으며, 이 기간에는 거의 절반의 이민자들이 "동양인"이었다고 주장하는 한 "존경받는 인구통계학자"로부터 도출된 것이었다. 기사는 이민자 비율이 지속될 가능성이 있다고 주장했다. 호주 인권 및 기회 균등 위원회가 출간한 보고서 (HREOC 1998a)인 『사실에 직면하자Face the Facts』는, 1993년에서 1998년까지의 기간 동안 이주자들은 2차 세계대전 이후 대부분의 기간에 비해 더 낮았다고 언급했다. 1991-1992년에 9만 8,900명의 이주자들이 호주에 들어왔으며, 1994-1995년의 수치는 8만 7,428명이었고, 1995-1996년의 수치는 8만 2,000명이었다. 2차 세계대전 이후 가장 높은 이민자 비율은 1969-1980년에 발생했다. 게다가 1995년에는 인구의 4.8퍼센트만이 동양계였다. 1995-1996년에 가장 많은 이주자 집단은 뉴질랜드로부터 온 12.4퍼센트였고, 11.4퍼센트는 영국으로부터 왔으며 11.3퍼센트가 중국에서 왔다. 이 수치들은 기사가 주장하는 "동양화" 가능성을 반박한다.

게다가 기사는 출생 국가나 거주 기간이나 호주에서의 시민권 지위와 관계없이 "동양" 조상을 가진 사람이면 누구라도 "동양인"으로 포함하는 정의를 활용했다. 그러면서 누군가의 인종을 결정할 때 그의 외모가 "그와 함께 머무르는" 특징이라고 주장했던 한 정치평론가를 인용했다. 며칠 뒤에 간행된 이 영역의 뛰어난 연구자들이 작성하여 같은 신문의 편집자에게 보낸 기고문은, 이러한 "동양인" 정의가 "인구통계학의 열성 인종 유전자 이론"으로 인종 분리 정책을 펼쳤던 남아프리카 공화국이나 나치 독일에서의 인구 정책에 활용되었던 것과 유사한 것이라고 비판했다. 이 정의의 "사실성"은 따라서 상당한 수준에서 논박할 수 있는 것이다.

　또한 기사는 나아가 인도차이나인과 레바논인 이주자들 사이의 높은 실업률, 그리고 특히 "삼합회triads"의 존재를 포함한 이주자 범죄 등, 높은 비율의 동양계 이민자들이 사회 불안의 징후를 가져왔다고 주장했다. 『사실에 직면하자』는 비록 실업률 수준이 최근 도착한 이주자들 사이에서 비교적 높기는 했지만, 그 수준은 거주 기간이 안정되는 데 따라 극적으로 떨어졌다고 적시했다. 예를 들어 1993년에 3년 이하의 기간 동안 호주에 있던 이주자들 사이의 실업률은 24.9퍼센트였지만, 3년에서 8년 사이의 기간 동안 이주자들 사이에서 그 수치는 14.2퍼센트까지 떨어졌다. 이러한 하락은 이주 공동체에서의 실업의 원인이 인종보다는 이주자들의 입국과 정착을 둘러싼 요소들과 관련이 있다는 것을 나타내며, 이는 시간이 지나면서 개선될 수 있다는 것을 의미한다. 『사실에 직면하자』는 일반적으로 이주자들이 호주에서 태어난 사람들에 비해 사회복지에 덜 의존한다고 보고했다. 보고서는 또한 1983년에는 이주자들에 의해 행해진 형사 범죄들은 호주에서 태어난 사람들에 비해 더 적었으며, 오히려 이주자들이 호주에 더 오래 있을수록 범죄율이 인구의 나머지 부분들과 비슷해지기 시작한다고 밝혔다. 게다가 1991년에 인구 10만 명당 수감자 비율은 호주 출생 수감자의 경우 127.5명이었고 영어를 사용하지 않는 국가에서 태어난 사람들의 경우는 82.9명이었다.

　이 수치들은 기사가 많은 사실들을 잘못 전했음을 의미한다. 이민자 비율, 이민자들의 행태 그리고 "동양인" 이민자의 정의에 관해 행해진 사실성 주장들은 상당 부분 논박 가능한 것이다. 그 기사는 이민자 수와 범죄율에 관한 실제적인 사실성 주장을, 표적이 된 집단 내의 가난한 자들의 사회적 속성에 귀속된 사실성 주장과 연결하려고 시도했다. 실업률, 사회통합의 부재, 비동양계 인구 사이의 두려움의 발생과 같은 속성들에 주목함으로써, 기사는 호주 내에 동양계 인구가 많다고 말하는 것보다 더 나아간 사실성 주장을 행하고자 했다. 이 사례에서 사실성 주장은 동양계 이민자들이 비동양계 호주인들에 대한 위협—사회통합, 안정성, 삶의 질에 대한 위협—을 나타낸다는 객관세계에 관한 주장이었다.

기사의 사실성 주장은 표적이 된 집단이 화자에게 위협적인 존재가 된다는 객관세계에 관한 주장이었다. 이는 "동양계" 이주자들은 이민자 집단의 특정한 하위집단으로, 비동양계 호주인들의 삶의 질에 위협이 되지 않는다는 근거 아래 경험적으로 반박될 수 있다. 그 주장은 화자와 인종적으로 정의된 표적 집단 사이에 어떤 불평등한 관계, 즉 화자가 표적 집단으로부터 두려움을 가지게 되는 관계가 존재하며, 따라서 표적 집단을 들어오지 못하게 함으로써 (그들에게 호주로 이주할 수 있는 자격을 부정함으로써) 스스로를 보호할 필요가 있다는 것이었다. 이러한 관계에서 화자는 이주를 희망하지만 그것이 금지될 수 있는 표적 집단에 비해 권력을 가진 위치에 있었다.

이 사례에서 화자가 요청한 공유되고 인정되는 규범 및 가치들은 꾸며진 사실성 주장에 버팀목이 된다. 화자가 호소하는 규범 및 가치들은 (괴상하게 정의된) 인종 혈통에 근거하여 일부 예비 이주자들을 배제하는 것이 적절하다는 것이다. 화자는 인종에 근거한 차별 대우를 지지하는 규범 및 가치들에 호소하고 있다. 화자는 인종적으로 규정된 위협적인 집단의 잠재적 해악에 대해 인종적으로 규정된 지배 집단의 보호를 지지하는 규범 및 가치들에 호소하고 있다. 이 사례에서 "위협적인" 집단은 권력이 없는 위치로 배치되는데, 그들이 이민으로부터 배제될 경우 그들은 화자가 호소하고 있는 사회체계와 생활세계에 참여할 수 있는 능력을 가지지 못하게 되는 것이기 때문이다.

앞의 사례에서처럼 여기서의 규범 및 가치들의 "정당성"은 두 가지 근거로 의문시될 수 있다. 우선, 그것들이 그러한 호소가 행해지는 공동체 내에 존재하는가라는 점에서 평가될 수 있다. 반이민자 정서는 "동양계" 이민자들에 대한 특수한 감정을 포함하여 호주 내에서 문서로 입증되어 왔다(Jayasuriya, 1999:21-29). 기사의 발행 이후 그 주에 게재된 편집자에게 전달된 두 개의 편지는 자신들의 공동체 내에 그러한 규범 및 가치들이 존재하고 있음을 추가적으로 보여 주면서 기사의 논조를 찬양했다. 이런 의미에서, 그리고 앞의 사례와 같은 방식으로 그 발언은 이해 가능하다. 요청된 규범 및 가치들은 인식된 인종 혈통에 근거하여 이주자들에 대한 차별 대우를 지지하는 것으로 인정될 수 있다.

그러나 이 규범 및 가치들의 "정당성"은 그것들이 제기된 생활세계의 맥락 안에서 적절하거나 적법한 것으로 간주되는가에 따라 이의를 제기할 수 있다. 여기서 두 가지의 대응이 행해질 수 있다. 첫째, 인종차별법(Cth) 1975를 포함하여 호주 사회에서 인종차별적인 태도와 싸우기 위해 만들어지고 있는 법규들을 언급하는 것이 가능하다. 둘째로, 이민 정책과 관련하여 제기된 규범 및 가치들의 적절성이 또한 의문시 될 수 있다. 호주의 이민 정책은 예비 이주자들을 인종에 근거하여 차별하지 않으며, 1973년에 "백인 호주 정책White Australia Policy"의 폐지 이후 그렇게 행한 적이 없다(Jayasuriya, 1999:21; Parkin and Hardcastle, 1997:488-490; Ozolins, 1994:206-207).[6] 사실 기사는 이민으로부터 "동양인들"을 구체적으로 배제하는 것이 받아들여질 수 없다는 것과, 유일한 해결책은 모든 이민을 중단시키는 것임을 스스로도 인정했다. 따라서 제기된 규범 및 가치들의 "정당성"은 호주법과 공공정책의 검증 가능한 기준들의 측면에서 의심스러운 것이다.

이러한 발언은 상당히 비판의 여지가 있지만, 인종을 근거로 한 배제에 기반하여 객관적인 사태를 재현하는 듯 보이는 타당성 주장들을 제기했던 것이다. 게다가 이런 배제의 적절성 역시 비판의 여지가 있다. 전반적으로 기사는 부적절한 불평등을 실행하고자 하는 것(인종을 근거로 이주에서 배제한다는 점에서)으로 해석될 수 있다. 이런 점에서 기사 속의 발언은 인종차별을 자행하고, 영속시키며, 유지하는 것으로 분석될 수 있다. 여기서 제기된 세 번째 차원의 타당성 주장, 즉 화자의 주관성을 정직하거나 진실하게 재현한다는 주장은, 보다 더 평가하기가 어렵다. 화자가 인종차별적인 표현행위를 의도했는지, 혹은 그/녀가 이민 정책에 대한 진지한 토론에 참여하기를 의도했는지를 평가하기는 어

---

6 "백인 호주 정책"은 아시아계 이민과 태평양 섬 주민 고용계약 노동에 맞선 방어 조치로 1901년 확립되었다. 실제로는 2차 세계대전 이후 그 정책은 서서히 완화되었으며, 마침내 휘틀럼Whitlam의 연방 ALP(호주 노동당) 정부에 의해 폐지되었다(Jayasuriya, 1999:16-21).

렵다. 어떤 경우든 이미 논의된 두 개의 검증 가능한 타당성 주장들은 그 기사의 발화 수반적인 힘을 밝혀낸다. 객관적인 상황을 재현하고 있으며, 공유되는 규범 및 가치들에 호소하고 있다는 주장은 평가 가능하며, 그 기사가 인종차별적인 표현행위에 해당한다는 주장을 뒷받침해 줄 수 있는 증거들 또한 충분하다. 이는 기사가 이민 정책을 둘러싼 공적인 논의에 기여한 것 이상임을 의미하며, 그것 자체만으로 판단하는 것은 발언의 의미를 오해하는 것일 수 있다. 타당성 주장 분석은 이런 발언들을 인종차별 행위로 평가하는 것을 가능하게 만든다.

그렇다면 이것은 그럼에도 불구하고 인종차별적인 표현행위로 해석될 수 있는 세련된sophisticated 발언의 사례이다. 일련의 인종차별적인 대화가 점차 세련되거나 "건전하게"(Matsuda, 1993:23) 보이게끔 됨으로써 금지나 논쟁을 피하려 한다는 것을 나타내는 유의미하고 증가하고 있는 상당한 증거가 존재하기 때문에, 이는 중요한 발견이다. 일부 인종주의적인 선동의 온건함은 더 많은 청중들에게 전달되어 그들을 설득시킬 수도 있다.(Lester and Bindman, 1972:374) 반 디크Van Dijk는 인종차별주의의 재생산은 "대중적 인종주의popular racism"를 통해서가 아니라, 바로 온건함으로 인해 인구의 많은 부분에 의해 정당화되고 승인될 수 있는 보다 온건한 인종주의moderate racism를 통해서 촉진된다고 주장한다(1995:24). 그는 이런 담론을 "엘리트 인종주의"라고 칭하며, 그것을 명료하고, 온건하며, 표면적으로는 세련된 것으로 묘사한다. 그러한 담론은 따라서 인도적인 외양을 띠고 있기는 하지만(van Dijk, 1995:25), 그럼에도 불구하고 한 정치체 내에서 지배적인 인종 집단/들의 인종주의를 유지시키고 정당화한다. 인종주의적인 혐오 표현 행위를 다루도록 고안된 법률을 시행하는 맥락에서 유사한 주장이 영국에서 행해졌다.[7] UK 인종모욕법에 대한 검토 기간 동안, 이 법의 도입 이후 인종차별적인 선동은 기소로부터 면제되기 위한 노력의 일환으로 좀 더 세련되어졌다(Twomey, 1994a:238). 보다 세련된 인종주의적인 혐오 표현의 발화자는 자신은 인종 혐오를 불러일으킬 의도가 없었으며 대신 공적인 교육과 토론에 기여하기를 희망했다고 주장했다. 정책 입안자는 혐오 표현 금지법이 그러한 인종주의적 표현을 겨냥할 수 없다고 느꼈다. 보다 온건한 메시지가 인종주의를 영속화시킨다는 측면에서 더 강한 영향력을 가질 수 있다는 우려에도 불구하고 말이다(Twomey, 1994a:238). "세련된" 인종차별 표현들의 문제는 아래에서 더 상세히 논의될 것이다.

사례 P에 대해 여기서 제시된 분석은, 발언을 행하면서 화자가 주장한 의도와 관계없이, 객관적인 상황을 재현하고 공유되는 규범 및 가치들에 호소하고 있는 타당성 주장들은 평가 가능한 것으로 남는다. 그 기사가 수행한 표현행위는 차별 행위로 평가 가능하다. 제기된 타당성 주장들을 검토하는 것은 이 같은 결론이 도출되도록 한다. 그것들은 단순히 이민에 대한 공적인 논쟁에 기여하는 것이 아니라, 담론적인 차별 행위인 것이다. 만일 타당성 주장 평가가 어떤 발언이 인종차별을 영속화시키는 발화 수반적인 힘을 가지고 있다는 것을 입증한다면, 그것이 자신

---

7   인종주의적인 혐오 표현에 대응하는 영국의 입법 사례는, 구체적인 "온건한" 혐오 표현 사례를 포함하여 5장에서 다루어질 것이다.

의 의도가 아니었다는 화자의 항의는 정책 대응의 필요를 결정하는 데 있어서 그다지 중요성을 갖지 못한다. 만일 여기서 제시된 방법이 혐오 표현 정책에 운용될 수 있게 된다면 세련된, 혹은 건전해 보이는 혐오 표현 사례들은 정책 대응의 대상이 될 수 있다. 이는 더 많은 발언들을 잠재적으로 정책 대응의 대상이 되게 할 것이다. 만일 그러한 정책 대응이 표적이 된 개인이나 집단으로 하여금 그들을 차별하는 발언들에 맞서 목소리를 낼 수 있게끔 기획된다면, 그 정책은 영향력이 큼에도 불구하고 지금까지 정책 적용의 대상에서 면제된 혐오 표현 사례들에 대응할 수 있게 된다.

"가치가 없는 고발"

청자를 불쾌하게 하거나 모욕할 수 있는 표현행위와 혐오 표현 행위에 해당될 수 있는 표현행위 간의 차이를 보여주는 데 도움이 될 하나의 사례는 사례 N이다. 고발 대상이 된 벽화의 한 부분에 대해 제기된 사실성 주장은 영국 군대가 원주민들에게 수갑을 채웠고, 그들을 향해 무기를 사용했다는 것과 관련된다. 영국 식민지의 기록물과 이후 호주 원주민들에 대한 관리는 문서로 충분히 입증되며, 대량학살, 토지 강탈 및 원주민에 대한 노예화를 포함한다(Reynolds, 1995; HREOC, 1998a). 그렇다면 토착 호주인들이 벽화 속에서 묘사된 대우를 겪었다는 사실성 주장은 존속 가능한 것으로 보인다. 벽화는 또한 그러한 관습들이 여전히 발생하고 있다는 사실성 주장을 행하고 있는 것으로도 해석될 수 있다. 이 고발이 제기되었을 당시는 원주민들에 대한 구금 문제와 원주민과 경찰 간의 관계가 공적으로 논의되던 중이었다. 원주민 보호구역 사망에 대한 왕립위원회 보고서(1991)는 청소년 구금과 경범죄자 구금을 포함하여 불균형적으로 높은 원주민들의 구금 비율을 언급했다. 그렇다면 벽화가 원주민들을 향한 현재의 관행을 묘사했다는 주장 역시 존속될 수 있다.

벽화 속의 이미지가 경험적으로 평가 가능한 "사실"을 재현한다는 주장은 그 표현이 혐오 표현 행위에 해당되는지 아닌지를 규명함에 있어서 하나의 고려 사항이다. 그러나 다른 두 사례들의 특징을 이루었던 다른 요소들 역시 고려되어야 한다. 핵심 기준은 그 벽화가 인종에 근거한 불평등을 강화하는 사실성 주장을 하는지 여부인 것 같다. 벽화가 앵글로색슨계 사람들이 공격적이고 군국주의적이며 토착인들에 대한 억압에 개입되어 있다는 것을 암시하면서 그들에 대한 비하적인 이미지를 묘사하는 것으로 해석하는 것은 가능하다. 비록 이러한 해석이 내려졌다 하더라도, 그러나 이 경우 앵글로색슨 호주인들과 토착 호주인들 사이의 권력 비대칭은 그러한 사실성 주장을 행하고 있는 화자를 지지하지 않는다. 벽화는 토착 호주인들과 지도자를 가진 이주민 공동체의 구성원에 의해 그려진 것이었다. 벽화는 이러한 호주인 공동체 지역의 역사를 묘사한 이미지들을 포함했다. 이 경우 화자는 토착 호주인들과 지역의 다문화 공동체 구성원, 즉 역사적으로 주변화되고 호주 사회에서 차별을 겪은 집단이었다. 그러나 앵글로색슨계 사람의 고발에 관련해서는 호주 내에서 인종에 근거하여 앵글로색슨계를 대상으로 한 차별이 존재한다는 증거는 없다. 오히려 이와는 달리 호주 내에서의 제도화된 인종차별—앞서 언급한 백인 호주 정책을 포함하여—은 앵글로색슨계 사람들에게 **혜택**benefit을 주도록 기획되었다. 따라서 벽화 제작자가 앵글로색슨계 사람들이 그들의 인종에 근거하여 차별을 당하는 객관적인 상황에 대한 재현을 의도했다는 주장은 존속될 수 없다. 경험적인 고찰은 이 주장이 "사실"임을 부정한다. 인종에 근거한 그러한 체계적인 차별은 일어나지 않기 때문이다. 오히려 여기에서의 사실성 주장은 토착 호주인들—과거와 현재 모두—이 앵글로색슨계에 의해 구금되어 왔으며 형편없이 대우받아 왔다는 경험적으로 옹호될 수 있는 주장을 재현하는 것으로부터 제기된다. 비록 이 주장이 화자가 경험한 불평등을 묘사하고 있기는 하지만, 이것이 불평등을 **재생산**reproduce하는 주장은 아닌 것이다.

이것을 앵글로색슨계 사람들의 집단이 같은 그림이 그려진 현수막을 만들어서, 그것을 백인 권력을 지지하는 거리 행진에서 들고 있는 가설적인 상황과 비교해 보는 것은 논의를 보다 분명히 할 수 있다. 이 경우 수갑을 찬 원주민 그림은 단순히 토착 호주민들이 경험한 불평등을 묘사하는 것이 아니라, 그런 불평등을 재생산하려는 의도를 담은 것이 된다. 총을 들고 있는 백인 군인의 이미지는 토착인들에 맞서기 위해 앵글로색슨계 사람들에게 무장을 촉구하는 것으로 해석될 것이다. 이 경우에는 같은 이미지의 의미와 힘은 완전히 다른 것이 될 것이다. 의미와 힘은 그림이나 발언만으로 결정되는 것이 아니라, 맥락에 의해 결정되는 것이다.

이 사례에서 호소되는 규범 및 가치들은 어떤 것인가? 사례 F와 사례 P는 불평등을 재생산하는 사실성 주장을 **강화**reinforce하는 규범 및 가치들에 호소하고 있는 것으로 해석되는 반면, 이 사례에서 호소되는 규범 및 가치들은 불평등에 **도전**challenge하는 것들로 반대로 해석될 수 있다. 벽화는 호주 역사에 대한 더 넓은 설명에 위치되며, 이는 사회적, 문화적, 정치적 삶에 있어서의 변화를 포함한다. 이런 맥락 속에서 원주민들에 대한 과거와 현재의 부당 대우를 상기시키는 것은 그에 대한 이의를 제기하는 것으로 해석될 수 있다. 호소되는 규범 및 가치들은 인종에 근거한 부당 대우에 이의를 제기하는 것들이다. 세 번째 차원의 타당성 주장—화자의 주관성의 정직한 재현—은 이 사례에서 역시 측정하기가 어렵다. 그러나 타당성 주장 틀 내에서 사례 N의 경험적으로 평가 가능한 발화 수반적 힘의 요소들에 대한 평가는 이 표현이 혐오 표현 사례에 해당하지 않는다는 논증을 지지해 주는 증거를 제공해 준다. 오히려 그것은 토착 호주인들이 겪는 불평등과 차별에 이의를 제기하고자 재현하는 표현행위이다. 비록 앵글로색슨계 사람들이 그 표현으로 인해 불쾌함을 느낄 수는 있지만, 벽화는 그들을 향한 인종차별 행위에 해당하지 않는다.

화자가 발언을 행하면서 제기한 타당성 주장에 대한 분석을 혐오 표현이라고 주장된 사례들에 적용함으로써 상스러운 혐오 표현과 세련된 혐오 표현을 식별할 수 있게 되었다. 평가가 이루어진 세 번째 사례는 혐오 표현 행위로 규정될 수 있는 것으로 보이지 않는다. 이런 고찰로부터 타당성 주장 틀은 혐오 표현 행위를 담론적인 차별 행위로 규정할 수 있는 정책으로 운용될 수 있는 것으로 생각된다. 혐오 표현 행위를 차별 행위로 규정하는 것은 혐오 표현 행위에 대한 적절한 정책 대응을 개발함에 있어서 첫걸음이다. 앞에서 내가 주장했듯이, 역량 지향적인 혐오 표현 정책은 개인의 역량들을 발달시킬 수 있는 능력에 혐오 표현이 끼치는 영향을 고려하려 하는 것이다. 혐오 포현 행위에 있어서 차별 행위를 규정하는 것은 피해자에게 혐오 표현이 끼치는 영향들을 설명하는 데 충분하지 않다. 그것은 단지 어떤 발언의 발화 수반적 힘만을 설명할 뿐이기 때문이다. 혐오 표현이 피해자에게 끼치는 영향들을 설명하기 위해, 혐오표현 행위가 청자에게 끼치는 발화 효과적 영향들에 대한 검토에 돌입하는 것이 필요하다.

혐오 표현 행위의 발화 효과적 영향들

나는 앞에서 혐오 표현 행위는 표적이 된 피해자들에게 차별을 실행하면서 그들을 침묵시킨다고 주장했다. 이것은 사실일까? 그리고 만일 그렇다면, 그런 침묵은 어떻게 발생하는가? 여러 학자들이 피해자 집단에 대한 차별의 상당한 부정적인 영향들을 드러내고자 했으며, 여기서 이 모든 연구를 논의할 여유는 없다.[8] 내가 아래에서 논의할 작업들은 **표현을 통해** 실행되는 구

---

8   인종주의적인 편견과 차별의 영향에 관한 포괄적인 문헌 검토에 대해서는

체적인 차별의 영향들을 드러내려는 것이다. (1) 피해자의 개인적 자유를 제한하는 것, (2) 청자가 불평등이 온당하다는 주장을 믿기 시작하는 것과 같은 차별적인 메시지의 내면화, (3) 추가적인 종속 행위의 영속화, (4) 침묵의 강제이다. 이것들 중 여기에서의 논의를 위해 가장 중요한 것은 침묵인데, 이 부분이 이 책에서 제안되는 것과 같은 역량 지향적인 혐오 표현 정책을 통한 구제책을 기꺼이 허용할 것이기 때문이다.

표현을 통해 실행되는 차별이 피해자 집단에 영향을 끼칠 수 있는 수단들 중 하나는 청자의, 그리고 청자와 관련된 사람들의 개인적 자유를 제한하는 것이다. 이를테면 마리 마쓰다는 인종주의적인 혐오 표현이 어떻게 피해자가 일상을 영위하기 위한 개인적인 안전과 자유를 부정할 수 있는가를 개괄한다. 피해자들은 인종 혐오적인 폭력 행위에 보통 인종 혐오적인 표현행위가 선행한다고 믿기—많은 다른 사람들의 사적 경험담을 듣게 됨으로써—때문이다(1993:17, 22).[9] 마쓰다는 피해자 및 잠재적 피해자들은 모든 지배 집단 구성원들을 의심을 가지고 바라보게 되며, 따라서 넓은 네트워크를 유지할 수 있는 자신들의 능력에 한계를 두게 되고, 사회적 관계를 제한시키며, 개인적 관계를 형

Simpson and Yinger, 1985를 보라. 혐오 표현의 해악을 주장하고 있는 문헌에 대한 검토에 대해서는 Akmeemana and Jones, 1995를 보라.

9   혐오 표현 행위와 노골적으로 폭력적인 혐오 범죄 간의 인과적이거나 직선적인 관계를 여기서 입증하는 것이 필수적인 것은 아니다. 즉 그런 관계가 존재하는 실제 피해자들, 잠재적 피해자들 그리고 일반적인 공동체 사이의 공포를 알아보는 것으로 충분하다. 혐오 표현이 피해자 집단을 향한 폭력을 촉진시킬 수 있다는 가설을 지지하는 주장은 Ledere and Delgado(eds.), 1995에서 볼 수 있다.

성하고 유지시킬 수 있는 가능성들을 한정하게 된다고 주장한다. 혐오 표현 행위의 수신자는 그것의 재발이나 실제의 혹은 잠재적인 혐오 발화자들과의 맞부딪힘을 피하기 위해 자신들의 개인적 자유를 제한시킬 수 있다. 이는 직장을 그만두는 것, 교육을 포기하는 것, 가정을 떠나는 것, 그리고 공공장소를 피하는 것을 포함할 수 있다(1993:24-25). 마쓰다는 또한 동정적인 비非표적 집단 구성원들에 대한 영향을 상세히 설명한다. 혐오 발화자에 의해 표적이 될 수 있는 자들과 관계를 맺는 이들의 자유는 혐오 표현 행위에 의해 위협을 받는데, 스스로 폭력의 피해자가 되는 것을 피하고자 하는 욕망 때문이다(1993:25).

두 번째 요소는 청자가 혐오 발화자가 제기한 주장들이 참이라고 믿게 되는 것과 같은, 차별적인 메시지의 내면화이다. 마쓰다는 그러한 메시지에 저항하고자 하는 의식적인 노력에도 불구하고, 인종주의적인 혐오 표현 행위가 청자의 정신 속에 인종적 열등성이 일부 진실일지도 모른다는 생각을 심어 놓을 수 있다고 주장하는 연구 조사를 인용한다(1993:25).[10] 델가도Richard Delgado는 개인 피해자, 가해자, 그리고 전체 사회는 무의식적으로 인종차별적인 혐오 표현 행위 속에 전달된 메시지를 배우게 되고, 내면화하며, 제도화한다고 언급하면서, 그가 "인종차별적인 모욕"이라고 칭하는 것의 이런 해악의 측면에 관한 마쓰다의 연구 결과를 지지한다(1993:90-94). 델가도는 더 나아가 열등성을 전달하는 표현은 화자가 피해자들에게 귀속시키고자 의도하는

---

10 편견의 보유자가 또한 어떻게 피해자를 몰개성화하는지에 관해서는 Allport, 1954를 보라.

바로 그 "열등성"의 특징들을 그들 속에 생산해 내는 경향이 있다고 주장한다(1993:94-95). 이런 과정은 피해자가 차별적인 혐오 표현 행위 속에 전달된 무가치함의 속성을 내면화하고 믿게 되며, 이후 수행하기 때문에 발생한다. 로렌스C. Lawrence는 인간 집단을 열등하다는 딱지를 붙임으로써("낙인찍기") 그들에게 수치심을 주고 비하하는 것은 자존감과 존엄성에 상처를 입힘으로써 정신적인 상처를 가하는 것이라고 주장한다.[11] 자아 존중과 타인에 대한 존중은 사회참여를 위해 중요한 것이기 때문에, 인종주의적인 낙인찍기는 자기 영속적인 것이 된다. 즉 그것은 낙인찍는 자가 표적 집단에 부여한 성질들을 표적 집단 속에서 재생산한다(1987:351). 선스타인은 마찬가지로 인종주의적인 혐오 표현이 유색인종의 "자존감을 좀먹는 결과"(1993a:802)를 가져올 수 있다고 주장한다. 패트리샤 윌리엄스Patricia Williams는 인종차별을 통해 실행되는 자아 존중과 자아 가치에 상처를 주는 과정을 "영혼 살인"이라 일컬었다(1987:151).[12]

혐오 표현 행위의 발화 효과적 영향이라고 주장되는 세 번째 요소는 그러한 혐오 표현 행사 이후의, 그것과 관련된 분리의 영

---

11 청자의 집단 정체성과 관련되는 인종주의적인 혐오 표현에 의해 야기될 수 있는 "정신적 상처"는, 급격한 맥박 수, 호흡 곤란, 악몽, 외상 후 스트레스 장애, 자살 및 정신병을 포함하는 증상들을 일으킬 수 있다고 주장되었다(Matsuda, 1993:24).

12 윌리엄스는 "영혼 살인"을 그의 삶이 질적으로 우리의 존중에 의존하고 있는 타인에 대한 무시로 정의한다. 인종차별, 문화적 절멸 및 제노사이드를 포함하여 무시는 다양한 방식으로 표명될 수 있다는 것을 언급하면서 말이다(1987:151). 그녀는 영혼 살인이 공격인 만큼 "파괴적", "희생적", "정신적으로 절멸적"이라고 주장한다.

속과 뒤따르는 종속 및 차별 행위이다. 이 주장은 특히 포르노그래피와 관련하여 생겨났는데, 포르노그래피는 여성에 대한 종속을 영속시키는 하나의 표현행위로 인식된다. 이를테면 캐서린 매키넌Katherine MacKinnon은 포르노그래피를 여성의 평등과 존엄을 비하하는 표현행위로 정의한다(1993).[13] 매키넌의 주장은 포르노그래피에 대한 그녀의 사례 연구를 넘어서서 적용될 수 있다. 그녀는 포르노그래피적인 혐오 표현 행위가 표현 매체들을 통해 종속을 영속시키기 때문에 사회적 평등을 손상시킨다고 주장한다. 그것은 압도적으로 여성이 다수인 표현행위의 대상들에 비해 화자가 상대적으로 권력을 가진 위치에 있기 때문에 그렇다. 포르노그래피는 여성을 종속시킬 뿐 아니라, 다른 종속 행위들로 이어지기도 한다. 이 주장은 포르노그래피를 금지하는 법령의 합헌성에 관한 미국 법원 판례에서 제시되었다. 판결에서 이스터브룩Frank H. Easterbrook 판사는 종속에 대한 묘사가 여성에 대한 낮은 임금, 직장 내 성희롱, 여성에 대한 폭행과 강간에 영향을 미치는 것을 포함하는 일련의 방식들로 종속을 영속시킬 수 있다는 전제를 받아들였다.[14] 그는 일부 표현들이 태

---

13 나는 포르노그래피의 사례를 인종 혐오 표현 행위에 비해 보다 복잡한 것으로 간주하는데, 젠더 종속이 꽤나 복잡하기 때문이다. 이를테면 포르노그래피는 행복하게 욕실을 청소하고 있는 여성을 묘사하는 광고에 비해 더 차별적인 것일까? 만일 이 두 사례들이 똑같이 여성의 종속에 대한 해로운 묘사로 간주된다면, 이는 규제에 장애를 가져온다. 게다가 성적인 자료는 여성의 종속에 대한 질문과 에로티시즘에 대한 질문을 동시에 제기한다. 선스타인은 포르노그래피에 의해 제기되는 문제들을 인종 혐오 표현에 의해 제기되는 것들과는 다른 것으로 간주하는데 후자는 대개 "공적 토론에서 핵심적인 부분"인 반면, 전자는 그렇지 않기 때문이라는 것이다(1993a:813).

14 American Booksellers Association Inc. v. Hudnut, 771 F. 2d 323(1985), at

도와 행위의 변화를 가져올 수 있다는 점에서 강력한 것이라고 언급했다. 그는 이것이 표현의 "힘power"이며, 이것이 오히려 은밀한insidious 것으로 여겨지는 표현도 국가의 규제로부터 보호를 받아야 하는지에 대한 중요한 이유를 구성한다고 주장했다.[15] 그는 은밀한 표현에 대한 규제를 허용하는 것은 정부로 하여금 문화의 제도들을 통제하도록 허용하는 것일 수 있다고 주장했다. 은밀한 표현이 영향력을 가질 수 있다는 주장은 여성에 대한 종속에만 국한되지 않는다. 이를테면 선스타인은 인종 혐오 표현은 인종에 근거한 "카스트 제도"의 유지에 기여하며, 여기서 표적이 된 집단 구성원들은 인종적으로 동기 부여된 폭력에 대한 공포 및 계속되는 종속에 대한 공포를 경험하게 되며, 혐오 발화자가 정치적 평등의 전제를 부정한다는 것을 알게 된다고 주장한다(1993a:814). 원주민 보호구역 사망에 대한 왕립위원회가 작성한 호주 보고서는 인종주의적 모욕은 "일종의 폭력"인 동시에 원주민들을 향한 이후의 폭력을 촉진하는 요소promoter라고 주장했다. 아크미마나Saku Akmeemana와 존스Melinda Jones 역시 상대적으로 권력을 가진 위치에 있는 화자가 혐오 표현 행위 속에서 우월성을 단언하는 것이 종속과 예속의 지속적인 관계를 만들어 낸다는 가설을 지지하는 주장을 인용한다(1995:151-152).

　네 번째 혐오 표현 행위의 발화 효과적 영향은 혐오 표현이 피

---

329. 이 사건은 포르노그래피를 금지하는 법령이 너무 광범위하며 지나치게 표현의 자유를 제약시키고, 따라서 수정헌법 1조를 위반한다는 근거로 이 법령을 위헌라고 판결했다.

15　American Booksellers Association Inc. v. Hudnut, 771 F. 2d 323(1985), at 329-330.

해자들을 침묵시킨다는 생각이다. 이 논증은 많은 학자들에 의해 옹호된다. 이를테면 델가도는 혐오 표현 행위의 피해자들이 되받아쳐 말하기를 포기하는데, 그런 대응이 추가적인 학대를 불러올 수 있기 때문이라고 주장한다. 또한 많은 경우 혐오 발화자는 그/그녀의 피해자에 비해 권위를 가진 위치에 있으며, 이는 유의미한 방식으로 대응할 수 있는 스스로의 능력에 대한 피해자의 믿음을 추가적으로 제약시킨다(1993:95). 표적이 된 자들은 피해자가 되는 것을 두려워하거나, 그들에 비해 권위를 가진 위치에 있는 사람에게 문제제기할 수 있는 확신이 결여되어 있다. 흥미롭게도 이 논증은 1장에서 인용된 사례 G와 H에 의해 명시적으로 존속되는데, 여기서 인종주의적인 모욕의 피해자는 고소를 철회했는데, 고소인이 혐오 발화자로부터의 직접적인 보복을 두려워했기 때문이다. 호주에서 인종 폭력에 대한 국가 조사위원회는 혐오 표현이 인종 혐오를 경험한 자들에게 두려움, 위협, 단념을 가져다 줌으로써 피해자들을 침묵시킬 수 있다고 주장했다(1991:111). 마쓰다 역시 혐오 표현 행위의 피해자들이 타인의 혐오 표현에 대응하는 보호 수단으로 스스로의 표현 행위를 억제하는 경향이 있다는 증거를 인용한다(1993:24-25). 페기 데이비스Peggy Davis는 아프리카계 미국인에 대한 지속되는 부정적인, 전형적인 인식을 "흑인들의 자존감에 대한 끊임없고 누적되는 공격"으로 설명하면서, 마쓰다의 주장을 지지한다(1989:1585). 인종주의를 통해 실행되는 "미묘한 차별microaggres-sion"역시 피해자의 인격에 "복종deference"을 심어 놓는다(1989:1567). 다시 말해, 기대에 대한 순응이 피해자 집단에 놓인다. 포스트R. Post 역시 인종주의적인 표현이 피해자 집단 구성원들을 지배적인 공적 담론에서 배제할 수 있으며, 그들의 표현을 평가절하하고 그들로 하여금 대응을 계속하는 것을 불가능하게 만든다는 전제가 참일 수 있다는 것을 인정한다. 이는 민주주의 정부의 필수적인 요소인 숙의적인deliberative 자치에 참여하는 그들의 능력을 제약할 수 있다(1991:305-307).[16] 매키넌도 마찬가지로 혐오 표현은 피해자들을 침묵시킴으로써, 실제적이고 잠재적인 피해자 모두에게 표현에 참여할 수 있는 능력을 손상시킨다고 주장한다. 지배적인 집단 구성원들은 "타인들에 비해 보다 많은 표현 수단을 가지고 있으며", 혐오 표현 행위는 공동체 내에서 상대적으로 권력을 덜 가진 집단을 차별한다(1993:72).

레이 랭턴Rae Langton은 혐오 표현이 침묵시킬 수 있는 방식을 설명하기 위해 매키넌의 분석과 발화 수반 행위에 대한 오스틴의 정의를 종합한다(1993).[17] 그녀는 혐오 표현 행위의 주요 효

16 포스트는 정신적인 상처, 규범적인 해악(왜냐하면 혐오 표현은 "잘못된" 것이며 평등 원칙을 침해하기 때문이다), 종속 및 침묵(1991)을 포함하는 다양한 혐오 표현의 해악들을 상세히 설명한다. 그는 이 전제의 사실성이 인종차별적인 표현에 대한 제약을 정당화하지 않는다고 주장한다. 인종차별적인 표현에 대한 제약은 공론장을 손상시킬 것이며, 그것만으로는 피해자 집단 구성원의 침묵을 회복시킬 수 없다는 것이다(1991:309). 바로 이러한 문제제기—회복과 침묵—가 새로운 혐오 표현 정책을 위한 이 책의 제안의 주안점이 된다.

17 랭턴의 주장과 매키넌의 주장 모두 두 개의 연결되는 전제들에 의지한다. 첫째는 불평등한 성폭력의 젠더 양상은 성폭력이 여성에 대한 차별을 인식론적으로 대표한다는 것을 의미한다는 것이다. 둘째는 포르노그래피는 성폭력을 정당화한다는 것이다(이렇게 행하지 않는 성적으로 노골적인 작품은 "포르노그래피"로 정의되지는 않는다). 이 전제들 모두는 문제적이다. 그럼에도 불구하고 드러나게 되듯이 랭턴의 주장은 여기서 유용하다. 표현행위가 차별하는 것으로 해석될 수 있는 경우 그 표현행위의 효과들 중 하나는 실제적이고 잠재적인 피해자들을 침묵시키는 것임을 확립할 수 있는 한에서 말이다.

과는 개인적인 피해자나 피해자 집단 측의 잠재적인 대응을 침묵시키는 것, 즉 "발화 불가능하게 만드는 것"이라고 주장한다. 어떤 발화 수반 행위의 경우에도 발화자는 그 것을 수행할 수 있는 권위를 가지고 말하기 때문이다(Langton, 1993:311). 이 논증은 사례 F와 사례 P에서 화자가 제기한 타당성 주장에 대한 분석과 일치한다. 이 두 사례 모두에서 발언 속에서 행해진 주장에서 재현된 **화자를 지지하는** 권력 비대칭이 그 발언을 용이하게 혐오 표현 행위로 해석하게 만들었다. 랭턴은 나아가 혐오 표현 행위 속에서 발화자의 권위에 대한 대응 발언은 세 가지 메커니즘을 통해 불가능해진다고 주장한다. 즉 (1) 실제적이고 잠재적인 피해자들은 아무도 자신들을 진지하게 여기지 않을 것이라는 믿음이나 위협으로 인해 말하지 못한다. (2) 실제적이고 잠재적인 피해자들은 비록 말을 하더라도, 그들의 표현행위는 자신이 바라는 효과를 달성하지 못한다(그리고 이런 실패는 청자로서의 그들의 상대적으로 권력이 없는 위치와 직접적으로 관련된다). 그리고/또는 (3) 실제적이고 잠재적인 피해자들은 혐오 표현의 발화자에 대해 의미 있는 대응 발언을 할 수 있는 관련 영역에서의 권위를 보유하고 있지 않다(1993:314-316). 이 주장은 불평등의 강화에 관해 내가 여기서 제시했던 주장을 지지하는 듯 보이며, 혐오 표현 행위 속에 포함된 차별을 지지하는 규범 및 가치들에 호소한다.

그렇다면 혐오 표현 행위의 발화 효과적 영향들은 개인과 집단들에게 심각한 해악을 끼치는 것으로 규정될 수 있다. 나아가 혐오 표현 행위는 실제적이고 잠재적인 피해자들이 스스로의 표현행위를 가지고 대응할 수 있는 능력에 대한 실질적인 방해로 작용한다. 이는 라우흐가 제안한 모욕에 대한 만병통치약, 즉 "안됐네요. 그래도 당신은 살아갈 것입니다(1993:27)"와는 직접적으로 모순된다. 이는 또한 해로운 표현에 대한 보다 흔한 자유주의적인 대응에 이의를 제기한다. 이는 혐오 표현은 대응을 허용하기 위해서 표현에 대한 제한을 최소화함으로써 가장 잘 해결될 수 있다는 것이다. 말할 수 있는 능력이 타인의 표현에 의해 해악을 입은 사람들에게 도움을 제공해 줄 필요를 인정하지 않음으로써, 표현의 자유에 대한 개입을 최소화하는 자유주의적인 표현 정책들은 혐오 표현 피해자들의 침묵에 간접적으로 기여한다. 혐오 표현은 혐오 표현 행위의 실제적이고 잠재적인 청자들의 삶의 질을 손상시킨다. 혐오 표현 행위는 모든 개인들의 핵심적인 인간 역량들이 발달하고 번영할 수 있는 조건들이 유지되는 것을 방해한다. 그것들은 차별 행위를 구성함으로써, 그리고 (그런 차별의 효과들 중 하나로) 대응에 대한 설명을 막음으로써 이런 방해를 실행하는 것이다. 표현에 대한 참여가 인간 역량들의 발달에 핵심적으로 중요한 것이기 때문에, 혐오 표현 행위는 이런 발달을 손상시키는 것으로 간주될 수 있다.

한 가지 보다 잠재적인 곤란함pitfall이 논의될 필요가 있다. 이는 여기서 규정된 혐오 표현 행위의 발화 효과적 영향들이 오로지 혐오 표현의 담론적인 차별 행위를 따라 나타나는 것이 아니라, 단순히 불쾌한 표현행위 속의 발언을 따라서도 나타난다고 주장하는 것이 가능한가라는 질문이다. 그 같은 발언에 의해 사적으로 불쾌함을 느낀 일부 표현행위의 청자들은 더 이상 화자와 관련되지 않기를 선택할 수 있고, 이후의 맞부딪침을 육체적으로 불편하게 느낄 수 있으며, 그러한 모욕이 자신들의 인격에 대한 어떤 '진실'을 포함하지는 않았는지 의구심을 가질지도 모르며, 되받아쳐 말할 수 없다고 느낄지도 모른다. 그러나 이런 종류의 대화에서 누락되는 핵심적인 요소는 화자와 청자 간의, 그리고 화자를 지지하는 체계적인 권력 비대칭의 증거이다. 혐오 표현 행위에서 이러한 권력 비대칭은 우발적이거나 우연한 것이 아니라, 오히려 그런 표현행위가 발생하는 생활세계 맥락의 체계적인 특징이다. 이는 혐오 표현 행위를 담론적인 **차별** 행위로 해석하는 것을 가능하게 한다. 어떤 체계적인 권력 비대칭이 부재할 경우, 그 표현행위는 동일한 발화 수반적 힘을 전달할 수 없다. 따라서 피해자에게 대응할 수 있는 도움을 제공해 주도록 설계된 혐오 표현 정책을 시행함에 있어서, 모욕적이거나 불쾌한—그러나 차별적이지는 않은—표현행위와 관련하여 제기된 고발은 정책 대응의 제공을 정당화하지 않을 것이다.

새로운 혐오 표현 정책

나는 혐오 표현 행위 속에서 수행된 해악들은 그것들이 단순히 사람들을 불쾌하게 하거나 그들의 감정을 해치는 것 이상을 행하기 때문에 발생한다고 주장했다. 인종차별적인 혐오 표현 행위는 표적이 된 집단을 향한 담론적인 차별 행위, 즉 인종에 근거하여 불평등을 재생산하고 강화하며, 동시에 그런 불평등을 정당화하는 규범 및 가치들에 호소하는 행위에 해당한다. 표적이 된 집단의 인지된 구성원들을 향한 인종차별의 실행으로부터 많은 결과들이 뒤따라온다. 그 결과들은 우연히 발생하는 것이라기보다는 청자 및 잠재적 청자가 표적이 된 집단의 인지된 구성원이라는 것과 관련된다. 이러한 결과들은 개인적 자유의 제한, 정신적 상처, 차별 메시지의 내면화, 추가적인 차별을 실행할 수 있는 기회의 발생, 그리고 침묵을 포함한다. 혐오 표현 행위는 표적이 된 사람들과 잠재적으로 표적이 될 사람들이 되받아쳐 말할 수 있고 인종차별적인 발언 속에 제기된 주장들에 이의를 제기할 수 있는 능력을 제약한다.

이런 분석은 1장에서 제기된 질문들에 대한 답을 함에 있어서 어떤 도움을 제공해 줄까? 1장에서 설명한 연구에서 나는 법이 도입되었을 때 인용된 목표들을 달성할 수 있는 혐오 표현 정책을 시행하는 것이 가능한가와 관련된 세 개의 경험적인 문제들을 개괄했다. 첫째는, 어째서 법이 그러한 방식으로 틀을 잡았는지를 이해하는 것에 관한 질문이었다. 이 문제는 표현의 자유에 관한 우려(넓은 예외 범주를 도입함으로써)와 혐오 표현에 관한 우려(혐오 표현의 개별 피해자에게 해결 절차를 제공해 줌으로써) 사이에 '균형'을 잡고자 하는 법의 시도가, 기저에 놓인(설령 어쩌면 무의식적이라 하더라도) 표현의 자유 및 표현 정책 개념으로부터 발생한다고 주장했을 때 이미 답변이 되어 있는 것이었다. 표현의 자유를 옹호하는 지배적인 이론들은 핵심 정책 목적으로서 표현의 극대화 **그 자체**를 강조한다. 이는 혐오 표현의 해악을 개선하고자 하는 어떤 시도도 표현 기회를 극대화하려는 목적과 대립된다는 것을 의미한다. 두 가지 정책 목적들이 대립되기 때문에, 표현 정책은 두 대립되는 이익들 간의 달성하기 힘든 '균형'을 추구하기 위한 방식으로 구성된다. NSW 법에 있어서, 이런 '균형'은 필수적인 것으로 여겨지는데, 그 법이 본질적으로 처벌을 위한 것이기 때문이다. 그러나 표현 정책의 목적을 표현이 사람들의 삶에서 그리고 삶을 위해 무엇을 할 수 있는가를 고려하기 위한 방식으로 생각하는 것(역량 지향적 접근)은, 두 가지 목적을 상호 협력적인 것으로 생각하는 것을 가능하게 한다. 만일 혐오 표현의 해악을 개선하는 것이 동시에 표현의 기회를 극대화하기 위한 목적, 즉 "표현의 자유" 정책의 보호로 간주될 수 있는 목적에 복무한다면, 그 두 가지 목적은 동시에 공존하면서 달성될 수 있다. 나는 표현의 자유를 생각하는 데 있어서 역량 지향적인 접근은 이 목적들을 모두 달성하는 것이 가능한 틀을 제공한다고 주장한다. 나아가 여기서 제안된 혐오 표현 정책은 처벌을 위한 것이 아니기 때문에, 과도한 규제로부터 표현을 보호하고자 넓은 범위의 예외들을 도입할 필요가 없다.

나는 또한 1장에서 제기된 두 번째 문제에 대한 대답을 제공하고자 했다. 그것은 즉 NSW 법의 적용에 있어서의 명백한 약점과 비일관성을 설명하는 문제이다. 경험적인 연구는 NSW 혐오 표현 정책의 적용에 있어서의 많은 절차적 한계들을 제기했다. 나는 이러한 절차적 한계들이 그 법의 개념적 기반에서 발생할 수 있다고 주장했다. 세 개의 사례들(A, B, C)에서는 인종차별적인 사고를 추구했다고 알려진 사람을 향한 어떤 조치도 행해지지 않았는데, 그렇게 하는 것이 소용이 없다고 생각했기 때문이었다. 유대인 구성원들과 피고소인의 발언의 대상이 된 토착민 공동체가 겪은 해악은 개선될 수 없었다. 또한 사례 D, E, F에서는 고발이 행해질 수 없었는데, 문제 해결에 있어서 고발을 수행할 수 있는 원고 개인의 의지 그리고/또는 능력에 그 법이 의존하고 있기 때문이었다. 사례 G와 H에서는 고발이 철회되었는데, 원고 개인이 피고로부터의 폭력적인 보복을 두려워했기 때문이었다. 사례 I, J, K, L에서는 원고 개인이 피해자 집단 구성원이 아니어서 고발이 행해질 수 없었다. 이 모든 사례들에서 개인화된 고발과 해결 절차에 대한 법의 의존은 ADB가 혐오 표현 행위에 대해 조치를 취할 수 없는 결과를 낳았다.[18] 이 발언들속에서 수행된 모든 해악은 대응으로부터 면제된 채로 남아 있었다.

  연구된 정책이 의존하고 있는 개인화되고 사적인 해결 절차는 내가 여기서 착수한 혐오 표현 행위의 현상학에 대한 검토의 측면에서 의심스러운 것으로 보인다. 정책의 절차적 한계 때문에 차별의 해악에 대응할 수 없는 것은 그 법의 접근에 약점이 있다는 것을 입증하는 것으로 생각된다. 원고 개인과 피고 사이의 직접적이고 사적인 개입에 의존하는 것은 인종차별 행위의 해악에 대해 불충분한 평가를 가져온다. 사적이고 개인화된 해결 절차에 대한 법의 의존은, 발화된 혐오 표현 행위의 해악을 개선하는 데 아무것도 달성하지 못함으로써, 상당수의 고발들[연구 기간에 제기된 고발들의 약 2분의 1(Gelber, 2000a:17, 18)]을 소송 불가능한 것으로 만든다.

---

18 전체적으로 이런 사례들은 1989-1994년 기간에는 최종 고발의 대략 23퍼센트에, 그리고 1995-1998년 기간에는 최종 고발의 21.5퍼센트에 해당한다.

만일 혐오 표현 정책이 이와는 다른 식으로, 즉 원고 개인과 피고 사이의 직접적이고 사적인 개입에 의존하지 않는 방식으로 설계된다면, 이런 문제들은 극복될 수 있을 것이다. 나는 혐오 표현 정책에 대한 대안적인 접근, 즉 역량 지향적인 접근은 표적이 된 자들과 그들의 지지자들이 혐오 표현 행위에 대응할 수 있도록 그들에게 물질적, 제도적, 교육적 지원을 제공하기 위한 방식으로 설계될 수 있다고 주장했다. 이는 피해자들이 (표현의 자유의 행사에 참여함으로써) 혐오 표현 행위의 "침묵시키는" 효과에 이의를 제기하고, 혐오 발화자에 의해 제기된 주장을 (스스로의 표현을 가지고) 논박하는 것을 가능하도록 해준다.[19] 이러한 노선을 따라서 설계된 혐오 표현 정책은 원고 개인과 피고 사이의 사적인 해결에 의존하지 않을 것이다. 원고는 혐오 발화자에게 확인될 필요가 없을 것이다. 피고는 해결 절차에 관여할 필요조차 없을 것이다. 오히려 대응은 공적인 행위가 될 것이며, 대응의 필요를 발생시킨 모욕에 의해 저질러진 공적인 행위에 부합하게 될 것이다. 이러한 종류의 정책은 혐오 표현 행위의 해악에 대한 이해—제기된 타당성 주장 및 발화 효과적 영향들 모두에 있어서—를 정책의 목적에 통합시킬 수 있을 것으로 보인다. 이렇게 제안된 정책 접근을 NSW 정책과 대조하는 것은 NSW 법의 결함들이 혐오 표현의 구체적인 해악들에 대한 이해를 고소 해결 절차에 불충분하게 통합했다는 것과 관련이 있음을 나타낸다.

이러한 주장은 관련된 한 가지 문제에 답변한다. 만일 혐오 표

---

19 이것이 가능할 수 있는 방식들은 6장에서 상세하게 논의될 것이다.

현 행위가 해악을 끼친다는 것이 입증될 수 있다면, 처벌적이거나 규제적인 제제가 강제되어야 하는가라는 문제가 발생한다. 이를테면 어째서 형사적인 제재가 특히 악의에 찬 혐오 표현 사례에 대한 적절한 대응이 될 수 없는가? 형사적인 제재는 혐오 발화자를 구금하는 것을 가능하게 할 것이다. 그러한 접근은 최소한 수감 기간 동안은 혐오 발화자가 넓은 범위에서 공동체에서 차별을 실행하는 것을 막을 수 있다. 그러나 그것은 혐오 표현의 해악을 개선하는 데는 거의 아무것도 행할 수 없을 것이다. 이 책에서 제안된 정책과 달리, 혐오 발화자를 구금하는 것은 혐오 표현 피해자들이 말할 수 있도록 해주는 데 직접적인 도움을 제공하지 않는다. 그것은 혐오 표현 피해자들이 자신들이 겪은 차별에 이의를 제기하도록 직접적으로 능력을 **강화하지**empower 않는다. 벌금을 부과하는 것이나 개인적인 사과문을 이끌어 내는 것과 같은 다른 처벌적인 접근들 역시 본질적으로 사회적인 문제에 대한 개인적인 해결책이며, 혐오 표현 행위에 의해 행해진 구체적인 해악들에 대한 대응을 제공하지 않는다. 정의에 대한 이론들 내에서 일부 학자들은 처벌을 위한 제재가 범죄에 대응하는 유일한 수단일 필요는 없다고 주장한다. 브레이스웨이트John Braithwaite와 페팃Philip Pettit은 재분배적인 정의 이론들이 1990년대에 부활을 경험했는데, 범죄학적인 증거는 처벌이 효과적인 억제로도, 범죄자들을 무력화시킬 수 있는 효과적인 수단으로도, 상습적인 범행에 대한 예방으로도 작용하지 않았다는 것을 보여 주었으며[20], 처벌을 부과하는 것에 대한 대안적인

---

20 이런 주장을 지지하는 증거에 대해서는 이를테면 Johnson, 1997을 보라.

이론적 정당화가 요청되었기 때문이라고 주장한다. 그들은 범죄에 대한 사회적 대응이 더욱 효과적이라고 주장하는데, 그것이 더 커다란 "통치dominion"의 향유, 즉 범죄자, 피해자, 그리고 사회 전체에 의한 완전한 시민권이라는 사회적 의미에서의 자유를 촉진하기 때문이라는 것이다(1990:2, 4-5, viii).[21] 혐오 표현 정책에 적용됨으로써 이 논증은 처벌적인 제재는 혐오 발화자의 행위나 태도를 변화시킬 수 없으며, 되풀이하여 발생하는 혐오 표현 행위를 막을 수 없다는 것을 나타낸다. 이런 비판은 심지어 연구된 정책들 하에 "성공적으로" 정착된 고소[22]에 대해서도 적용되는데, 이 사례들 대부분에 있어서 결과는 개인적인 사과나 [고소의] 포기에 대한 합의, 또는 벌금 납부의 촉구를 포함했기 때문이다. 이와 달리 혐오 표현에 대한 대응을 발생시킴에 있어서 피해자 공동체를 포함하도록 구체적으로 설계된 역량 지향적 접근은 혐오 표현의 해악을 개선하고 그것의 재발을 예방하는 데 있어서 바람직한 결과를 달성할 가능성이 더 높다.

연구에 의해 제기된 세 번째 문제는 실현 가능한 법적인 혐오 표현의 정의를 확립하는 문제이다. 나의 논증은 법적인 혐오 표현 모델로 운용할 수 있는 한 가지 접근을 상세히 설명했다. 혐오 표현 혐의자가 제기한 타당성 주장들에 대한 검토는, 그것들

---

21 브레이스웨이트와 페팃의 주장은 브레이스웨이트에 의해 이전에 제공된 범죄에 대한 설명 이론(1989)에 입각한다. 여기에서 그는 범죄의 발생에 대한 대응과 억제에 있어서 처벌적인 사회적 통제보다는 도덕적인 사회적 통제의 우선시를 옹호한다.

22 이는 1989~1994년 기간 사례들의 약 21퍼센트와 1995~1998년 기간의 16.5퍼센트에 해당한다(Gelber, 2000a:17, 18).

이 제기된 생활세계 맥락을 포함하여, 혐오 표현 행위를 이해하고 규정하기 위한 모델, 즉 해당 발언 속에서 **차별**이 실행되었는가라는 평가에 근거하는 모델을 제공한다. 이 모델은 차별의 결정 요인에 의거함으로써, 혐오 표현 행위를 단순한 모욕과 구별하는 문제를 해결한다. 그것은 또한 상스러운 인종주의적 발언과 "건전하게 보이는" 인종주의적 발언 간의 암묵적인 구별에 의존하지 않으며, 오히려 더 많은 다양한 발언들을 정책 대응의 영향 아래 포함시킬 수 있는 가능성을 가지고 있다. 그러한 대응이 피해자들이 말할 수 있는 도움을 제공해 주도록 설계되기 때문에, 과도한 규제를 통해 표현을 위협하지도 않는다.

1장에서 설명된 경험적인 연구에 의해 제기된 문제들에 대한 답변을 제공하는 것은 유용하다. 그것이 정책의 적용에 있어서의 명백한 약점을 설명하는 데 도움을 주기 때문이다. 그러나 분석을 추가하고 주장의 적용 범위를 확장하는 것은 더욱 유용할 것이다. 첫째로, 여기서 규정된 혐오 표현 정책의 문제가 연구를 위해 선택된 특정 정책에 국한되는가를 질문하는 것은 유용하다. 다른 정책에 대한 비교 분석은 정당화되며 다음 장에서 착수될 것이다. 암묵적으로는 논의되었지만 아직 수행되지 않은 두 번째 과제는, 이 책에서 제안된 혐오 표현 정책에 의해 어떤 종류의 응답이 생성될 수 있는지에 관해 보다 큰 명확성을 개발하는 것이다. 마지막 장에서 나는 역량 지향적인 혐오 표현 정책의 목적들과 부합할 수 있는 대응의 종류에 대한 분석으로 잠정적으로 들어가고자 한다.

CHAPTER 5
호주, 영국, 미국 비교

책의 이 시점에서 비교 방법론을 적용하는 것은 논증을 확장한다. 첫째로, 그것은 NSW 사례 연구에서 규명된 혐오 표현 정책에 있어서의 문제들이 다른 사법권jurisdiction에도 적용될 수 있는가라는 질문을 던지게 한다. 둘째로, 만일 첫 번째 질문에 대한 답변이 긍정적이라면, 그것은 제안된 해결책을 더 넓게 적용하는 것이 가능하다는 것을 의미한다. 즉 "제도화된 논증institu-tionalised argument" 해결 모델을 통해 시행되는 역량 지향적인 혐오 표현 정책을 도입하는 것이 그것이다. 이 장의 목적은 혐오 표현에 대한 정책 접근들에 있어서 무수한 차이의 존재에도 불구하고 교차적인 영역들의 유사성을 조명하는 것이다. 나는 호주, 영국, 미국의 혐오 표현 정책들을 검토하고 비교할 것이다. 그 결과는 법으로 표현의 자유를 보호하는 것과 혐오 표현에 대응하는 것에 있어서 이들 국가의 구조적 접근의 차이들에도 불구하고, 정책의 약점들이 남아 있다는 것을 보여준다. 이는 다음과 같은 것들을 포함한다. 즉 표현의 자유라는 목적과 혐오 표현에 대응하는 필요성을 대립시키는 정책 접근에 의지한다는 것, 규제적이거나 처벌적인 것으로서의 혐오 표현 정책 개념에 의지한다는 것, 이런 개념적 한계들을 실현 가능하고 효과적인 법규로 이행하는 데 있어 실천적인 어려움들이 입증된다는 것 등이다. 이러한 공통적인 약점은 연구된 세 사법권, 그리고 어쩌면 이 세 영역에 공통된 광범위한 특징들을 공유하는 다른 영역들이 혐오 표현 정책에 대한 역량 지향적인 접근을 채택하는 것으로부터 도움을 받을 수 있음을 보여 준다. 어떤 이론적인 명제라도, 그것이 다양한 체계에 적용될 수 있을 때 더욱 "유익"해지는 것이며(Dogan and Pelassy, 1990:115; Mackie and Marsh, 1995:179), 이 장은 이 책의 이론적 명제들이 다양한 자유민주주의 체제에 적용될 수 있음을 보여 준다.

연구된 국가들의 유사점

호주, 영국, 미국은 개인의 자유와 법의 지배가 의사결정 과정에 대한 대중의 참여 및 다수의 통제 조치와 결합된 서구 자유민주주의 국가들로 폭넓게 정의될 수 있다(Kukathas, Lovell and Maley, 1990:9-10). 이 세 국가들은 표현 정책과 관련된 기타 공통의 특징들을 공유하고 있다. 이것들은 표현의 자유에 대한 보호와 혐오 표현에 대한 대응을 제공하는 국제조약에 대한 비준, 국내법에 명시된 인종차별 근절에 대한 의무를 포함한다.

세 국가들은 1948년 유엔총회가 만장일치로 채택한 세계인권선언(UDHR)[1]에 참여하고 있다. UDHR을 시행하기 위해 UN은 경제적·사회적 및 문화적 권리에 관한 국제협약(ICESCR)과 시민적 및 정치적 권리에 관한 국제협약(ICCPR) 모두를 1966년에 채택했다. ICCPR은 일반적인 표현의 자유에 대한 권리를 지지하고, 사생활과 개인의 "명예와 평판"에 대한 "불법적인 공격"을 금지하며, 인종 혐오가 "차별, 적대 혹은 폭력에 대한 선동"에 해당될 경우, 인종 혐오를 선동하는 것을 금지한다[19조, 17조(1), 그리고 20조(2)]. ICCPR은 호주에서는 1980년, 영국에서는 1976, 미국에서는 1992년에 각각 발효되었다.[2] 아래에서 나는 세 국가의 유보조항과 법적 조치들을 ICCPR의 20조를 이행하는 측면에서 논의할 것이다.

인종차별 철폐에 관한 국제협약(ICERD)은 UN에 의해 1966년에 채택되었다(Rengger, 1995:99). 이 협약은 가입 국가가 모든 "선동," 인종 우월주의 혹은 "인종 혐오나 차별을 정당화하거나

1　흥미롭게도 UDHR의 19조는 "인간성의 완전한 발달"을 지향하는 교육에 대한 권리를 제공한다. 이 조항은 역량 지향적인 혐오 표현 정책의 도입에 대한 정당화를 제공해 주는 것으로 해석될 수 있다.

2　ICCPR은 1966년 UN에 의해 채택되었으며, 1976년 35개국 정부들에 의해 비준된 이후 3개월 뒤에 UN에서 발효되었다. 어떤 국가가 최초 서명했다면, 조약에 "비준"한 것이다. 이후 서명은 국가가 조약에 "응한다"는 것을 의미한다. 그러나 다자간 조약이 발효되는 국가들은 종종 "비준"이라는 용어를 이것이 발생한 시기와 관계없이 종종 사용한다. 따라서 이 장의 나머지 부분에 걸쳐 "비준"이라는 용어는 조약이 그 국가에 발효된 시기를 의미하는 것으로 사용될 것이다. 또한 어떤 국가가 비준 혹은 가입한 이후에 그 수단이 반드시 즉각적으로 발효되는 것은 아니다. 아래에서 설명되듯이 이는 서명국 측이 추가적인 행위를 요구할 수 있다는 것을 의미한다.

조장"하는 이념에 근거한 조직들에 대해 비난할 것을 규정하며, 당사국[3]들로 하여금 인종차별에 대한 선동뿐 아니라 인종 우월주의나 인종 혐오 이념의 전파를 "법에 따라 처벌 가능한 범죄"로 선언할 것을 명한다(4조). ICERD는 또한 의견과 표현의 자유에 대한 권리를 위한 조항을 5조(viii)에 포함하고 있다. 4조의 범위, 특히 당사국으로 하여금 인종 혐오 표현을 금지하는 것을 허용하는 정도에 관련한 논쟁이 존재한다. 이 논쟁은 "인종 혐오"라는 용어, 특히 그것과 동격인 ICERD에서의 "인종차별"이라는 용어에 대한 해석에 의존하는 것 같다. 이를테면 ICERD의 초안에 대한 UNHRC의 심사 기간 동안 "인종 혐오 선동"의 금지에 대한 판정은 "혐오"가 양적으로 측정될 수 없다는 근거로 거절되었다(Korengold, 1993:726). 현재 적시된 그대로 4조의 도입부는 당사국이 "인종 혐오" 및 "인종차별" 모두에 대한 옹호를 비난하는 것과, "그런 차별에 대한 선동이나 차별 행위"를 근절시키도록 설계된 조치들을 채택하는 것에 착수하도록 되어 있다. 그런데 4(a)조는 "인종차별에 대한 선동"을 법에 따라 처벌하는 것만을 언급하며, 4(b)조는 "인종차별을 옹호하고 선동하는" 선전에 대한 금지를 언급하고 있다. 따라서 인종 혐오에 대한 구체적인 금지는 생략되었다. 일부 주석가들은 이러한 생략이 ICERD가 인종주의적인 모욕을 고려할 수 있는 능력을 무효화시킨다고 주장한다(예를 들어 Twomey, 1994c:2; Korengold, 1993). 그러나 이 책에서 제시된 논의의 맥락에서 인종주의적인 혐오 표

---

3   "당사국State Party"은 UN 조약이나 협약에 비준했거나 가입한 국가를 설명하기 위해 사용되는 용어이다.

현 행위가 인종에 근거하여 차별을 실행하는 담론적인 인종차별행위로 해석되는 만큼, 그리고 그렇기 때문에, ICERD의 4(a)조는 인종주의적인 혐오 표현 행위에 대한 법적 대응의 제공을 허용하는 것으로 해석할 수 있을 것 같다. 하지만 4(a)조의 범위에 대한 이런 해석은 전혀 일반적이지 않다. ICERD는 호주에서는 1975년에, 영국에서는 1969년에, 미국에서는 1994년에 발효되었다. 이 세 국가들은 모두 비준 시기에 4조에 대한 "유보조항"을 마련했다.[4] 아래에서 나는 이 세 국가들이 ICERD의 4조를 시행하는 측면에서의 유보조항과 법적 조치들을 논의할 것이다.

호주, 영국, 미국은 인종차별의 근절에 대한 노력을 국내법에 명시된 형태로 공유한다. 예를 들어 호주에서 연방정부는 '인종차별금지법 1975'과 '인종혐오법 1995'를 실시했다. 차별금지법의 의무를 지고 있는 대부분의 개별 주들은 인종차별을 금지하는 유사한 법령들을 제정했다.[5] 영국에서 '인권법 1988'의 통과는 인종차별 행위에 대한 개인적 구제를 창안한 '인종관계법 1976'의 조항들과 인종에 근거하여 "희롱"이나 "사람들을 폭력에 대한 두려움으로 밀어 넣는" 범죄를 창안한 '범죄 및 질서법 1988'을 통합시켰다. 미국에서는 '연방 시민권법 1964'가 법 앞에서의 평등한 보호와 공공시설 및 고용의 제공에 있어서 인종에 근거하여 차별하는 것으로부터의 보호를 제공한다. 그것은

---

4   다양한 UN 협약들의 비준 지위에 대한 세부 항목들에 대해서는, www.un-hchr.ch/tbs/doc.nsf를 보라.

5   차별금지법 1977(NSW), 기회균등법 1984(SA), 차별법 1991(ACT), 차별금지법 1991(Queensland), 인종 및 종교 관용법 2001(Victoria), 차별금지법 1996(Northern Territory), 차별금지법 1998(Tasmania).

또한 연방정부의 자금 지원을 받는 프로그램의 혜택으로부터 인종차별적인 기관들을 제외한다.[6] 미국에서 대부분의 차별 정책에 대한 책임은 국가가 지고 있다.

그렇다면 넓게 말해서 검토 중인 세 국가들은 자유민주주의로서의 정체성, 즉 표현의 자유에 대한 권리를 보호하기 위해 설계된 국제조약들에 대한 비준을 공유하며, 인종주의적인 혐오 표현을 다루기 위한 틀과 국내 정책의 집행에서 명시된 인종차별을 다루는 것에 대한 의무를 규정하고 있다.

연구된 국가들의 차이점

그러나 세부 항목에 있어서 이 세 국가들 간에는 큰 차이점들이 나타난다. 대단히 중요한 유사성들에도 불구하고, 이 국가들이 국제조약 의무들을 이행하는 수단, 즉 표현의 자유가 법에서 보호되는 정도와 관련된 구체적인 메커니즘과, 인종주의적인 혐오 표현 문제에 대응하기 위해 행해진 시도들이 지닌 성격에서 중대한 차이점들이 존재한다.

국제조약 의무들의 이행 수단

---

6   수정헌법 14조는 모든 시민들에게 법 앞에서의 평등한 보호를 제공하며, 수정헌법 5조는 법 절차로 인한 권리를 모든 시민들에게 보장한다. 그것들이 구체적으로 인종에 적용되는 것은 아니긴 하지만 말이다.

문제의 세 국가들은 국내법에서 서로 다른 국제조약 의무들의 이행 수단들을 지니고 있다. 호주에서는 국제조약에 대한 비준이 조약의 조항에 대한 국내법에서의 이행으로 직접적으로 연결되지 않는다. 이는 국내법—연방정부 그리고/또는 주 정부[7]—의 통과를 요청한다(Gelber, 1999:324). 호주 연방제 체계 내에서, 연방정부는 조약을 비준할 수 있는 헌법이 보장하는 독점적인 집행권(61조)을 가지고 있으며, 조약이 비준될 경우 연방정부와 주 정부 모두는 연방제적 권력 분립과 관계없이 국제법의 조항들을 따르도록 국제법에 의해 구속받게 된다(Twomey, 1994b). 호주가 서명한 국제조약의 조항들에 대한 이행을 포함하여 인권법에 대한 대부분의 책임은 주 정부에 달려 있다(Gelber, 1999:336; Rose, 1992:39). 그러나 국제조약 조항의 이행과 헌법에 따르는 외교 권한(51조 xxix)[8]을 통한 인권 보호에 있어서 연방정부가 점차 중대한 역할 맡고 있으며, 이는 대법원이 인정한 바 있다.[9]

영국에서 조약을 협상하고 체결할 수 있는 권한은 특권을 가진 행정부에 전적으로 달려있다. 이 권한은 이전에는 국왕에 고유한 것이었으며, 의회의 동의 없이 행사될 수 있다(Templeman,

---

7 "주state"라는 용어는 여기서 하위 국가적인 지방정부를 지칭하며, 위에서 정의된 "당사국State Party"이라는 용어와 혼동되어서는 안 된다. "연방정부federal government"라는 용어와 "커먼웰스Commonwealth"라는 용어는 거의 유사하며 중앙정부를 나타내기 위해 의도되었다.

8 외교 권한의 한계에 대한 논의에 대해서는 이를테면 Galligan, 1983; Gelber, 1999; Howard, 1988을 보라.

9 *Koowarta v Bjelke Petersen*(1982) 153 CLR 168 및 The Tasmanian Dams 사건 (*Commonwealth v Tasmania*)(1983) 156 CLR 1을 포함하는 결정에서 인정된다.

1994:154). 비준을 요청하는 조약이 21일 기간 동안 백서의 형태로 의회에 제시되기는 하지만,[10] 이 기간 안에 의회가 그것을 논의하도록 구속되지는 않는다. 조약은 자동 발효되는 것이 아니며, 이는 조약에 대한 국내의 이행이 영국 의회를 통한 입법 통과를 요구한다는 것을 의미한다(Templeman, 1994:153). 그러나 이러한 입법은 조약의 일부분만을 제정할 수도 있으며, 일정한 계획으로서 조약을 법안에 포함시키거나, 조약을 전혀 참조하지 않을 수도 있다(Templeman, 1994:172). 조약 제정 과정은 행정부에 달려 있으며, 조약 이행 과정은 영국 의회에 달려있다. 영국은 단일 국가이기 때문에, 어떤 하위 국가 차원의 정부도 관련이 없다.

미국에서는 조약 제정 과정과 조약 이행 과정이 훨씬 더 긴밀하게 연결되어 있다. 헌법 6조는 조약들이 "영토의 상위법"이 되어야 한다고 규정한다(Damrosch, 1994:205). 이는 조약들이 "자동 발효"된다고 명확하게 규정되든지, 아니면 조약들의 조항과 맥락으로 인한 결과로 자동 발효되든지(Riesenfeld and Abbott, 1994:263), 비준되기만 하면 미국 연방법에 자동적으로 통합된다는 것을 의미한다. 자동 발효적인 조약들은 지방정부의 입법 시행을 요청하지 않으며, 법원에 의해 인정될 수 있는 개인의 권리들을 만들어 낸다. 보통 자동 발효적이지 않은 것으로 여겨지는 조약들은 상당한 공적 자금의 지출이나 예산법 통과를 필요로 하는 것들이다(Riesenfeld and Abbott, 1994:263). 자동 발효적인 조약과 자동 발효적이지 않은 조약 간의 구분은 일찍이 1829년 이후

---

10 이는 "폰슨비 규칙Ponsonby rule"으로 언급되며 1924년 도입되었다. 폰슨비 규칙은 쌍방의 이중의 과세 협약에는 적용되지 않도록 1981년 수정되었다.

로 대법원에 의해 유지되어 왔다(Damrosch, 1994:205).

조약에 대한 비준은 헌법 2조에 의해 상원의 3분의 2의 동의를 필요로 한다(Damrosch, 1994:206). 그러나 실제로는 상원은 비준 당시 "비자동 발효 선언non-self-executing"을 채택함으로써, 그렇지 않았으면 자동 발효적이었을 많은 조약들을 자동 발효적이지 않은 조약들로 만들었다(Damrosch, 1994:206). 그 같은 선언의 포함시킨 것은 미국의 권리를 입법 절차로부터 보호하려는 관심과, 주 정부의 대표자로서 행동하는 상원의원들이 그렇지 않았으면 주 정부의 관할이었을 영역들에 대해 연방 정부가 관여하는 것을 반대하기 위한 것으로 보인다. 그런 반대는 인권 조약의 영역에서 효과적이었다. 1977년 카터 행정부는 비자동 발효 선언을 통해서 ICCPR, ICESCR, ICERD에 승인할 것을 상원에 요청했다. 그러한 선언을 포함하자는 제안은 자동 발효적인 인권 조약의 이념에 대한 상원에서의 반대를 극복하기 위해 계획된 것이었다. 상원은 카터의 재임 기간 동안 행동을 취하지 않았으며, 1992년이 되어서야 ICCPR을 재고할 것을 요청받았다 (Damrosch, 1994:207–210). ICCPR에 대한 비준은 비자동 발효 선언이 부가된 채로 1992년에 이루어졌다. 비준은 또한 수정헌법 1조에 의해 보호되었던 특정 형태의 표현에 대해 범죄로 규정할 것을 요청하는 20조에 대한 유보조항을 포함시켰다(Damrosch, 1994:220).[11] 주 정부 특권의 수호자로서의 상원의 역할과 연결된 조약 이행에 있어서의 상원의 역할은 ICCPR과 ICERD에 대한

---

11 유보조항은 서명국이 논란 중인 특정 조항에 국제법에 의해 구속되는 것에 동의하지 않는다는 것을 의미한다. 이 유보조항의 함의는 아래에서 논의될 것이다.

호주나 영국의 비준과 미국 사이의 지연을 설명해 준다. 나아가 비록 헌법상 조약들이 이전에 제정된 미국 주 정부 법과 미 연방법에 비해 우위를 차지하기는 하지만, 미국 대법원은 "최후 시간last-in-time" 규칙을 채택했다. 이 규칙은 국제조약에 대한 비준 이후 제정된 연방법에 우위를 허용한다(Damrosch, 1994:216, 215).

따라서 미국에서 조약 체결 과정은 복잡하다. 비록 많은 조약들이 자동 발효적인 것으로 간주되기는 하지만, 여기에서의 논의와 관련 있는 중요한 인권법은 비자동 발효 선언이 딸린 채로 비준되었다. 수정헌법 1조의 조항 및 당사국이 혐오 표현을 다룰 것을 요구하는 국제조약 조항 간의 불일치는 미국으로 하여금 국내의 혐오 표현 입법의 통과를 뒷받침해 줄 수도 있었을 국제법 조항들에 대해 유보조항을 두도록 이끌었다.

표현의 자유를 보호하기 위한 메커니즘들

논의되고 있는 이 세 국가들이 일반적으로 공통되게 표현의 자유에 대해 전념해 온 역사를 보여 주지만, 표현의 자유가 법에서 보호되는 구체적인 메커니즘들은 뚜렷이 다르다.

비록 호주는 헌법에서나 법에서 정한 권리장전을 지니고 있지는 않지만, 대법원은 표현의 자유의 권리에 대한 중요한 함의들을 갖는 헌법에 대한 해석적인 접근을 취하곤 했다. 1992년의 두 개의 획기적인 판결에서, 대법원은 호주 헌법이 대의제 정부 체제를 소중히 여기기 때문에 호주 헌법은 "정치적인" 문제에 관한 의사소통의 자유의 권리를 함의하는 것이라고 판결했다 (Kirby, 1993:1778-1779). 그 판결은 두 개의 연방 법률이 위헌이라는 판결을 포함했다. '네이션와이드 뉴스 대 윌스 사건'[12]에서 대법원은 그 구성원의 평판을 훼손시킬 수 있는 정부 기관(연방 산업관계위원회)에 대한 공적인 비판을 제한하는 연방 법률[13]이 무효라고 판결했다. '호주 캐피탈 텔레비전 대 연방정부 사건'[14]에서 대법원은 연방정부 및 주 정부에 대한 투표 및 선거 캠페인 기간 동안 라디오와 텔레비전의 정치적 방송에 대한 접근을 제한한 연방정부 법령[15]이 무효라고 결정했다(Kirk, 1995:38). 이 법률 제정을 정당화했던 것은 정당에 대한 재정적 압력의 감소, 전자방송에 대한 동등한 접근의 촉진, 짧은 광고보다는 긴 방송의 장려를 통한 정치적인 의사소통의 확장 등을 포함했다(Kirk, 1995:39).[16]

재판부는 헌법은 호주의 정부 체제를 "대의제 정부" 체제로서 확립시키며 견고히 자리 잡게 한다고 결정했다(Kirk, 1995:40).[17]

---

12 *Nationwide News Pty Ltd v. Wills*(1992) 177 CLR 1.

13 산업관계법 1998의 299조(1)(d)(ii)(Cth).

14 *Australian Capital Television v. The Commonwealth*(1992) 177 CLR 106.

15 방송법 1942(Cth)의 파트 3D. 이 법은 또한 선거 캠페인 기간 동안 방송인이 후보자에게 자유 시간을 제공할 것을 명한다(Kirk, 1995:38). 이 자유 시간은 이미 의석을 보유한 정당에 호의적이다. 후보자가 없는 정당은 완전히 배제되었다.

16 이 사건들에서의 결정은 대법원이 헌법에 대한 해석자로서 도를 넘는 자신의 역할을 했고, 판결이 형편없이 이루어졌으며, 주권에 대한 헌법적인 해석에 있어서 변화를 초래했다는 비판을 받았다(Blackshield, 1994; McDonald, 1994:160-1; Glass, 1995:29; Kirk, 1995:37에서의 논의를 보라).

17 대법원이 이런 특별 판결을 내린 것은 이것이 처음이 아니다. 이를테면 *Attor-*

이는 입법권과 행정권을 행사하는 자들이 국민에 의해 직접 선출되고 국민에 책임을 지며, 국민의 대표로서 권력을 행사한다는 것을 의미한다(McDonald, 1994:176-177). 재판부는 이로부터 "정치적인" 문제에 관한 의사소통의 자유가 대의제 민주주의의 "본질적"이고, "필수적"이며, "필요불가결"하고, "전제된" 것이거나 "내재된" 요소라고 추론했다(Kirk, 1995:40). 이런 맥락에서 "정치적"인 의사소통은 공적인 문제들에 대한 토론, 정부 정책에 대한 비판적인 표현, 선거 후보자에 대한 비판을 의미하는 것으로 주로 해석되었다.[18] 재판부는 따라서 헌법이 "정치적인" 의사소통의 자유에 대한 보호를 함의하며, 검토 중이던 두 개의 법률을 무효라고 결정했던 것이다. 이 두 획기적인 판결 이후, 대법원은 정치적인 의사소통에 대한 암묵적인 헌법적 권리를 추

---

ney-General(Cth); Exrel McKinlay v. Commonwealth(1975) 135 CLR 1을 보라.

18 "정치적" 표현과 "정치적이지 않은" 표현 간의 구분은 선스타인에 의해 사상의 교환의 일부로서 의도되지 않은 표현은 수정헌법 1조에 의거한 표현활동으로서 보호될 수 없다는 그의 논증을 지지하며 유지된다(1993a:796). 호주의 맥락에서 "정치적인 의사소통"에 해당되는 것의 한계는 장차 대법원 판결에서 결정되어야 하는 것으로 남아 있다(Barendt, 1994:161-164). "정치적" 표현과 "정치적이지 않은" 표현 간의 차이는 구별하기가 어려울 수 있다(Coper, 1994:188). 이 장에서의 비교를 위한 목적으로는 이미 생겨난 것 이상으로 그 개념을 추가로 명료화하는 것이 필수적인 것은 아니다. 미국 헌법과 대조적으로 호주 헌법의 표현의 자유에 대한 보호의 한계들을 언급하는 것으로 충분하기 때문이다. 그 구분은 또한 혐오 표현을 침묵시키거나 처벌하는 것이 아니라 그것에 답변할 수 있도록 도움을 제공해 줄 수 있게 설계된 혐오 표현 정책의 맥락 속에서도 덜 중요해진다. 정책이 보조하는 대응을 정당화할 수 있는 이런 종류의 표현은 앞에서 규정되었으며, "정치적"이거나 "정치적이지 않은" 것으로서의 설명을 중심으로 전개되지는 않는다.

가적인 판결들에서도 유지했다.[19] 정치적 문제에 관한 의사소통의 헌법적 권리를 제외하고, 호주에서 표현의 자유는 잔여적인 residual 권리, 즉 "입법권의 한계에 따른 면책immunity"이기도 하다.[20] 자유로운 표현은 이를테면 명예훼손, 중상모략, 선동, 외설, 영업 기밀이나 사생활 법과 같은 제한된 영역의 법에 의해 제약되지 않는 표현인 것이다. 하지만 표현의 자유에 대한 관습법의 보호는 항상 상대적인 방식으로 보장되어 왔다.[21] '호주 캐피탈 텔레비전 사건'에서, 법원은 ICCPR의 19조(2)에 의거한 호주의 표현의 자유에 대한 의무들과, 정부 행위를 비난하는 표현의 자유의 중요성을 인정했던 선례 판례들을 언급했으며,[22] 또한 판결을 지지하기 위해 미국 수정헌법 1조 사건들을 인용했다(Barendt, 1994:149).

영국에서도 역시 표현의 자유는 최근까지도 잔여적 권리로 간주되었는데, 표현의 자유는 명예훼손이나 외설과 같은 여타

---

19 *Theophanous v. Herald and Weekly Times Ltd*(1994) 182 CLR 104 그리고 *Stephens v. West Australian Newspapers Ltd*(1994) 182 CLR 211로, 이는 정치적 문제에 관한 표현의 자유의 권리를 인용함으로써 항변한 피고에 맞서 주 법에 의거해 공무원이 제기한 명예훼손 사건들을 포함했다. 또한 *Cunliffe v. Commonwealth*(1994) 182 CLR 272.

20 *Australian Capital Television Pty. Ltd. v. Commonwealth of Australia*(1992) 177 CLR 106.

21 예를 들어, *Davis v. Commonwealth*(1988) CLR 79 판결에서, 호주 200주년 기념에 대한 몇몇 공통적인 표현에 대한 독점적인 상업적 사용 권한을 당국에 승인하기 위해 연방정부에 의해 통과된 법률은 "표현의 자유에 대한 특별한 침해"(at 100)로 간주되었으며 무효화되었다.

22 예를 들어, *Commonwealth of Australia v. John Fairfox and Sons Ltd*(1980) 147 CLR 39, at 52.

다른 법률에 의해 아직 축소되지 않은 곳에서 존재하기 때문이다. 호주는 이런 전통으로부터 표현의 자유 정책에 관한 자신의 역사를 이끌어 냈던 것이다. 영국의 보통법은 역사적으로 표현의 자유의 권리에 관한 강한 보호로 작용해 왔다. 예를 들어 '더비셔 주 의회 대 타임즈 신문 사건'[23]에서, 케이스Keith 경은 표현의 자유의 권리는 "시민권과 대의제 민주주의의 핵심적인 특징"이며, "보통법에 의해 보호받는 영국 불문헌법의 기본 원칙"[24]이라고 언급했다. 국제기구에 대한 영국의 비교적 최근의 참여, 그리고 특히 인권법 1998의 제정은, 유럽인권조약European Convention on Human Rights의 대부분의 조항들을 영국법으로 이행하는 것을 통해 표현의 자유의 범위를 설명하는 데서 나타나는 새로운 관심을 보여 준다(Barendt, 1994:150). 인권법 1998은 2000년 10월 4일에 완전히 발효되었다. 그 법은 별표 I의 10조를 통해 표현의 자유를 보호한다. ICCPR과 같은 협약은 합법적인 방식으로, 그리고 공공 안전이나 질서, 공공 의료나 도덕, 그리고 타인의 권리를 보호하기 위해 이 권리들을 행사할 수 있는 자격을 부여해

---

23 *Derbyshire County Council v. Times Newspapers Ltd*(1993) AC 534은 공무원이 명예훼손법에 의거해 손해를 보상받을 수 있기 위해서는 화자 측의 악의를 입증해야 한다고 선언했다. 공무원에 대한 이러한 더 높은 명예훼손 문턱은 잘 알려진 미국 대법원 판결인 *New York Times Co. v. Sullivan*(뉴욕 타임즈 대 설리반 판결), 376 U.S. 254(1964)에서 도출된다. 또한 설리반 판결은 뒤에 호주 대법원이 표현의 자유 판결에서 공적인 인물들은 검토와 비판에 열려 있어야 한다는 생각을 강화하는 추론에 영향을 미쳤다(Barendt, 1994:149-150). 따라서 세 국가 간에는 유사한(그러나 동일하지는 않은) 사법적인 연결이 존재한다. 이것은 자유민주주의 전통에 자리하는 것처럼 보이며, 최소한 표현의 자유에 대한 그들의 판결들에서 부분적으로 드러난다.

24 *Derbyshire County Council v. Times Newspapers Ltd*(1993) AC 534, at 540.

준다. 표현의 자유에 대한 새로운 법적 보호의 해석은, 표현의 자유에 대한 발전된 보통법 원칙의 맥락 속에서 이루어질 것이다(Barendt, 1994:150).

검토된 다른 두 국가들과는 대조적으로 미국은 표현의 자유 권리에 대한 강력한 헌법적 보호를 견지하고 있다. 1791년 헌법에 추가된 10개의 수정 조항들 중 첫 번째 조항은 표현과 언론의 자유를 보장한다. 미국에서 수정헌법 1조와 관련한 법리학의 역사는 다른 곳에서 상세히 기록되어 왔으며 여기서 자세히 반복할 필요는 없다.[25] 수정헌법 1조에 포함된 헌법적인 표현의 자유 보호의 범위를 인식하는 것으로 충분하다. 이를테면 수정헌법 1조는 "정치적인" 표현과 "정치적이지 않은" 표현을 구별하고 있지 않으며, 오히려 넓은 범위의 표현 활동들을 보호하기 위한 방식으로 작성되었다. 비록 대법원은 수정헌법 1조를 절대적인 보호로 해석하지는 않았지만, 그것은 미국에서 표현의 자유에 대한 강력한 헌법적 보증으로 남아 있다. 나아가 북미의 표현의 자유와 관련한 법리학은 다른 사법권의 표현의 자유 정책에 관해 상당한 영향력을 행사했다.[26] 나는 그것이 혐오 표현과 관련되기 때문에 아래에서 표현의 자유의 권리의 정도에 대한 미국 대법원의 해석을 분석하는 데 착수하고자 한다.

---

25 이를테면 Hentoff, 1980; Murphy, 1972; Dworkin R, 1992; Knoll, 1994; Smolla, 1992를 보라.

26 배런트는 수정헌법 1조를 "수출하는 것"이야말로 "미국이 20세기 말에 국제적인 법문화에 기여한 가장 중대한 공헌일 수 있다"(1994:149)고 주장한다.

1) 호주

1975년 ICERD에 비준했을 때, 호주는 4조에 대해 "현재는 4조(a)를 이행할 수 있는 위치에 있지 않지만", "적당한 시기에" 그렇게 행하고자 한다는 유보조항을 첨부했다[Twomey, 1994c:2; Akmeemana and Jones, 1995:131; 외무·방위 및 무역에 관한 상임위원회(JSCFADT), 1994:26]. 호주가 1980년 ICCPR[27]에 비준했을 때에도 유사한 유보조항이 20조에 첨부되었다. 따라서 연방정부가 인종차별법 1975(Cth)를 제정했을 때는, 거기에는 인종주의적인 모욕에 대한 어떤 조항도 포함되어 있지 않았다. 그러한 입법이 연방정부에 의해 제정되는 데에는 20년이 걸렸다.

1982년 연방 인권위원회[28]는 인종주의적인 모욕 사태의 발생과 관련하여 공무원들이 받은 고발 건수가 4분의 1이라는 사실에 대한 대응으로 표현의 자유와 인종주의적인 선동에 관한 컨퍼런스를 개최했다(HRC, 1983:1). 해당 주제에 관한 의견을 조사하기 위해 조직되었던 컨퍼런스는 연방정부의 인종차별 법안의 초안이 인종주의적 모욕을 금지하는 조항을 포함하고 있었지

---

27 1993년 1월 28일 호주에 발효된 41조를 제외하고, UN 인권위원회(UNHRC)는 다른 당사국에 대해 어떤 당사국이 제기한 소송의 심리를 갖도록 지원한다. 이는 ICCPR의 최초의 선택 의정서First Optional Protocol에 대한 호주의 비준으로부터 도출되었는데, 이는 1991년 12월 25일에 발효되었고 개인들이 호주 ICCPR의 UNHRC 위반에 대해 소송을 제기할 수 있게끔 했다.

28 인권위원회는 1981년에 최초로 설립되었다. 인권위원회는 1986년에 인권 및 기회균등위원회로 재구성되었다.

만, 이 조항들이 표현의 자유에 대한 고려들로 인해 인종차별금
지법 1975(Cth)이 통과되기 전에 제거되었다고 언급했다(HRC,
1983:2-3, 56; Akmeemana and Jones, 1995:131). 이 조항들은 인종 불화
를 선동하거나 인종적 우월성 또는 혐오에 근거한 이념의 전파
를 범죄로 규정했었다(Jones, 1995:14). 1983년 연방 인권위원회는
인종주의적 모욕에 대한 민사 범죄의 창설을 제안했다(HRC,
1983). 1987년에 헌법위원회는 연방정부가 정치적 문제들에 관
한 표현의 자유를 제약하지 못하게 하는 한편 외설이나 인종 혐
오 같은 다른 문제들에 대한 규제는 허용하는 새로운 조항을 호
주 헌법에 도입할 것을 권고했다(헌법위원회, 1987).

 이 기간 동안 호주에서의 인종 혐오 표현의 규모와 그것의 발
생과 효과를 억제하기 위한 입법적 대응이 부재하다는 것에 주
목하는 연구 단체 역시 많이 등장했다. 1991년에 개명한 연방
인권 및 기회균등 위원회는 인종주의적 폭력에 대한 연구를 수
행했다. 그 연구로부터 등장한 보고서는 높은 수준의 혐오로 야
기된 폭력을 언급했으며, 인종 혐오에 대해서는 민사처벌을, 인
종주의적 폭력과 위협에 대해서는 형사처벌을 권고했다
(HREOC, 1991:299-301). 같은 해에 보호구역 내 원주민 사망에 대
한 왕립위원회 보고서(1991:38, 116)는 연방정부와 주 정부 모두
가 민사 조정 메커니즘을 제공해 주기 위한 목적을 가지고 인종
주의적 모욕을 금지하는 법안을 입법할 것을 권고했다.[29] 이 보
고서는 부적절한 것으로 여겨지는 형사처벌을 사용하지 말 것
을 권고했다(보호구역 내 원주민 사망에 대한 왕립위원회 보고서, 1991:38,

---

29 권고안 No. 213.

116). 호주법 개혁위원회에 의해 1992년 완성된 **다문화주의와 법**에 대한 보고서 역시 조정을 통해 다루어질 수 있는 인종주의적 혐오에 대한 민사 범죄 규정을 권고했다. 보고서는 인종주의적 모욕에 대한 형사 범죄 규정을 표현의 자유를 지나치게 제한할 것이라는 근거로 거부했다(Twomey, 1994a:4). 1992년 12월 인종주의적 모욕 조항의 도입을 포함하는 인종차별금지법 1975의 개정안이 제기되었지만,[30] 1993년 초 선거가 있었을 때 법안은 폐기되었다(Jones, 1995:15; Twomey, 1994a:5). ICERD의 이행에 관해 UN에 제출하는 제9차 정기보고서에서 연방정부는 인종주의적인 모욕법을 제정하고자 하는 의도에 대해 언급했고, ICERD의 4조(a)와 ICCPR의 20조에 대한 유보조항을 삭제했다(UNCERD, 1993). 1994년에 연방정부 의회는 "ICCPR의 20조와 ICERD의 4조(a)에서 묘사된 것과 같은 인종주의적인 모욕을 불법화하는" 이전의 법안이 소멸되었다는 것을 언급했으며, 주 정부 그리고/또는 연방정부가 인종주의적인 모욕 법률을 제정하는 것의 적절성과 관련하여, "의사나 표현의 자유가 민주주의에서 이해되고 특히 그것이 유머나 풍자를 포함하고 있듯이, 어떤 견해나 표현의 자유를 금지하지" 않기 위해 그런 법률을 제한하는 것에 대하여 호주 내에서 논쟁이 지속되었다는 것을 언급했다(JSCFADT, 1994:24-25). 보고서는 "협약의 4조(a)에 의거해 아직 법률의 대상이 되지 않은" 영역에서의 연방정부의 인종주의적 모욕 법의 이행을 권고했다(JSCFADT, 1994:26). 새로운 인종 혐오 법안이 1994년에 도입되었을 때, 법안은 형사 범죄와

---

30 인종차별금지법 개정안 1992(Cth).

민사 범죄 모두를 포함하고 있었다. 인종혐오법 1995(Cth)가 통과되었을 때는 이 형사 조항들 중 어느 것도 유지되지 않았다. 인종혐오법은 ICCPR의 20조(2)와 ICERD의 4조(a) 모두에 대한 호주의 유보조항을 효과적으로 구제함으로써[31] 인종주의적인 모욕 범죄에 대한 민사 처벌을 도입했다.

1989년에 주 정부 기반의 인종모욕금지법이 뉴사우스웨일스주에서 통과되었다.[32] 웨스턴오스트레일리아 주,[33] 호주 수도 영토 주,[34] 서던오스트레일리아 주,[35] 타즈메이니아 주,[36] 퀸스랜드주,[37] 빅토리아가 주[38]가 이후 뒤따랐다(부록 B를 보라). 오로지 제한된 헌법의 표현의 자유에 관한 권리의 맥락 속에서, 호주에서의 모욕금지법의 이행은 헌법의 표현의 자유 조항들에 의해 아직 문제시되고 있지 않다.

이 책에서 착수된 분석은 지금까지 NSW 인종모욕금지법을 상세히 검토했다. 호주 도처에서 시행 중인 다른 민사적인 모욕

---

31 연방법이 형사처벌을 포함하고 있지 않기 때문에, ICERD의 4조(a)에 대한 공식적인 유보조항은 남아 있다.

32 차별금지법 1977(NSW), ss 20C 및 2.

33 형사 규정 수정(인종 희롱 및 인종 혐오 선동)법 1990(WA). 이는 형사 규정 1913(WA), ss 77-80 을 수정한 것이다.

34 차별금지법 1991(ACT), ss 66 및 67.

35 인종모욕금지법 1996(SA).

36 차별금지법 1998(Tas), s19.

37 차별금지법 개정안 2001(Qld), ss 124A 및 131.

38 인종 및 종교 관용법 2001(Vic).

금지 조항들은 사용된 법적 정의들, 넓은 범위의 표현의 자유 예외조항들, 해결 모델의 측면에서 NSW 법과 매우 긴밀하게 닮아 있다. 이런 점에서 NSW 연구는 다른 호주 법률들을 대표하며, 도출된 결론들은 다른 영역들과도 관련된다. 호주의 경험을 영국과 미국의 경험과 비교하기 위한 틀을 제공하기 위해, NSW 법에 대한 나의 연구로부터 도출된 결론들이 여기서 간략하게 요약될 것이다. 이 요약은 비교 연구의 목적을 위해 이 장에서의 강조점이 기존 정책 협의들에 있어서의 결점들과 관련되는 결과라는 점을 분명히 한다. 나는 지금까지 다음과 같이 주장했다.

1. NSW 법은 표현의 자유에 대한 우려와 혐오 표현의 해악을 개선하기 위한 우려 사이의 "균형을 맞추려는"(예를 들어 넓은 범위의 예외를 통한) 방식으로 형성되었다.

2. 이 정책 접근은 표현의 자유 그 자체를 극대화하기 위해 설계된 표현 정책 목적 개념에 대한 의존을 직접적으로 반영한다. 이는 (a) 혐오 표현의 해악을 개선하기 위한 모든 시도가 표현 기회를 극대화하려는 목적과 대립된다는 것과, (b) 혐오 표현에 대응하는 정책이 규제적이거나 처벌적인 측면에서 표현된다는 것을 의미한다.

3. 역량 지향적인 접근은 이 두 개의 목적—표현의 자유를 극대화하려는 목적과 혐오 표현의 해악을 개선하려는 목적—이 상호 협력적인 것으로 간주될 수 있는 틀을 제공해 준다. 이는

혐오 표현 정책이 처벌적이거나 규제적인 측면이 아니라, 오히려 혐오 표현의 피해자에게 그들이 대응할 수 있도록 물질적, 교육적, 제도적 지원을 제공해 주기 위해 설계된 정책으로서 기획될 경우에 가능하다. 이는 피해자들이 (표현의 자유 행사에 참여함으로써) 혐오 표현 행위의 "침묵시키는" 효과에 도전하는 것과, (그들 스스로의 표현을 가지고) 혐오 발화자에 의해 제기된 주장들을 논박하는 것을 가능하게 한다.

이러한 이론적인 결론들은 NSW 법의 실제 이행에서의 명백한 부적절성과 약점들에 대해 설명을 제공할 수 있게 해준다. 이는 다음을 포함한다.

4. NSW 인종 모욕 금지 정책의 적용에서의 문제는 개인화되고 사적인 고발과 해결 절차에 대한 의존으로 인해 발생한다. 이런 적용에서의 문제들은 혐오 표현 행위로 인해 발생한 많은 해악들을 대응으로부터 면제되게 한다. 표현 정책의 개인화되고 사적인 성격은 차별을 실행하는 공적인 표현행위로서의 혐오 표현의 현상학에 대한 이해를 해결 과정으로 통합시키지 못한다.

5. 실제로 NSW 법은 실현 가능한 혐오 표현 정의를 달성하는 것의 어려움을 입증한다. 그것은 "세련" 되거나 "건전"해 보이는 혐오 표현 사례들에 대응하기 어려운데, 이런 유형의 혐오 표현들은 예외에 해당되기 쉽거나 법적인 혐오 표현 정의의 자격을 얻지 못하기 때문이다. 그 같은 유형의 혐오 표현 역시 혐오스러

운 차별에 해당할 수 있음에도 말이다. 법적인 정의를 시행하는 것의 어려움은 처벌적이고 규제적인 측면에서의 표현 정책의 개념화의 결과로 발생하는 것이다.

NSW 혐오 표현 정책의 한계들은 정책의 기획과 표현 정책 목적의 기저에 놓인 가정들을 연결함으로써 설명되었다. 아래에서 나는 영국과 미국에서의 혐오 표현 정책을 탐구하고자 한다. 나는 이들 두 나라들에서의 혐오 표현 정책이 NSW 사례에서 드러난 것과 동일한 기본적인 전제들로 인해 동일한 약점에 부딪힌다고 주장하고자 한다.

2) 영국

영국 역시 1976년 비준 당시 ICCPR의 20조에 대한 유보조항을 두었으며, 1969년 비준에서는 ICERD의 4조에 대해 (유사한 효력을 갖는) "선언"을 했다. 앞에서 언급했듯이, 비준 당시 영국 정부는 표현의 자유에 대한 너무 과도한 개입을 나타낸다는 이유로 "이념들의 전파"에 대한 금지를 거부했다(Twomey, 1994a:241). 영국에서 인종주의적 모욕에 대응하기 위해 제정된 그 법은 호주와는 대조적으로 전적으로 형사 조항이다. 오로지 형사 조항에만 의지한 결과 그 법은 높은 입증 기준을 요구한다.

1965년 영국 정부는 인종관계법을 제정했다. 이 법은 인종주의적인 혐오의 선동을 범죄로 선언하는 6조를 포함했는데, 이는 단어의 사용 또는 글로 쓰인 자료의 출판이나 배포로 법적으로 정의되었으며, 인종 혐오를 불러일으키도록 의도되었거나 그럴 가능성이 있는 방식으로 "위협하고 학대하거나 모욕하는" 것을 가리켰다(Bindman, 1982:299). 기소는 법무부 장관의 동의를 요청했으며, 가능한 처벌은 200파운드에서 1000파운드의 벌금형, 그리고 6개월에서 2년의 징역형을 포함했다(Bindman, 1982:299). "위협하고 학대하거나 모욕하는"과 같은 용어의 사용은 형법의 공공질서 조항으로부터 도출한 것인데, 이는 이미 평화를 파괴하려는 의도나 그럴 가능성이 있는 방식으로 그 같은 단어를 사용하거나 행동하는 것을 범죄로 규정했다(공공질서법 1936)(Lester and Bindman, 1972:350). 인종관계법에 의해 만들어진 형사 범죄의 유형은 인종 혐오를 불러일으킬 가능성이 있는 인종주의적인 모욕에 대응하기 위해 계획된 것이었다. 이런 점에서 인종관계법은 인종 혐오 표현 **그 자체**에 대응하기 위해 설계된 것은 아니었다.

1976년에 이 조항은 인종관계법에서 제거되어 공공질서법 속에(5조 A로서) 삽입되었다.[39] 이런 변화가 발생했을 때, 인종 혐오를 불러일으키려는 의도를 입증하라는 필요조건은 제거되었으며, 인종 혐오를 불러일으킬 수 있는 객관적인 개연성을 입증하라는 필요조건만을 남겨 두었다(Twomey, 1994a:238-239; Bindman, 1982:300). 이런 변화는 두 가지 근거로 정당화되었다. 첫째로, 인종주의적인 모욕의 발생 정도가 감소하기보다는 증가하고 있다는 주장이 제기되었다(Bindman, 1982:301). 둘째로, 혐의가 있는 혐

---

39 이는 개정된 인종관계법 1976으로 귀결되었다.

오 발화자가 자신들이 표현하고 있는 견해가 공적 토론의 일부이거나 피해자에 대한 혐오가 아니라 공감을 끌어내기 위해 계획된 것이었다고 주장했다는 점에서 (Twomey, 1994a:242-243), 그리고 그들이 인종주의적인 혐오를 선동하려는 의도를 부인했다는 점에서, 모욕의 발생이 보다 세련되어지고 있는 것처럼 보인다는 주장이 제기되었다. 이를테면 1968년에는 '인종보존사회 Racial Preservation Society'의 네 명의 회원이 인종 간 접촉과 "인종 혼합"의 위험성을 언급하고 인종 간 유전적인 차이점들에 대해 기술한 뉴스레터를 출판해서 기소되었다.[40] 뉴스레터는 인종 혐오를 불러일으키려는 자신들의 의도를 공개적으로 부인했다. 자신들의 목적은 비非앵글로색슨계 사람들이 "이 너무 붐비는 섬"으로부터 "그들의 나라"로 돌아갈 것을 권유하기 위한 것이었다고 언명했다(Bindman, 1982:299). 뉴스레터의 필자들은 "위협하고 학대하거나 모욕적인" 것으로 특징지어질 수 있는 극단적인 언어의 사용을 현명하게 회피했다. 대신 보다 온건한 산문체를 활용했다. 네 명의 피고는 무혐의로 풀려났다(Bindman, 1982:299). 1967년에는 국가사회주의운동National Socialist Movement의 지도자가 "식민지 침입"이라는 제목의 리플릿의 배포로 역시 기소되었다. 리플릿에서 "우리들 한가운데에 있는 이 수백만 유색인종의 존재는 우리 국가에 위협이다"라고 주장했기 때문이다(Lester and Bindman, 1972:368). 비록 피고는 자신의 의도가 사람들에게 이민으로부터 발생하는 잠재적인 위험을 알리기 위한 것이었다고 주장했지만, 그는 유죄 판결을 받았고 18개월 동안 징역형을 살

---

40 *R.v.Hancock.*

았다(Bindman, 1982:299). 1967년 말에 '블랙파워무브먼트Black Power Movement'의 회원인 마이클 압둘 말리크Michael Abdul Malik(마이클 X로 알려진)가 백인을 향한 인종 혐오 선동으로 유죄 판결을 받았고 12개월의 징역형을 선고받았다. 공적인 회의 석상에서 말리크는 "백인은 영혼이 없어", "넌 감옥에서 많은 걸 알게 될 거야. 백인을 두렵게 만들 수 있는 많은 걸 말이지"라고 말했었다.[41] 인종관계법의 제정은 유색인종을 향한 인종주의적 표현을 예방하기 위한 목적으로 시행되었음에도, 이 사건에서는 유색인종의 일원이 같은 법에 의해 투옥되었다.

1985년, 공공질서법에 대한 검토 보고서는 인종 혐오 표현 **그 자체**를 범죄화하라는 추가적인 수정 조항을 권고했지만, 정부는 "표현의 자유의 합당한 행사"는 표현된 견해가 "불쾌한" 경우에도 보호되어야 한다고 주장하면서 거부했다(Twomey, 1994a:238). 정부의 이러한 거부는 표현의 자유를 이유로 ICERD의 4조를 계속해서 유보해 왔던 것과도 맥락을 같이한다. 그러나 다른 권고들은 공공질서법 1986의 형태로 제정되었다. 이 법은 범죄가 행해졌음을 입증하기 위한 의도의 필요조건을 18조에서 재도입했으나, 의도 **또는** 인종 혐오가 불러일으켜질 수 있는 객관적인 개연성 **둘 중 하나의** 입증을 요구했다(Twomey, 1994a:238-239).[42]

---

41 *R. v. Malik*(1968) 1 WLR 353, at 355.

42 공공질서법 1986의 23조는 또한 위협하고 학대하거나 모욕하는 글로 쓰인 자료를 소지하고 있는 범죄를 규정했다. 만일 그 소지자가 그 자료를 출판하거나 배포하려고 의도했다면, 그리고 그들이 인종 혐오를 불러일으킬 것을 의도했거나, 그들의 그런 행위로 인해 인종 혐오가 불러일으켜질 가능성이 있었다면 말이다.

만일 어떤 사람이 자신의 행위가 인종 혐오를 불러일으키는 것을 의도하지 않았으며 알지 못했다면, 객관적인 개연성이 입증될 수 없다고 허용해 줌으로써 범죄에는 추가적인 기준이 부여되었다(23조). 의도의 필요조건의 재도입을 위해 그 당시 인용된 근거들은, 간혹 문제의 자료가 인종 혐오를 불러일으키도록 의도했지만, 표적이 된 청중이 이를테면 민감하지 않은 성직자 구성원이기 때문에 성공하지 못했다는 것이었다(Twomey, 1994a:239).

의도 그리고/또는 객관적인 개연성이 범죄의 구성을 위한 필요조건으로 해석되어야 하는가라는 문제에 관한 혼란에도 불구하고, 공공질서법 1986이 위에서 언급한 "위협하고 학대하거나 모욕적인"이라는 용어에 의존하고 있는 데서 오는 어려움은 해결되지 않은 채로 남아 있다. 이러한 용어의 사용은 공공질서에 대한 방해 여부에 의존하고 있는 조항을 제정함에 따른 필연적인 논리적 귀결인 데 반하여, 그것은 절제된 표현에 대한 기소는 허용하지 않았다(Lester abd Bindman, 1972:371-362). ICCPR의 이행에 관한 1994년 UN 제출 보고서에서 영국 정부는 인종주의적인 모욕에 대응하여 법의 영역을 확장할 계획을 가지고 있지 않다고 언급했다. 공공질서 조항으로 충분하기 때문이라는 것이었다(UNHRC, 1994). ICERD의 이행에 관한 보고서에서 영국 정부는 비준 당시의 4조에 대한 자신들의 해석이 타당한 채로 남아 있으며(UNCERD, 1996), 어떤 추가적인 법률도 필요하지 않다고 언급했다(UNCERD, 1995). 좀 더 최근에는 인종주의적인 동기가 부여된 범죄에 대한 형사 조항은, "공공질서"에 반하는 범죄 및 "희롱"을 포함하여, 범죄 및 질서법 1998(31조와 32조)의 도입에 의해 보완되었다.

영국과 호주의 법률 조항을 비교하는 것은 논의를 위한 세 가지 사항을 제기한다. 영국의 조항은 전적으로 형사적인 반면, 호주의 조항은 주로 민사적이다. 영국의 정책은 공공질서의 유지와 관련이 있는 조항들에 의존하지만, 혐오 표현 자체에 의해 야기될 수 있는 해악과 관련 있는 것은 아니다. ICERD의 4조에 대한 영국 정부의 해석은 그것이 표현의 자유에 대한 과도한 제한을 허용한다는 것이다. 인종주의적인 모욕에 대응할 수 있는 민사 조항의 도입에 대한 영국 정부의 망설임, 표현의 자유를 이유로 그런 조항을 이행하는 것에 대한 망설임의 재천명, 그리고 인종 혐오 표현을 묘사하기 위해 "불쾌한unpleasant"이라는 용어를 사용한 것은 [영국 정부의] 혐오 표현에 대한 특별한 이해를 나타낸다. 그것들은 심각한 해악에 해당하는 어떤 담론 행위라기보다는 이념의 표현으로서 혐오 표현을 이해하고 있다는 것을 나타낸다. 영국 정부는 자신들이 제정한 법률과 추가적인 법률을 제정하기를 거부하는 것을 통해 표현의 자유가 유지될 수 있는 가장 좋은 메커니즘은 표현에 대한 정부의 제한을 최소화하는 것임을 암시한다. 이는 영국의 정책 결정에 있어서의 표현-행위 이분법에 대한 의존과, 표현의 자유의 극대화를 통해 작동되는 표현 정책 개념을 나타낸다. 다시 말해 영국과 호주의 혐오 표현 정책 사이에 존재하는 중대한 차이들에도 불구하고, 실제 영국 법률에 대한 분석은 NSW 법에 대한 비판적 분석으로부터 이끌어낼 수 있는 것과 유사한 결론들을 도출하도록 해준다. 이것들은 다음과 같다.

1. 영국의 법률은 표현의 자유에 대한 관심과 혐오 표현의 해악을 개선하려는 관심 사이의 균형을 이루기 위한—높은 입증 기준을 가진, 전적으로 형사적인 조항들을 갖는—방식으로 형성되었다.

실제로 UN에 제출하는 보고서에서 영국 정부는 구체적으로 다음과 같은 용어들로 정책 목적을 표현했다. 즉 "영국 정부는 표현의 자유에 대한 이 나라의 오래된 전통을 유지하는 것과, 시민들을 모욕으로부터 보호하는 것 사이에서 균형을 유지해야 한다고 확고하게 생각한다(UNCERD, 1996)."

2. 이러한 정책 접근은 표현의 자유 그 자체를 극대화하도록 설계된 표현 정책의 목표 관념에 의존하고 있음을 직접적으로 반영한다. 이는 (a) 혐오 표현의 해악을 개선하려는 어떠한 시도도 표현의 기회를 극대화하려는 목적과 대립되며, (b) 혐오 표현에 대한 정책 대응이 규제적이거나 처벌적인 측면에서 생각된다는 것을 의미한다.

이는 역량 지향적인 접근, 즉 표현의 자유를 극대화하는 동시에 혐오 표현의 해악을 개선하는 것의 활용이 호주 뿐 아니라 영국에서의 혐오 표현 정책의 결과를 개선할 수 있음을 보여 준다. 영국과 호주 간에 행해진 세 번째의 비교 영역이 존재한다. 이는 법적인 혐오 표현 정의에 대한 비교이다. 다시 말하자면 사용된 정의의 측면에서 두 나라 정책들의 세부 항목에 있어서의 중대한 차이점들에도 불구하고, 영국과 호주의 법률은 모두 실현 가능한 법적인 혐오 표현 정의를 달성하는 것의 어려움을 입증한다. 뿐만 아니라 그것들은 또한 "세련"되거나 "건전"해 보이는 혐오 표현 사례들에 대응하는 것이 어렵다고 여겨지는 특징을 공유하고 있다. 영국의 경우, 이 같은 어려움은 범죄 행위를 입증하기 위해 요청되는 높은 기준에 의해 악화된다. 그럼에도 불구하고 두 경우 모두 심각한 발화 효과적 영향들을 가지고 해로운 차별을 실행할 수 있는 유형의 혐오 표현[43]은 정책 대응으로부터 면제되는 것처럼 보인다.

3) 미국

미국의 혐오 표현 정책의 이행은 독특하다. 미국은 1992년에 ICCPR을 비준했다. 수정헌법 1조에 의해 보호되는 형태의 표현에 대한 범죄 규정을 요청하고자 했던 20조에 대한 유보조항과 함께 말이다. 게다가 ICCPR은 자동 발효적이지 않은 선언과 함께 채택되었다. 유보조항은 또한 ICERD의 4조에 대해서도 1994년 비준 당시 첨부되었다. ICCPR의 이행에 관해 UN에 제

---

43 실제로 앞에서 인용된 '인종보존사회Racial Preservation Society'의 회원들은 영국에서 비非백인의 추방을 획득하려는 발화 효과적인 영향을 끼치고자 하는 의도를 천명했다. 이로써 그들은 자신들의 표현행위의 발화 효과적인 잠재력을 인정한다.

출한 1994년 보고서에서 미국 정부는 20조에 관한 유보조항을 정당화하는 "표현의 자유를 보장하는 수정헌법 1조의 견고함"을 언급했다(UNHRC, 1994c). 그러면서 미국 정부는 수정헌법 1조의 권리 영역을 명료화하고자 했던 최근의 대법원 결정을 언급했다. 혐오 표현 정책에 관한 표현의 자유 법리학의 영향을 이해하기 위해 나는 이 결정의 일부를 간략하게 개괄하고자 한다.

수정헌법 1조는 종교의 자유, 표현 및 언론의 자유, 집회 및 청원의 권리를 보장한다. 표현의 자유 원칙을 해석함에 있어서 법원은 일관되게 내용 중립성 원칙, 즉 국가는 표현의 내용에 근거해서 차별할 수 없다는 생각을 옹호했다. 표현에 대해 내용에 근거한 제한들을 부과하고자 하는 많은 법률들은 대법원에 의해 무효로 선언되었다. 예를 들어 1992년 미네소타 주 법에 의해한 젊은이가 "인종에 근거하여 분노나 울분을 불러오는" 단어들을 사용한 혐의로 기소되었다. 그는 조악한 십자가를 만들어 자신의 집 건너편 거리에 살고 있는 흑인 가정의 잔디 위에서 불태웠다. 항소심에서 미네소타 주 법은 헌법상 무효[44]라고 기각하였는데, 기소가 내용에 근거해서 차별한 것이라는 이유에서였다. 1978년에는 국가사회당National Socialist Party에 의한 거리 행진이 일리노이 주 스코키 시에서 제정되었던 지방조례에 의해 금지되었다. 그 조례는 혈통에 근거하여 사람들을 향해 혐오를 고취하고자 하는 자료의 배포를 금지했었다. 행진은 나치 유니폼 착용과 나치 철십자가의 소지를 포함했다. 스코키 시 지방조례는

---

44 *R.A.V. v. City of St. Paul*, 505 U.S. 377(1992).

위헌[45]이라고 선언되었는데, 그 역시 내용에 따른 것이었다는 이유에서였다. 동일한 내용 중립성을 근거로 1937년 대법원은 공산주의자들이 자유롭게 말할 수 있고 공직에 출마할 수 있는 권리를 가지고 있다고 선언했다.[46] 미국 법원은 일관되게 다음과 같은 헌법 원칙을 옹호했다.

> 전쟁의 선전에 참여할 수 있는 권리는 평화주의를 옹호할 수 있는 권리만큼이나 보호되며, 혐오의 옹호는 연대의 옹호만큼이나 보호된다 (UNHRC, 1994c).

표현에 대한 일부 제한된 규제는 헌법적으로 타당한 것으로 인정되어 왔다. 이를테면 일부 외설은 보호받도록 계획된 "표현"에 해당하지 않는다는 이유로 수정헌법 1조에 의해 보호받지 못하는 표현이라고 평가되었다.[47] "명백하고 현존하는 위험 clear and present danger" 원칙[48]은 그 표현이 엄밀히 해석해서 심각한 동시에 내재적인 위험을 야기하는 것으로 입증될 수 있는 경우, 헌법적으로 허용될 수 있는 표현에 관한 규제를 제공한다. 명백하고 현존하는 위험 원칙에 대한 제한된 해석의 사례는 이 원칙이 "껌둥이는 아프리카로 돌아가야 하고, 유대인들은 이스라엘

---

45 *Skokie v. National Socialist Party*, 373 NE 2d. 21(1978); *Smith v. Collin*, 439 U.S. 916(1978).

46 *DeJonge v. Oregon*, 299 U.S. 353(1937).

47 *Miller v. California*, 413 U.S. 15(1973).

48 *schenk v. United States*, 249 U.S. 47(1919)에서 처음 개발되었다.

로 돌아가야 한다"라고 진술했던, KKK단 집회에서 후드를 입고 있던 누군가를 처벌하기 위해서 사용될 수는 없다는 것이었다.[49] 이 사례에서 법원은 명백하고 현존하는 위험 원칙은 오로지 임박한 위법성을 선동하는 표현에 대한 규제만을 허용할 뿐이라고 판결했다. 일리노이 주 스코키 시에서의 나치 행진과 관련된 판결에서 연방 대법원은 정부가 "심각한 실질적인 악의 임박한 위험"이라는 이유로만 내용을 금지할 수 있다고 언급했으며,[50] 그들은 나치 행진이 이런 자격을 충족시키지 않는다고 판단했다. 즉각적인 평화의 파괴와 심각한 폭력의 위험을 야기하는 것으로 여겨지는 말들은 "도발적인 표현fighting words"으로 간주되며 수정헌법 1조에 의해 보호받지 못한다. "도발적인 표현"에 대한 정의는 1942년에 한 남자가 뉴햄프셔 주에 있는 인도 위에서 "넌 벌어먹을 사기꾼이야!", "넌 좆같은 파시스트고 로체스터 주 정부 공무원 놈들은 전부 파시스트거나 파시스트 요원들이야!"[51]라고 소리친 혐의로 기소되었을 때 사용된 이후 상당히 좁혀졌다. 이 '채플린스키 판결'을 갱신하고 상당히 한정한 이후의 법원 판례는, 표현의 자유의 행사가 보통 논쟁을 불러일으키는 것임을 인정하고 이를 고려한 '터미니엘로 대 시카고 판결'[52]을 포함한다. 이후 '코헨 대 캘리포니아 판결'[53]은 소란에 대

49 *Brandenburg v. Ohio*, 395 U.S. 444(1969).

50 *Smith v. Collin*, 439 U.S. 916(1978).

51 *Chaplinsky v. New Hampshire*, 315 U.S. 568(1942).

52 *Terminiello v. Chicago*, 337 U.S. 1(1949).

53 *Cohen v. California*, 403 U.S. 15(1971).

한 국가의 두려움이 "도발적인 표현"을 정의하는 데 충분한 것으로 여겨지지 않는다고 경고함으로써 그 원칙을 제한했다. 유능한 시민들은 언어의 효과에 관해 스스로 결정해야 하기 때문이라는 것이었다. 이 판례는 베트남 전쟁 기간의 징병 정책에 항의하면서 "징병제 씨팔!"이라는 말이 선명히 새겨진 재킷을 입고 있던 한 남자와 관련된다. 같은 판례는 표적이 된 청중이 의사소통의 수신을 회피할 수 있는 합당한 수단을 가지고 있지 않아야 한다는 필요조건을 추가함으로써 도발적인 표현 원칙에 추가적인 제한을 가했다. 마침내 '구딩 대 윌슨 판결'[54]은 도발적인 표현을 그 발언이 들은 개인이 즉각적인 폭력 행위를 야기하는 언어로 한정했다(Hentoff, 1980:306-310). 별개의 판결에서 공직자가 누군가를 명예훼손으로 고소하는 경우 손해배상 청구를 위해 그 발언이 "실제 악의"를 가지고 행해졌음을 입증해야 한다고 주장하였다.[55] 이는 공직자가 명예훼손법을 통해 손해배상을 청구할 수 있는 권한을 엄격히 제약한다.

도발적인 표현과 명백하고 현존하는 위험 원칙은 법원이 수정헌법 1조의 표현의 자유 보호의 맥락 안에서 법적 개입을 정당화하는 데 충분하다고 판단하는 제한된 종류의 "해악"을 정의한다. 그들은 이런 해악을 어떤 발언에 즉각 뒤따르고 그 발언에 기인하는 별개의 심각한 폭력 행위로 정의한다. 앞서의 논의의 측면에서 보자면, 이는 혐오 표현 행위가 그 자체로 해로운 차별 행위에 해당될 수 있다는 것을 인정하지 않는, 협소하고 다소 밀

---

54 *Gooding v. Wilson*, 405 U.S. 518(1972).

55 *New York Times Co. v. Sullivan*, 376 U.S. 254(1964).

주의적인Millian 해악에 대한 정의인 것으로 보인다. 법적 개입을 정당화하기 위해 이 같은 해악의 필요조건에 대한 협소한 정의에 의지하는 것은 두 가능성들 중 하나를 보여 준다. 첫 번째 가능성은 미국에서의 표현의 자유 법리는 표현-행위 이분법에 따른다는 것이며, 여기에 뒤따르는 해악에 대한 이러한 엄격한 도식은 규정할 수 있는 "행위"에만 부합하며 다른 모든 표현들은 표현활동으로 보호된다는 것이다. 수정헌법 1조의 법리가 표현-행위 이분법을 유지하려 한다는 주장은 대법원이 "표현"을 오로지 말로 규정한다는 것을 시사하는 것은 아니라는 사실에 주의하는 것이 중요하다. 대법원은 깃발 소각이나 십자가 소각과 같은 표현활동에 참여하는 것을 "표현"으로 간주하며 따라서 수정헌법 1조의 보호 대상이라는 판결을 많이 내려 왔다. 여기서 의도된 것은 대법원 결정이 한편으로는 보호되는 표현활동(대부분 말과 일부 행위를 포함하는 "표현"), 그리고 다른 한편으로는 충분히 해로운 표현활동(오로지 엄격하게 규정된 행동을 포함하는 "행위") 간의 도식을 옹호한다는 것이다.[56]

만일 이것이 사실이라면, 미국의 수정헌법 1조의 법리는 누군가가 말할 때 그가 행하는 것을 이해하는 데 있어서의 중대한 학문적인 발전을 법의 해석과 적용에 통합시키지 않으려 한다는 비판에 직면한다. 이는 날카로운 비판이다. 대법원은 표현행위가 별개의 직접적이고 심각하며 폭력적인 행위를 행사하지 않는 한 그것을 규제하는 것을 꺼리는 듯 보인다. 표현행위는 따라

---

56   나는 이 주장을 발전시키는 데 도움을 준 헬렌 프링글Helen Pringle에게 감사를 전한다.

서 그 자체로 해로운 행위에 해당하지 않는 것으로 간주된다. 이러한 추론은 혐오 표현 행위의 잠재적인 해악을 규제를 정당화하기에 충분히 심각한 것으로 인정하지 않으려 한다는 것을 나타낸다. 그러나 혐오 표현의 해악은, 이 책에서 개괄된 현상학과 논증에 따르면, 별개의 직접적이고 심각하며 폭력적인 행위라는 규정과 관련될 필요가 없다. 혐오 표현 행위는 그 자체로 해로울 수 있다. 수정헌법 1조의 법리는 이를 인정하지 않으려고 하는 것 같다.

두 번째 가능성은 미국에서의 표현의 자유 법리가 표현이 일종의 행위라는 것을 인정하지만, 개입을 정당화할 수 있는 행위의 종류를 엄격하게 나눈다는 것이다. 이는 표현이 다른 유형의 행위와 마찬가지로 규제로부터 자동적으로 면제되는 것은 아니지만 그것이 야기한 해악의 정도와 같은 기준에 따라 규제되어야 한다는 것을 시사한다. 타인에게 해를 끼치고 양질의 삶을 살아갈 수 있는 타인의 능력을 손상시키는 행위들은 일반적으로 규제 가능할 것이다. 살인, 납치, 폭행은 명백한 예시이다. 덜 직접적인 해악 수단을 드러내는 다른 행위들 역시 그럼에도 불구하고 그것들이 야기하는 해악에 근거해서 규제될 수 있다. 예를 들어 성희롱과 같은 차별은 금지된다. 이는 규제를 정당화하는 행위의 해악의 형태가 반드시 어떤 별개의 폭력 행위의 "직접적"이거나 "심각한" 위험은 아니라는 것을 암시하는 것이다. 그럼에도 수정헌법 1조의 법리는 표현행위들이 발생하는 해악이 "직접적"이고 "심각"하며 그것과 인과적으로 관련 있을 경우에만 규제될 수 있음을 보여 주었다. 이는 만일 표현이 다른 행위와 다르게 취급되어 왔다면, 수정헌법 1조의 법리가 표현을 일종의 행위로 취급한다는 주장은 잠재적으로 모순되는 것처럼 보이며 의문의 여지가 있음을 나타낸다. 이러한 견해를 유지하는 것은 표현이 일종의 행위이고 따라서 다른 행위와 마찬가지의 유사한 규제의 적용 대상이 된다는 것과, 표현이 어떤 임박하고 심각한 폭력의 위험을 나타내는 행위일 경우에만 규제를 받을 만하다는 것을 동시에 주장하는 것이 된다. 이러한 견해는 모순적인 것처럼 보이므로, 수정헌법 1조의 법리가 잠재적으로 실행 불가능한 표현-행위 이분법의 옹호에 의존한다고 추론하는 것은 따라서 논리적이다.

혐오 표현을 규제하는 것에 대한 반대가 제기된 다른 영역들은 북미의 대학 캠퍼스에서의 표현 규정의 이행이다. 국립대학들은 헌법의 구속을 받는다. 사립대학들은 원칙적으로 표현에 대한 규제를 부과할 수 있는데, (사립 기관들처럼) 그 역시 헌법에 의한 구속을 받지 않기 때문이다. 비록 그러한 행위가 헌법에 의해 적시되는 경향이 있다고 하더라도 말이다(Sunstein, 1993a:197). 그 같은 규정의 도입의 근거는 대학들이 교육적인 임무를 맡고 있으며 그러한 임무에 대한 실현 가능하고 동등하게 이용할 수 있는 환경을 유지하는 데 책임이 있다는 것이다. 또한 대학생들은 (일반 대중과 달리) "어쩔 수 없이 그 자리에 있을 수밖에 없는 청중captive audience"으로 정의될 수 있다(Lawrence, 1993:7; Matsuda, 1993:44-45).[57]

---

57 이는 이를테면 위에서 인용된 *Cohen v. California*, 403 U.S. 15(1971) 사건과 대조된다.

캠퍼스 행동 규정의 사례는 스탠포드 대학에서 이행되었던 것이다. 스탠포드 대학은 표현의 자유의 범위에 대한 수정헌법 1조의 해석을 따르기로 결정한 사립 기관이다(Sunstein, 1993a:203). 스탠포드 규정은 폭력의 위협, 그리고 또한 "사적인 모욕"을 통한 희롱을 금지한다. 이는 피해자를 낙인찍고자 계획된, 그리고 의도된 피해자를 향해 전달되는 방식으로 "도발적인 표현"이나 상징들을 사용하는 것으로 정의된다. "도발적인 표현"은 "인간에 대한 직접적이고 강렬한 혐오나 경멸"을 전달하는 것으로 정의된다(Lawrence, 1993:67). 도발적인 표현에 대한 이런 정의는 앞서 인용된 사례들에서 대법원에 의해 채택된 것보다는 더 넓은 것이지만, 이는 학생들이 어쩔 수 없이 그 자리에 있을 수밖에 없는 청중이라는 사실에 의해 설명될 수 있다. 게다가 이런 정의는 구체적인 상황에서의 발언을 금지하는 것을 겨냥하는데, 즉 그것이 개인이나 개인이 속한 집단을 겨냥할 때이다. 미시건 대학에서 제정된 더 넓은 혐오 표현 규정은 이와 달리 수정헌법 1조를 근거로 무효라고 결정되었다. 그 규정은 어떤 개인을 "낙인찍거나 피해자로 만드는, 그리고 교육적인 추구에 대해 위협적이고, 적대적이거나, 비하적인 환경을 만들어 내는" 언어적이거나 물리적인 행위를 금지하고자 했다(Sunstein, 1993a:198). "비하적인"과 같은 용어를 사용하고 얼굴을 맞댄 직접적인 대면에 국한되지 않는 이 규정을 법원은 너무 넓은 적용으로 여겼다. 헌법과 수정헌법 1조를 고수하는 것에 구속받지 않는 사립대학에 허용된 명목적인 좀 더 큰 자유에도 불구하고, 스탠포드 대학의 사례는, 표현-행위 이분법이 대학의 표현 규정의 기준이 된다는 주장과 일치하는 것으로 보이는 수정헌법 1조의 법리와 상호 연결되어 있다는 사실을 입증한다.

그렇다면 수정헌법 1조의 법리에 영향을 받은 미국의 혐오 표현 정책은 호주와 영국의 사례에서 밝혀진 것과 유사한 이론적인 문제를 보여 준다. 이는 표현 정책을 표현의 자유 **그 자체**를 극대화하기 위해 기획된 것으로 생각하는 경향이 있다는 것이다. 이는 다음을 의미한다. 즉, (a) 혐오 표현의 해악을 개선하기 위한 어떤 시도도 표현의 기회를 극대화하려는 목적과 대립된다는 것과, (b) 혐오 표현에 대한 정책 대응이 규제적이거나 처벌적인 측면에서 생각된다는 것이다. 'R.A.V. 판결'과 '스코키 판결'이 입증하는 것처럼, 인종 혐오를 막기 위한 의도로 제정된 정책들은 표현의 자유에 대한 우려에 손을 들어 주는 판결에 의해 기각되었다. 캠퍼스 내의 표현 규정의 사례에서조차, 대응이 필요한 것으로 규정된 표현은 표현의 자유를 크게 침해하지 않기 위해 좁게 정의되며, 만들어지는 정책 대응은 금지적인 것이다. 두 가지 목적은 비교적 명백하게 대립되며, 정책이 규제적이거나 처벌적인 경우 그것들은 표현의 자유에 대한 우려로 인해 거부되었다.

그렇다면 수정헌법 1조와 충돌하지 않을 수 있는, 처벌적이지 않은 표현 정책 접근을 위해 어떤 가능성들이 존재할까? 배런트 Eric Barendt는 미국 대법원이 수정헌법 1조에 체현된 표현의 자유의 권리가 평등한 권리나 평등한 표현 수단에 대한 접근을 포함한다는 생각에 지금까지 어떤 거부감을 나타내 왔다고 주장한다(1994:153). 그는 수정헌법 1조가 방송 매체를 이용할 수 있는 권리를 포함한다는 주장,[58] 수정헌법 1조가 소인이 찍히지 않은 우편물을 우체통에 넣을 수 있는 권리를 포함한다는 주장,[59] 반론권the right of reply 시행 규정이 수정헌법 1조의 원칙들과 일치한다는 주장,[60] 수정헌법 1조가 가로등 기둥에 공고문을 부착할 수 있는 권리를 포함한다는 주장[61]에 대한 미국 대법원의 거부를 이에 대한 증거로 인용한다(1994:152-154). 이전의 한 유의미한 판결에서 대법원은 개인들이 어떤 상황 하에서 방송 매체에서의 신상 공격에 대해 반론권을 실제로 가지고 있다는 생각을 옹호했다.[62] 이 사건에서의 결정은 연방 방송통신위원회(FCC), 즉 방송 매체에 대한 정당한 정부 규제를 조정하기 위해 설립된 단체의 정책 결정 능력에 달려 있었다. 미국에서 방송통신 매체들은 자신들의 보도에 "공익"이 적용되도록 보장할 법적인 의무가

---

58 *CBS v. Democratic National Committe*, 412 U.S. 94(1973).

59 *US Postal Service v. Council of Greenburgh Civic Association*, 453 U.S. 114(1981). 이 결정은 미국 우정공사가 자신들의 상업적 이익을 위해 지정된 우체통에 대한 독점적인 사용권을 가지고 있는가에 달려 있었다. 대법원은 우정공사가 이러한 독점권을 실제로 가지고 있다고 판결했으며, 승인되지 않고 지불되지 않은 공고문을 지정된 우체통에 넣는 것을 금지하는 법률을 옹호했다.

60 *Miami Herald v. Tornillo* 418 U.S. 241(1974).

61 *City Council for Los Angeles v Vincent*, 104 S. Ct. 2118(1984). 이 결정은 지자체 당국이 미학aesthetics적인 관점에 따라 규제할 수 있는 권리를 가지고 있는가에 달려 있었으며, "내용 중립적"인 것으로 간주되었다. 가로등 기둥과 소화전을 포함한 일부 영역에 포스터를 부착하는 것을 금지하는 법률은 과도하게 넓은 적용으로 여겨지지 않았는데, 이들 영역들이 표현의 자유의 보호 대상인 "공적 토론장"으로 간주되지 않았기 때문이다. 그 법률은 옹호되었다.

62 *Red Lion Broadcasting Co., Inc., et al v. Federal Communications Commission*, 395 U.S. 367(1969).

있다.[63] 1987년까지 FCC는 공익 조항을 "공정성 원칙fairness doc-trine"을 통해 부분적으로 시행했는데, 이는 중요한 이슈에 대한 보도는 충분해야 하며, 서로 다른 견해를 공정하게 반영해야 한다는 원칙으로 작용했다. 공정성 원칙의 필연적인 결과로 FCC는 다른 두 가지 규칙들을 시행했다. 즉 "신상 공격personal attack" 규칙과 "정치적 논평political editorial" 규칙이다.[64] 신상 공격 규칙은 공적인 중요성을 갖는 논쟁적인 이슈에 대한 견해를 표현하는 동안 신상 공격이 어떤 알려진 개인의 청렴성에 대해 행해질 경우, 해악을 입은 사람에게 방송이 통보해야 하며 대응할 수 있는 기회를 부여해야 한다고 제시한다(FCC, 1998).[65] '레드 라이온 판결'에서 이 규칙을 지지한 근거는 방송사 스스로가 이를 충분히 행할 수 없다는 것이었다.[66] 이 판례에서 대법원의 결정은, 개인이 신상 공격에 대해 대응할 수 있는 기회를 부여받아야 한다는 것을 제시하는 FCC 정책이 FCC의 권한에 속한다는 것이었는데, 그들이 정당하게 의회의 정책을 이행하고 있기 때문이라는 것이었다. 이 결정은 그렇다면 표현의 자유를 축소시키기보다는 "강화"하도록 기획된 FCC 정책의 합헌성에 달려 있었다.[67]

---

63 방송통신법 1934.

64 이 규칙들은 FCC에 의해 1967년 성문화되었다. 즉 *Personal Attack and Political Editorials*, 8 FCC 2d 721, 722(1967).

65 정치적 논평 규칙은 인가를 받은 어떤 사람이 선거에서 정치 후보자를 지지하거나 반대할 때, 그들은 후보자의 상대방에게 통보해야 하며 그들에게 대응할 기회를 주어야 한다는 것을 제시한다.

66 *Red Lion op cit* at 378-379.

67 *Red Lion op cit* : 375. 이 사건에서 재판부는 수정헌법 1조가 방송사의 권리가

이후의 몇몇 판결들은 개인들을 위해 표현을 보장하도록 겨냥된 정부 정책들이 표현의 자유를 강화하는 것이며, 따라서 수정헌법 1조와 조화될 수 있다는 전제에 이의를 제기하는 듯 보인다. 예를 들어 방송 매체 접근에 관한 1973년 판례에서, 대법원은 수정헌법 1조가 방송사로 하여금 의무적으로 모든 유료 광고를 수용하도록 강요하지는 않으며, 방송사는 완벽한 접근권을 거부할 권리를 갖는다고 결정했다. 이는 방송사에게 유료 광고를 수용하도록 강제하는 것은, 그들이 수용하지 않기로 선택할 수 있는 경우조차, 지불할 능력을 갖춘 자들에게 방송 전파가 독점되는 것을 허용할 수 있다는 이유에서였다. 게다가 방송 매체에 대한 완벽한 접근권의 이행은, FCC가 방송 운용에 대한 접근을 중재하고 규제하는 데 있어서 허용할 수 없는 정도로 과도하게 관여하게 된다는 것이었다.[68] 비슷한 판결에서 대법원은 언론사가 반드시 발행하지 않아도 되는 것을, 즉 발행하는 것이 "이성"에 부합하지 않는다고 생각되는 어떤 것을 제작하도록 강요할 수 없다는 생각을 옹호했다.[69] 방송사가 어떤 대응을 제공할 의무가 있을 수 있는 상황을 만들기보다는 논쟁을 회피하려 하기 때문에, **모두에게** 자동적인 접근권을 정부가 강제하는 것은 오히려 토론을 억제시킬 수 있다는 것이었다.

이 판례들은 대법원이 적극적 자유로서의 표현의 자유 개념

아니라 시청자 대중의 권리를 보호하기 위해 기획된 것이라고 주장했다(p. 368).

68　*CBS v. Democratic National Committee*, 412 U.S. 94(1973) pp. 95-99.

69　*Miami Herald v. Tornillo*, 418 U.S. 241(1974) pp. 256-257. 이 판결은 이전의 *Associated Press v. United States*, 326 U.S. 1(1945)에서의 판결과 일치한다.

에 일반적으로 부정적이었다는 배런트의 주장을 지지한다. 적극적 자유로서의 표현의 자유 개념을 일부 언론에게 표현에 대한 접근의 제공을 명하는 자유로 해석하는 경우가 그런 경우였다. 좀 더 최근의 판례들은 사적 소유의 언론사의 논평 결정에 정부가 개입하는 것이 부적절하다는 판단에 따르는 경향이 있다. 배런트는 이 판례들에 있어서 상업적 이익이 어떤 식으로든 영향을 받을 수 있는 기관, 즉 언론 "독과점 기업"에 맞서 평등한 접근권 요구와 표현 기회의 촉진을 요구하는 주장들이 제기되었다고 언급한다(1994:154).

그러나 문제의 규제가 의회 정책으로부터 도출되었던 경우, 결과는 달랐다. 1987년 FCC는 공정성 원칙을 폐지했다. 폐지의 근거는 원칙이 기여하도록 기획되었던 공익이 앞으로는 언론사 수의 증가에 따른 언론 시장에 의해 좌우될 수 있다는 것이었다. 원칙의 폐지는 결과적으로 공공의 이익이라는 근거를 폐지하는 데 기여한 것이 아니라, 오히려 다른 수단에 의해 그것을 강화하는 데 기여했다(FCC, 1998). 이후 정치적 논평 규칙과 신상 공격 규칙의 폐지를 끌어내기 위해 많은 언론사가 제기했던 청원은 실패했다. 1998년 FCC는 이 두 규칙들이 공공의 이익에 기여하는 방식으로 구체적인 상황 하에서 언론에 대한 "접근권"을 보장함으로써 계속해서 공익에 기여해 왔다고 판단했다(FCC, 1998). 특히 FCC는 이 규칙들이 정치적 지지 또는 신상 공격을 청취했던 **동일한 시청자**가 반론을 들을 수 있는 기회를 부여받을 수 있는 권리를 보장했다는 것을 강조했다(FCC, 1998).

그렇다면 반론권으로서의 표현의 권리 행사를 준비하는 개념에 근거한 표현 정책 접근은 협소한 조건의 대상이 됨으로써, 처벌적이거나 규제적인 수단이 되는 수정헌법 1조와 동일한 문제를 야기하지 않을 것 같다. 이는 이 책에서 제안된 것과 같은 역량 지향적인 표현 접근이 미국에 존재하는 표현의 자유에 대한 수정헌법 1조의 엄격한 보호의 맥락 속에서 이행될 수 있다는 것을 의미한다. 만일 지원된 대응이 개인들의 집단의 인근 지역이나 거리, 지역 센터 내에서 또는 그 근처에서 활성화된 일종의 공적 토론장의 이용을 제공하는 방식으로 형성된다면, 그러한 대응은 언론 "독과점oligopolies"의 표현 기회들과 직접적으로 충돌하게 되는 것을 피할 수 있을 것이다. 게다가 관련 사례들에서 지원된 대응은 혐오 표현 행위의 대상이 되었던 같은 청중에게 피해자 집단으로부터 지원된 대응을 들을 수 있는 기회를 제공하는 방식으로 형성될 수 있다. 이러한 접근은 적극적 표현의 자유 권리 개념에 대한 대법원의 거부감, 즉 그러한 적극적 표현의 자유 권리를 제공하는 것이 정부로 하여금 사기업 언론사의 이익 및 의사결정 규제에 지나치게 넓은 개입을 명하는 것으로 인식될 수 있는 것과 대결하는 것을 피할 수 있다. 현재의 정책이 나타내듯이, 미국의 사례는 호주 및 영국의 사례들과의 어떤 공통성을 보여 준다. 특히 강력한 헌법적인 표현의 자유 보호에 관한 상당한 차이점들에도 불구하고, 미국의 정책 입안자들은 표현 정책의 목적을 표현을 극대화하는 것으로 생각하는 경향이 있다. 이제까지 혐오 표현의 해악을 개선하기 위해 행해졌던 시도들은 법원에 의해 표현의 기회들을 극대화하려는 목적과 직접적으로 대립되는 것으로 간주되었으며, 혐오 표현 정책 입안자들에 의해서는 본질적으로 규제적이거나 처벌적인 것으로 받아들여졌다. 역량 지향적인 접근은 상호 협력적인 방식으로 그 두 가지 정책 목적들—표현의 자유를 극대화하는 것과 혐오 표현의 해악을 개선하는 것—을 통합시킬 수 있으며, 따라서 호주와 영국 뿐 아니라 미국에서의 혐오 표현 정책 결과들을 개선하는 데 적용될 수 있다. 호주와 영국에서 확인된 구체적인 정책 약점들, 특히 실현 가능한 법적인 혐오 표현 정의를 마련하는 것의 어려움은 연방 차원의 혐오 표현 정책이 부재한 미국에서는[70] 실제로 적용되지 않는다.[71]

끝으로 NSW 법에서 확인된 이행에 있어서의 이론상의 어려움과 문제들은, 국제적인 조약의 의무를 이행하는 수단과 표현의 자유를 보호하기 위한 기제들에 있어서의 중대한 차이들이 존재함에도 불구하고, 연구된 다른 사법권들에서도 존재하는 것 같다. 이는 두 가지 점을 암시한다. 첫째, 표현 이론을 이 책에서 제시된 표현 정책에 적용하는 것에 대한 일종의 비판적인 분석은 이들 세 국가들에 의해 입증된 공통성—즉 자유민주주의 국가로서의 동일성, 법에서의 표현의 자유를 옹호하는 것에 대

---

70 연방정부뿐 아니라 미국의 많은 주들은 혐오 범죄 금지법을 제정했다. 이것들은 인종 혐오가 동기가 된 것으로 입증되는 범죄들을 감시하거나 가중 처벌을 제공하는 효력이 있다. 이 법률들이 기존에 이미 존재하고 있는 범죄 행위들에 대한 처벌을 강화하는 데 의존하기 때문에, 그리고 미국 정부는 인종 혐오 표현에 관한 법률을 제정하는 것을 일관되게 거절해 왔기 때문에, 혐오 범죄 법률에 대한 논의는 여기에서의 논의와 직접적으로 관련되지는 않는다. 추가적인 정보에 대해서는 Gelber, 2000b; Jacobs and Potter, 1998을 보라.

71 물론 많은 미국 학자들은 혐오 표현의 정의를 둘러싼 논의에 기여했다. 이 기여 중 많은 것들은 이 책의 다른 곳에서 인정되며, 이용될 수 있는 문헌의 중요한 부분을 구성한다..

한 전념, 인종차별의 근절에 대한 헌신─을 공유하고 있는 다른 사법권들에도 적용 가능하다. 둘째로, 이러한 결론은 이 책에서 옹호된 혐오 표현 정책에 대한 역량 지향적인 접근이 다른 유사한 사법권에도 역시 적용될 수 있다는 것을 의미한다. 이는 연구의 잠재적인 적용과 유용성을 상당히 확장시킨다. 그것은 또한 앞에서 논의된, 역량 지향적인 표현 정책이 어떻게 나타날지를 보다 구체적으로 개괄하는 문제를 제기한다. 나는 이 작업을 다음 장에서 시작하고자 한다.

CHAPTER 6
'말대꾸' 정책

이 장에서 나는 역량 지향적인 혐오 표현 정책, 즉 '말대꾸 speaking back' 정책이 운용될 수 있는 방식을 탐구하고자 한다. 혐오 표현 행위에 대한 규명은 **누가** 그런 정책을 활용할 수 있는가에 대한 인식을 제기하기는 하지만, 그런 개인들이 **어떻게** 그 정책을 활용할 수 있는가는 아직 탐구되지 않았다. 나는 혐오 표현 정책의 대안적인 체계를 설명함으로써 이러한 물음을 여기서 명확히 할 것이다. 나는 그와 같은 정책의 형식적인 세부 사항들을 규정하지는 않을 것이다. 그렇게 하는 것은 논증을 모호하게 할 수 있을 정도로 세세한 사항들을 필요로 할 것이기 때문이다. 하지만 나는 제안된 혐오 표현 정책에 대한 잠재적인 반대 의견들에 답하고자 하며, 기존의 정책들이 지니는 약점들을 드러내고 이 책에서 내가 제시하는 제안들 간의 차이를 명확하게 하기 위해 혐오 표현을 다루기 위해 만들어진 다른 제안들을 논의할 것이다. 마지막으로, 나는 몇몇 잘 알려진 "곤란한 경우들"에 내가 제안한 혐오 표현 정책을 잠재적으로 적용하는 것을 고려하고자 한다.

'말대꾸' 정책 시행하기

나는 지금까지 역량 이론과 표현 정책을 통합하는 것은 표현이 사람들의 삶 속에서, 그리고 삶을 위해서 무엇을 행할 수 있는지에 대한 고찰을 포함한다고 주장했다. 그리고 어떤 사람들이 타인의 혐오 표현으로 인해 표현행위에 참여하는 것에 지장을 받는다는 주장이 존속하는 한, 혐오 표현의 피해자들이 되받아쳐 말할 수 있도록 해주는 교육적, 물질적, 제도적 지원, 즉 역량 지향적인 접근을 제공해 주는 것을 통해 그 같은 강제된 침묵에 대응하는 것이 적절하다고 주장했다. 그럼으로써 표현의 자유에 참여하는 것을 극대화하려는 목표와 혐오 표현의 해악을 개선하려는 목표는 상호 협력적으로, 그리고 동시에 달성될 수 있다. 간략히 요약하자면, 나는 혐오 발화자들의 혐오 표현 행위는 피해자들의 말할 수 있는 능력을 저해한다고 주장했다. 이는 어떤 발언이 불평등으로 특징지어지는 객관세계에 대한 "사실성 truth" 주장을 제기하면서 행해질 때, 그리고 혐오 발화자가 청자에 비해 권력을 가진 위치에 있을 경우 발생한다. 이런 주장들은 경험적인 근거로 평가될 수 있다. 어떤 혐오 표현 행위는 차별을 행사하고, 그것을 지지하는 규범 및 가치들의 "정당성 rightness" 주장을 동시에 제기한다. 이러한 주장들은 그것들의 "정당성"측면에서, 즉 그것들이 호소하고 있는 공동체 내에 그러한 규범 및 가치들이 존재하는가라는 측면에서, 그리고 그 같은 주장들이 행해지는 생활세계의 맥락 속에서의 규범 및 가치들의 적절성의 측면 모두에서 논박될 수 있다. 어떤 혐오 표현 행위는 청자를 향해 차별을 행사하는 것이 타당한가라는 측면에서 화자가 제기하는 혐오나 신념의 문제와 함께 "진실성sincerity" 주장을 동시에 제기한다. 이러한 주장은 화자의 의도에 관한 관심으로 이끌지만, 평가하기가 훨씬 어렵다. 그러한 점을 염두에 두면서, 발화자가 혐오 표현 행위 속에서 제기하는 주장들을 도표 1 속에 요약해 보았다.

혐오 표현 속에 포함된 평가 가능한 타당성 주장:

1. 객관세계―불평등
2. 규범 및 가치―차별의 지지와 실행
3. 주관성―혐오

[하버마스]

도표 1

혐오 표현 행위의 발화 효과적인 힘은 인간의 인격에 대한 다양한 부정적인 영향들을 포함한다. 혐오 표현 행위는 실천이성과 관계affiliation라는 체계적이고 보편적인 기능, 다시 말해 온전한 인간의 삶을 살아가는 데 핵심적인 기능들을 추구할 수 있는 개인의 능력을 방해한다. 실천이성과 관계는 타인과 협력하여 그/그녀 스스로의 삶을 계획하고 관리하기 위해서 각 개인에게 요청되는 필수적인 속성들이다. 혐오 표현 행위는 피해자를 침묵시키도록, 즉 되받아쳐서 말할 수 없도록 만드는 것을 포함하는 규명 가능한 발화 효과적인 영향과 함께 해로운 차별 행위의 발화 수반적인 힘을 가지고 있다. 이는 개선이 필요한, 그리고 동시에 예상되는 표현 정책의 참여 목표를 직접적으로 방해하는 혐오 표현의 효과이다. 역량 지향적인 혐오 표현 정책의 맥락 속에서 바라볼 경우, 침묵을 혐오 표현의 발화 효과적인 영향으로 규정하는 것은 필요한 정책 대응을 정당화하며 보증해 준다. 여기까지의 주장은 도표 2에 요약되었다.

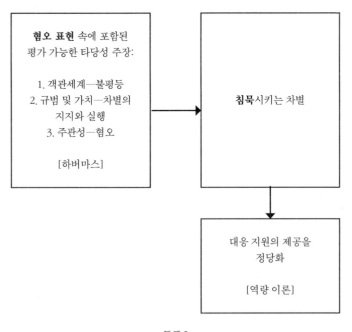

도표 2

어떤 종류의 대응이 이 체계 속에서 정당화될까? 앞에서 요약했듯이, 하버마스의 의사소통행위 이론으로부터 차용된 타당성 주장 체계는 표현의 의미를 이해하기 위한 모형으로, 또한 혐오 표현 행위에 대한 적절한 대응을 규명하기 위한 모형으로 모두 사용될 수 있다. 나는 여기서 두 번째 작업에 집중하고자 한다. 역량 체계 내에서 사회정책의 주된 과제는(처벌 지향이나 규제 지향과는 반대되는 것으로서) 지원 지향적인 것이다. 역량 지향적인 표현 정책은 혐오 표현의 영향력을 극복할 수 있는 제도적, 물질적, 교육적 지원을 환기시킨다. 이는 혐오 표현 행위의 효과를 논박하고 대항하고자 하는 사람들에게 지원형 대응을 제공해 주는 것을 의미하며[1] 나아가 시민들이 그 발언 속에 내포된 차별의 영향력에 대응하도록, 그리고 논박을 추구하도록 능력을 강화시키는 것을 의미한다. 혐오 표현 행위에 효과적으로 맞설 수 있는 의사소통 행위는, 혐오 발화자가 행한 타당성 주장에 이의를 제기하는 일련의 대안적인 타당성 주장을 제기하는 것이다. 그렇다면 혐오 표현 행위를 규명하기 위해 사용했던 것과 동일한 방법을 활용함으로써, 하나의 응답 모델을 개발하는 것이 가능한 것 같다. 의사소통적인 대응에 참여하는 것을 선택할 수 있는 화자는 두 가지를 행하고자 할 것이다. 즉 첫째로, 그러한 표현행위에 포함된 타당성 주장을 논박하고자 하는 것, 그리고 둘째로, 대응의 개발과 형성에 적극적으로 참여함으로써 혐오 표현 행위의 발화 효과적인 영향들을 "무효화"하거나 대항하고자 하는

---

1 여기서 잠재적인 대응자의 정체성은 넓게 정의되며, 혐오 표현이 겨냥한 사람들, 그들이 속하는 것으로 여겨지는 집단(들), 또는 그 혐오 표현 행위에 의해 연관적으로 영향을 받은 사람들을 포함하도록 의도되었다.

것이 그것이다. 이러한 점에서 대응의 개발과 형성은 그것에 관여하고자 하는 사람들의 능력을 직접적으로 강화시킬 수 있다

혐오 표현의 발언에 대응하는 사람들responders이 제기할 수 있는 첫 번째 타당성 주장은 세계 속에서 사안의 객관적인 사태를 규명하려는 주장일 것이다. 대응자들이 주장할 수 있는 객관적인 기준이나 "사실성"은, 혐오 발화자들을 떠받치는 권력 비대칭에 의해 체현된 불평등과는 반대로, 평등이 다른 무엇보다 가장 중요한 목적인 어떤 사태일 것이다.[2] 그러므로 대응자들의 주장은 바로 그 말하기speaking의 과정에 직접적으로 관여하고 참여함으로써 혐오 발화자들의 불평등 주장을 논박하고 이로써 침묵시키는 예속의 효과를 극복하려는 시도이다. 동시에 대응자들의 주장은 그러한 발언이 제기된 생활세계에 대한 어떤 호소로 간주될 것이다. 이러한 호소는 평등이 가능하고 권력 비대칭이 교정될 수 있으며 이전의 혐오 표현 행위에서 대응자에게 공개적으로 향해진 비난이 옳지 않다는 주장을 제기할 것이다. NSW 연구에서 규명된 인종 혐오 표현 행위에서 행해진 이런 종류의 비난들은, 유색인종들이 법의 보호를 받을 만한 자격이 없고, 총에 맞거나 신체적으로 해악을 당해도 되며, 열등하거나 동물과 마찬가지이고, 사회적인 불안감을 발생시키고, 범죄자들이며, 복지 특권을 악용하고, 더럽다는 주장들을 포함했다. 편견에 기반하고 있는 이 같은 비난들은, **대항 표현**counter speech 대

---

2 "평등" 개념은 내용이 증발된 과도하게 단순화된 것이 아니라는 것이 여기서 중요하다. "평등"이라는 용어는 실질적이고 내재된 평등, 즉 집단과 개인이 스스로 생각하는 한에서 생활세계의 상황에 대한 경험적인 고찰을 통해 평가 가능한 것을 의미하도록 이 책에서 통합되었다.

응 내의 경험적인 증거의 사용을 통해 직접적으로 논박될 수 있다. 대응자가 행하는 "사실성" 주장은 혐오 발화자가 주장하는 객관세계와는 완전히 다른 종류의 객관세계에 호소할 것이다.

두 번째 타당성 주장, 즉 이 같은 혐오 표현 정책 속에서 대응자들이 호소하는 규범 및 가치들은 차별 금지 조치들을 지지하는 것들일 것이다. [이 타당성 주장의] "정당성"은 호소되고 있는 생활세계 속에 존재하는 규범 및 가치들이라는 점에서, 그리고 호소되고 있는 생활세계 속의 차별 금지 조치의 적절성이라는 점에서, 세계 도처에서 발전된 차별 금지 기준들 및 규범들과 연계하여 지지될 수 있다. 대항 발화자의 차별 금지를 지지하는 규범 및 가치들에 대한 호소는, 혐오 발화자가 제기하는 규범 및 가치들의 주장을 논박하려는 시도이다.

세 번째 타당성 주장, 즉 이 같은 혐오 표현 정책 틀 내에서 대항 발화자가 표현하는 주관성subjectivity은 어찌 되는가? 논의한 바 있듯이, 화자가 자신의 주관성을 표현하는 "진실성"은 측정하기가 대단히 어렵다. 그러나 대항 발화자에 의한 정책 유도적인 대응의 맥락 내에서, 대항 발화자의 주관성의 한 가지 요소는 규정 가능하다. 대항 표현 대응에 참여하는 것은 혐오 표현의 피해자가 되받아쳐 말할 수 있는 능력을 강화할 것이라는 점이다. 혐오 표현 행위에 대응하는 대항 표현에 참여하는 개인의 주관성에 두드러진 이익은, 그들의 말할 수 있는 능력의 강화이다.

그렇다면 혐오 표현 정책에 의해 뒷받침되는 대항 표현에 참여하는 자들이 행하는 발언들은, 혐오 표현 행위의 의미, 힘, 효과에 (말하기에 참여함으로써) 이의를 제기하고, (새로운 타당성 주장들을 제기함을 통해) 논박하는 것을 추구한다. 이는 주장의 의미에 대한 참여 과정, 즉 논변argumentation 과정을 나타낸다. 실제로 하버마스는 화자가 제기한 타당성 주장들의 의미를 둘러싼 논변은 참여자들이 의미를 시험하고 대응을 통해 *스스로의 타당성 주장*들을 제기하는 것을 가능하게 하며, 화자로 하여금 자신의 타당성 주장을 수정하게 한다고 주장한다(Habermas, 1984:25). 따라서 논변은 참여자들이 "담론discourse", 즉 제기된 타당성 주장에 관해 합의에 이를 수 있게 되는 계속되는 토론에 진입할 수 있는 틀을 제공한다. "만일 논변이 충분히 공개적으로 수행될 수 있으며, 충분히 오래도록 계속될 수 있는 경우에 한에서 말이다 (Habermas, 1984:42)." 역량 지향적인 혐오 표현 정책은 논변을 촉진시키는 정책이라 할 수 있다. 피해자들에게 되받아쳐 말하는 것을 가능하게 만드는 목적은 그들에게 표현의 자유에 참여하도록 지원을 제공해 주는 것이자, 혐오 발화자가 제기한 타당성 주장에 직접적으로 대항할 수 있게 해주는 것이다. 그렇다면 그 정책은 "제도화된 논변" 가운데 하나로 설명될 수 있으며 **대항 표현**의 개발을 허용할 것이다. 그러한 대응은 대항 타당성 주장들을 제기함으로써, 혐오 발화자가 제기한 타당성 주장에 직접 이의를 제기할 수 있다. 그것은 또한 하버마스가 예상했던 어떤 "이상적인 표현 상황"—표현행위의 행사에 관한 제약의 부재로 특징지어지는 어떤 상황—의 조건을 만들어 내는 데 도움을 줄 수 있다.

공동체의 대항 표현이 장기간에 걸쳐 태도의 변화를 이끌어 낼 수 있다는 생각은 새로운 것이 아니다. 예를 들어 존 엘스터

Jon Elster는 공적 토론의 체계가 사람들로 하여금 자신들이 호소하는 공동체가 받아들일 수 있는 언어로 말하도록 고무시킬 것이라고 주장한다. 엘스터는 이를 "위선hypocrisy의 교화시키는 힘"이라고 일컫는데, 이는 적어도 어떤 사고에 대한 공적 토론은 화자로 하여금 "비열한base 동기"를 숨기도록 강제하거나 유도한다는 생각에서 나온 것이다(Elster, 1998: 111). 나의 주장은 대항 표현이 장기간에 걸쳐서 혐오 발화자의 타당성 주장들에 반론을 제기해 그들의 행위나 심지어 태도마저도 변화시키도록 의도하는 것이다. 혐오 표현이 공동체의 눈으로 볼 때 수신자 청중을 위엄 있게 만드는 지원의 제공으로 이어질 수 있다는 인식은, 혐오 발화자로 하여금 혐오 표현에 참여하는 것을 단념하도록 만들 수 있다.[3] 여기서 제도화된 논변 모델은 또한 담론적으로 차별을 실행하는 것을 중단시키는 것과 같이, 이전의 혐오 발화자들이 제기했던 주장을 절제시키는 즉 "교화시키는 힘"을 성취할 수도 있을 것이다. 이는 결코 작은 성과가 아닐 것이다. 이러한 일이 존재하리라는 "진실성"이 의심이 된다 하더라도, 만일 이전의 혐오 발화자들이 제기했던 타당성 주장들이 더 이상 인종을 근거로 불평등으로 가득 찬 객관세계를 재현하지 않는다면, 그리고 더 이상 그 같은 차별을 지지하고 그것을 옳은 것으로 간주하는 규범 및 가치들에 호소하지 않는다면, 많은 것들이 이루어질 것이다. 혐오 표현 발언과 대항 표현 대응에 의해 연관을 맺게 되는 의사소통 행위의 사이클은 도표 3에서 요약된다.

---

3 나는 이러한 관점을 제시해 준 것에 대해 존 브레이스웨이트John Braithwaite에게 감사를 표한다.

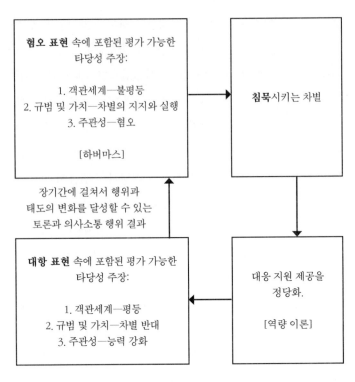

도표 3.
제도화된 논변: 혐오 표현 발언들과 대항 표현 대응들 속의
의사소통 행위의 사이클.

대응의 유형들

어떤 혐오 표현 행위에 대응해야 하는지, 그리고 어떤 방식으로 대응해야 하는지에 대한 문제는, 실제 혐오 표현 행위가 발생한 상황과 관련하여 평가해야 할 필요가 있을 것이다. 비록 혐오

표현 행위로 평가될 수 있는 표현행위가 정책 유도적인 대응을 가능하게 하기는 하지만, 대항 표현 대응이 생겨날 수 있는 구체적인 상황에 대한 질문은 아직 명료화되지 않았다. 이는 중요한 고려인데, 그것이 대항 표현 대응의 적절한 영역에 대한 주제로 이어지기 때문이다. 이를테면 대항 발화자는 혐오 발화자가 호소했던 것과 동일한 공동체에 호소하는 것이 적절한 것으로 보인다. 예를 들어 혐오 표현 행위가 길거리에서 우연히 발생했다면, 피해자 그리고/또는 피해자 집단은 인근 지역 내에 배포할 지역 신문을 제작함으로써 대응하는 것을 선택할 수 있다. 혐오 발화자가 규정되거나 규정 가능할 필요가 없으며, 혐오 발화자 개인이 혐오 표현 행위에 대한 대응의 대상일 필요도 없다는 것을 언급하는 것이 중요하다. 말하자면 이런 종류의 정책은 혐오 발화자의 신원을 알 수 없는 경우, 혐오 발화자가 정보 요청 혹은 사과 요청에 응하려고 하지 않는 경우, 원고가 혐오 발화자로 인해 위협을 느끼는 경우, 원고인 그/녀가 자신의 개인적인 신원이 혐오 발화자에게 알려지는 것을 원하지 않기 때문에 진정을 철회하는 경우에서처럼, 개인화된 해결 과정에 수반되는 절차적 한계에 시달릴 필요가 없다. 이것들은 개인화된 해결 절차의 주요 한계들이며, 역량 지향적인 혐오 표현 정책에서는 나타나지 않는다. 만일 어떤 혐오 표현 행위가 직장과 같은 좀 더 공적인 장소에서 발생했다면, 대응자는 그 직장 내에서 반인종주의 프로그램의 개발을 도울 수 있다. 만일 혐오 표현 행위가 언론에서 발생한다면, 대응 희망자는 동일한 시청자/구독자에 도달하는 동일한 매체에 반론권 요청을 희망할 수 있다. 현재의

NSW 인종모욕금지법에 따라, 직장 내에서 인종차별주의 반대 프로그램을 개발하고 수행함으로써 직장에서 발생한 혐오 표현 행위에 대응하기 위한 조항들이 존재한다. 이는 유익한 조항들이다. NSW 법 조항과 여기에서의 나의 제안 간의 차이는, 역량 지향적인 혐오 표현 정책에서는 대응을 이행하고 개발함에 있어서 피해자 집단 구성원의 관여와 참여가 핵심적이라는 것이다. 피해자 집단 구성원이 자신들 스스로의 대응을 만들어 내는 데 관여하지 않는다면, 그러한 대응은 피해자 공동체가 되받아쳐 말할 수 있는 능력을 강화함으로써 혐오 표현 행위의 침묵시키는 효과를 개선하려는 목적을 달성할 수 없을 것이다. 미국의 헌법상의 표현의 자유의 보호는, '레드 라이온' 판결과 최근의 연방 방송통신위원회의 심의를 고려한다면 (5장을 보라), 언론에서의 혐오 표현 행위에 대한 반론권 대응을 도입하는 것도 가능할 것 같다. 혹은 대안으로 보다 일반적이고 장기간의 언론 집중적인 접근이 개발될 수 있다. 호주 방송공사는 정부 소유의 방송국인데, '미디어 워치Media Watch'라고 불리는 매주 15분의 프로그램을 방영하고는 했다. 이 프로그램은 전자 뉴스와 인쇄 매체 및 지난주의 사건들을 조사하고 방송 내에서의 문제점이나 실수들혹은 편견의 사례들을 주목한다. 생각하건대, 대응 희망자가 앞에서 개괄된 대안적인 타당성 주장들을 전달하는 것을 모색하는 일종의 '인종주의 워치Racism Watch' 같은 공영 텔레비전 프로그램을 개발하는 것도 가능할 것 같다.

기관

어떤 기관들이 그러한 정책의 시행을 감독하거나 보조할 수 있는가? 이는 특히 중요성을 갖는 질문인데, 이 질문이 여기서 제안된 성격을 갖는 정책의 실현 가능성에 대한 반대의 근거로 제기되어 왔기 때문이다. 선스타인은 비록 표현에 관한 일종의 '소수자 우대 정책affirmative action'이 "일부 타당" 하기는 하지만, 그런 생각은 시행하기가 어려울 것이라고 주장한다(1993b:263). 소수자 우대 표현 정책(여기서 묘사된 역량 지향적인 혐오 표현 정책은 이런 식으로 설명될 수 있다. 비록 선스타인이 이 용어가 의미하는 바를 정확히 구체화하지는 않았지만 말이다)의 이행에 있어 가장 중요한 두 가지 장애물은, 그 정책을 정당화할 수 있는 "좋은" 표현을 판단하는 것의 어려움, 그리고 그런 판단을 이행하기 위한 "신뢰할 수 있는" 기관들의 부재를 포함한다(Sunstein, 1993b:263). 선스타인의 첫 번째 반대는 이미 답변되었다. 누구의 표현이, 그리고 어떤 종류의 표현이 지원의 제공을 정당화할 수 있는가에 관한 판단은, 이 책에서 제시되었듯이 혐오 표현 행위에 대한 타당성 주장 분석 체계 내에서 이루어질 수 있다. 일단 혐오 표현 행위가 규정되고 나면, 역량 이론이 대응 희망자에게 지원을 제공해 주는 것을 정당화할 수 있는 체계를 제공한다.

그러나 선스타인의 두 번째 반대는 설득력이 있다. 선스타인은 표현에 관한 소수자 우대 정책에 관해 좋은 결정을 내리는 데 충분히 "신뢰할 수 있는" 기관들의 부재를 언급한다. 이 책에서 제기한 주장의 맥락에서 누군가는 혐오 표현 행위를 규정하는 데 있어서, 그리고 어떤 대응을 개발하는 데 있어서 지금까지 제시한 방법론적이고 분석적인 틀을 활용하는 데 충분히 "신뢰할 수 있는" 기관들이 존재하는지, 혹은 그런 기관들이 만들어질 수 있는지를 물을 수 있다. 많은 서구 자유민주주의 국가들은 다양한 차별금지법을 통과시켰으며, 그 조항을 이행하기 위한 구조적인 메커니즘들을 실시했다. 이를테면 호주에서 연방 인권 및 기회균등 위원회와 뉴사우스웨일스 차별금지위원회는 차별금지법 조항의 이행에 책임을 지고 있다. 게다가 차별 금지 조치들을 이행하기 위해 요청되는 기관들은 정부 구조의 범위를 넘어 민간 부분 회사의 인사 부서, 그리고 공공 부문 내의 부서에 의해 개발되고 이행되는 프로그램들을 포함한다. 예를 들어 호주의 '차별금지(여성을 위한 기회균등)법 1986(Cth)'은 사기업, 고등교육, 자원봉사 단체, 노동조합 및 집단 교육 계획 등을 포괄하는 부문에서 100명 이상의 노동자가 있는 고용주들이 여성을 위한 소수자 우대 정책 프로그램의 개발과 진전을 이행할 것과 이에 관해 소수자 우대 정책 기관에 보고할 것을 요청한다. 호주에서 소수자 우대 정책의 이행은 쿼터제가 적용되지 않으며, 고용과 기회의 촉진에 대한 보다 일반적인 기회균등 원칙의 적용을 요청한다(소수자 우대 정책 검토 사무국, 1998:6-7).[4] 다양한 형태의 차별금지법을 이행하기 위한 이미 존재하는 기존의 구조들 및 체계들과 함께, 그 정책을 이행하고 표적 집단과 작업하는 책임을 맡고 있는 사람들을 교육하는 데 충분한 관심이 주어진다면,

---

4 그러나 보고에 실패하게 되면 고용주는 연방의회의 지적을 받게 될 뿐이다. 호주뿐 아니라 전 세계적으로 소수자 우대 정책이 현재 검토와 재고를 거치는 중이다. 여기에서 이 토론에 진입할 여지는 없다. 이를테면 Ireland(1996)을 보라.

여기서 제시된 노선을 따라 계획된 혐오 표현 정책이 실시될 수 있을 것이다. 어떤 표현이 지원을 요청할 수 있는가에 관해 "좋은" 결정을 내릴 수 있는 이들 기관들의 능력에 대한 질문은 여기서 제안된 방법론적인 틀의 활용을 통해 상당한 도움을 받을 것이다. 이 정책은 기존에 이미 존재하는 혐오 표현 정책에 대한 대체라기보다는 보조로서 사용될 수 있을 것이다. 특히 초기의 단계적 도입 시기에서 그렇다. 그런 정책을 활용할 가능성이 있는 기관 및 공동체들이 자신들의 영역과 규정들에 대해 더 잘 알게 됨에 따라, 이전의 정책에 계속 의존할 필요가 있는가 하는 문제는 재평가될 수 있게 된다.

있을 수 있는 반대들

혐오 표현 정책을 이런 식으로 설계하는 것은 몇몇 중요한 반대들을 극복할 수 있게 한다. 나는 다섯 가지의 제기될 수 있는 반대들에 관해 이제 상세히 설명하고자 한다. 즉 그런 정책이 오용misuse될 수 있다는 우려, 그것이 남용overuse될 수 있다는 우려, 특정한 예외의 부재, 그러한 정책을 구현하는 데 있어서의 재원과 관련된 문제, 기존에 이미 존재하고 있는 혐오 표현 정책들이 적용에 있어서의 약점에도 불구하고 중요한 교육적인 기능을 갖는다는 주장이 그것들이다. 첫째, 사람들이 발언할 수 있게 지원을 제공하도록 설계된 혐오 표현 정책을 개발하는 것이, 정책 입안자들에게 지목된 그 같은 지원을 정당화할 수 없는 일부 집단들이 사용할 수 있다는 우려가 제기될 수 있다. 예를 들어, 여기서 제안된 정책이 네오나치 그룹의 발언을 위한 지원에 사용될 수 있는가? 예를 들어 네오나치 그룹은 이민과 실업에 관한 문제를 제기하기 위한 자신들의 노력이 공적 토론 내에서 반대자들에 의해 "묵살"되었다고 주장할 수 있을 것이다. 이 문제에 대한 대답은 제안된 혐오 표현 정책을 전체적으로 이해하는 것을 유지하는 데 달려 있다. 네오나치 그룹 및 여타 다른 그룹들이 더 다수의, 더 명료한, 더 자금이 많거나 더 강경한 반대자들에 의해 "묵살"당했다는 주장이 사실일 수는 있지만, 이 정책을 활용할 자격이 있는 자들을 판명하는 데 요구되는 다른 요소들은 부재할 것이다. 제안된 혐오 표현 정책을 활용하기 위해서 개인이나 집단은 자신들을 향해 행해진 혐오 표현 발언을 규정할 수 있어야만 한다. 이는 불평등으로 특징지어지는 객관세계에 대한 주장, 그리고 차별을 실행하고 지지하는 규범 및 가치들에 대한 주장에 대한 분명한 입증을 포함할 것이다. 이 주장들은 그것들이 제기된 생활세계의 맥락 내에서의 평가를 요청한다. 그런 주장들에 대한 규명은 혐오 표현 행위를 규정하는 데 있어서, 그리고 그것을 청자의 역량들의 발달과 행사를 저해할 수 있는 담론 행위로 위치시키는 데 있어서 필수적이다. 비록 일부는 거세고 강경하게 네오나치 그룹에 반대할 수 있고 나아가 그들을 침묵시키려 할 수 있지만, 네오나치 그룹은 자신들이 체계적인 차별을 받고 있다는 주장을 정당하게 행할 수 없다. 아무리 반대자들이 네오나치의 신념과 실천을 대대적으로 비판한다 하더라도, 네오나치에 반대하는 표현은 그들을 향한 체계적인 인종차별을 자행하지도, 영속화하지도, 유지하지도 않기 때문이다. 경험적인 검토가 이것을 결정한다. 게다가 이 정책으로부터 이익을 얻기 위해 대항 발화자는 평등으로 특징지어지는 객관세계를 뒷받침할 수 있고 차별 금지 조치들을 지지하는 규범과 가치들로 고취되는 어떤 종류의 타당성 주장을 제기할 수 있다고 평가된다. 네오나치의 표현은 이런 "대항 표현"의 정의에 들어맞지 않는다. 네오나치에 맞서는 표현은(비록 그들을 침묵시킨다 하더라도) 인종차별을 실행하지 않기 때문에, 그리고 네오나치의 표현은 대항 표현으로 정의될 수 없기 때문에, 이 정책은 발언을 위한 지원을 주장하는 네오나치 및 인종주의자들에 의해 사용될 수 없을 것이다.

이 책에서 제안된 혐오 표현 정책에 대해 제기될 수 있는 두 번째 우려는, "무례함insult"을 "모욕vilification"이라고 과장하는 개인이나 집단에 의한 그것의 남용 가능성이다. 나는 앞에서 혐오 표현 행위에 대한 현상학을 정의하는 맥락에서 이 문제를 명료화하고자 했다. 내가 제안하는 정책은 차별의 담론적 행사에 대한 규정에 의존하고 있기 때문에, 이는 무례함과 혐오 표현 행위를 구별하게 해준다. 인종차별의 담론적 행사가 규정될 수 있는 경우, 청자가 역량들의 문턱을 넘도록 그들에게 적절한 물질적, 교육적, 제도적 지원을 제공해 주는 정책 대응이 정당화된다. 차별은 권력 비대칭과 역사적 소외의 의미로 정의되었기 때문에, 차별에 대한 규정은 경험적으로 평가할 수 있다.

여기서 제안된 혐오 표현 정책에 대한 대응에 있어서 제기될 수 있는 세 번째 반대는, 그것이 어떠한 예외 조항도 만들지 않는다는 것이다. 연구된 NSW 법에서, 타인의 발언에 대한 공정한 보고와 학술적이거나 학문적인 연구 목적을 위해 착수된 토론들은 NSW 법 조항들로부터 면제된다. 이 예외들은 과도한 정부 규제로부터 표현을 보호하려는 욕망에서 발생하며, 공적 토론의 필수 요소로 여겨지는 표현이 활성화되도록 해주는 듯 보인다. 여기서 제안된 노선을 따라 설계된 역량 지향적인 혐오 표현 정책은, 여러 이유에서 법적인 예외 조항을 요구할 개연성이 낮다. 첫째로, 이 정책에 의해 만들어지는 혐오 표현 행위에 대한 대응은 피해자들로 하여금 되받아쳐 말하는 것을 가능하게 하도록 설계될 것이다. 이러한 되받아쳐 말하기는 일종의 공적 토론장에서 수행될 것이지만, 대응의 동기를 제공한 혐오 발화자/들의 존재를 요청하지는 않을 것이다. 그러므로 만일 어떤 혐오 표현 행위가 행해진다면, 그리고 이후 되풀이되는 사건에 대한 보고가 있는 가운데, 그러한 표현 행위의 영향에 대응하기 위해 만들어진 대응은 한 차례의, 통일된 대응이 될 것이다. 원래의 혐오 발화자도, 보고자도, 대응의 생성에 반드시 존재할 필요가 없으며, 대응은 독립된 뉴스 기사, 공동체 모임, 혹은 공동체 내에서의 리플릿의 배포를 통해 발생할 수 있다. 정책의 초점이 개인들을 처벌하는 것이 아니기 때문에, 예외가 필수적인 것은 아니다. 둘째로, 만일 어떤 혐오 표현 행위가 학술적이거나 학문적인 연구의 맥락에서 발언되었다면 대응은 훨씬 더 중요해질 것이다. 학술적이고 학문적인 연구의 목적은 전문화된 지식의 축적이기 때문에, 객관적인 "진리"에 대한 주장과 관련한 경쟁적인 주장들을 듣고 평가할 수 있는 능력은 이 절차의 필수적인 요소인 것으로 보인다. 그런 발언들은 면제를 요청하지 않을 뿐더러, 그것들은(일반적인 공적 토론에 비해 훨씬 더) 적극적인 대응에의 참여를 요청할 것이다. 여기서 제안된 정책은 표현을 **장려**encourage하고 더 많은 표현이 가능하도록 설계되기 때문에, 전문화된 지식과 일반화된 지식 모두의 발견과 축적을 **강화**enhance하고, 따라서 학술적이고 학문적인 연구와 토론을 강화할 가능성이 있다.

네 번째 반대가 역량 지향적인 혐오 표현 정책의 타당성에 추가될 수 있다. 즉 재원과 관련된 문제에 대한 질문이다. 여기서 제시된 노선을 따라서 설계된 정책은 재원에 상당한 영향을 미칠 것이다. 그러나 개인의 역량들의 발달에 유익한 결과를 달성하는 자유민주주의 체제 내의 많은 기관 및 업무들은 돈이 많이 든다. 이 정책이 가져올 이익은 그러한 비용이 가치가 있음을 입증할 것이다.

여기서 제안된 혐오 표현 정책에 대해 제기될 수 있는 다섯 번째 반대는 연구된 영역들 속에서 이미 존재하고 있는 기존의 혐오 표현 정책들에서 발생하는 그 모든 결점들에도 불구하고, 혐오 표현 정책의 존재가 그 자체로 교육적인 기능에 기여한다는 것이다. 혐오 표현 정책은 전체 사회에 모욕이 관용될 수 있는 것이 아니라는 메시지를 보낸다. 그런 주장이 이를테면 연구된 NSW 법의 제정에 앞선 의회 토론에서 행해졌다(NSWPDLA, 4 May 1989:7491, 7922, 7924; NSWPDLA, 10 May 1989:7812, 7814). 이러한 주장에는 장점이 있는데, 이와 같은 법의 제정이 행위에 관한 법적 기준을 설정하기 때문이다. 피해자에게 의지할 기반을 제공해 주고 동시에 그것이 존재함을 통해 교육적인 기능을 맡는 차별금지 조치의 중요성은 서구 자유민주주의 체제 내에서 널리 받아들여졌다. 그러나 그러한 법률의 교육적인 역할은 단지 하나의 측면일 뿐이다. 현재의 혐오 표현 정책은 그것이 혐오 표현의 해악에 (특히 침묵시키는 효과에) 불충분하게 대응한다는 것, 그것이 표현의 기회를 극대화하려는 목적과 혐오 표현에 대응하려는 목적을 불필요하게 대립시킨다는 것, 그리고 그것이 실행 불가능한 법적인 혐오 표현 정의를 채택함으로써 많은 혐오 표현을 규제로부터 면제시킨다는 것을 포함한 다양한 비판에 직면한다. 이는 상당한 개선의 여지가 있다는 것을 나타내며, 그러한 법의 교육적인 기능을 근거로 혐오 표현 정책의 효율성에 대한 기대를 제거하거나 무시해서는 안 된다.

이 책에서 제안된 혐오 표현 정책은 역량들의 문턱을 넘기 위한 제도적, 물질적, 교육적 지원을 가장 필요로 하는 자들의 개인 역량들의 발달을 도와주며, 이로써 그들의 역량들의 발달과 행사를 저해하는 혐오 표현의 현상학에 직접 대응한다. 그것은 대응자들에게 평등을 촉진하는 발화 수반적 힘을 가진 표현 행위를 수행할 수 있는 권위를 제공해 준다. 이 정책은 또한 일반적으로 개인 역량들을 발달시키는 데 있어서, 그리고 자유롭고 평등한 시민들의 사회의 전반적인 계획, 관리, 발달을 돕는 데 있어서 표현에 참여하는 것이 맡을 수 있는 중요하고 독특한 역할을 인정한다. 그러한 정책은 인간 발달과 사회 발달에 다양한 방식으로 표현이 갖는 중요성(모든 표현의 자유 원칙의 "핵심"에 암묵적으로 놓여 있는 이해)과, 혐오 표현의 해악을 극복하는 과제를 진정으로 조화시킬 수 있을 것이다.

기타 혐오 표현 정책 제안들

기존의 이미 존재하고 있는 정책 제안들의 약점을 드러내고 그것들과 이 책에서 행해진 제안과의 차이점들을 명료화하기 위해, 나는 표현 정책의 영역에서 다른 학자들에 의해 제기된 정책 제안들 역시 논의하고자 한다. 혐오 표현의 해악을 인정하는 다른 연구들은 혐오 표현에 대한 규제적인 대응에 찬성하는 주장을 했다. 다양한 선택들이 제기되었지만, 이 가운데 많은 것들은 혐오 표현 행위 이후의 개인 혐오 발화자에 대한 처벌적이거나 규제적인 조항들의 부과 쪽에 향해 있다. 이는 다음과 같은 것들을 포함한다.

1. 규제를 면하는 특별히 정치적이고 공적인 논의에 중요한 표현은 내버려 두는 반면, "낮은 가치를 지니는" 혐오 표현 행위라는 **특수한**sui generis 범주의 유형을 고려하는 것[Matsuda, 1993; MacKinnon and Dworkin in *American Booksellers Ass'n. Inc. v. Hudnut*, 771 F. 2d 323(1985)];

2. 직접적인 맞닥뜨림은 명예훼손법을 통해 규제할 수 있지만, 집단 명예훼손은 규제할 수 없는 "수용주의적accommodationist"인 접근을 옹호하는 것 (Flahvin, 1995).

3. 혐오 표현의 개별 피해자들에 의한 배상 청구(손해배상 민사소송)를 허용하는 것(Delgado, 1993).

4. 혐오 표현 행위의 수신자가 혐오 발화자의 언어를 "재수행하고 재의미 부여"함으로써 혐오 표현 행위의 해로운 효과들에 대항하자고 권고하는 것(Butler, 1997:13).

5. 발언의 내용이 아니라 해악에 대한 평가에 집중하는, 표현에 관한 내용 중립적인 규제를 실시하는 것. 이는 불평등("카스트 제도와 유사한 특성들")을 감소시키는 것이라는 중립적인 주장에 의해 정당화된다(Sunstein, 1993a).

6. 역사적으로 사회적 약자 집단에게 겨냥된 혐오 표현 행위를 처벌하는 일방적인, 내용에 근거한 혐오 표현 금지법을 허용하는 것(Matsuda, 1989:2357).

7. 모욕한 자들에 대해 그러한 표현이 불러일으킨 "해악"에 대한 엄밀한 해석의 대상이 되는 집단의 명예훼손 청구를 허용하는 것(Sadurski, 1992; MacKinnon, 1993; Scutt, 1993).

첫 번째 제안은 운용되기 어려운데, 내가 앞에서 논의했듯이 "낮은 가치를 갖는" 표현으로서의 혐오 표현이라는 규정은 하나 이상의 이유로 상당한 반대가 제기될 수 있다. 하버마스의 타당성 주장에 따른 혐오 표현 행위 평가는 이런 반대에 추가적인 무게를 실어주는데, 그것이 "낮은 가치를 갖는" 표현과 "높은 가치를 갖는" 표현을 설명하는 것의 어려움을 명료화해 주기 때문이다. 대신 의사소통행위 방식의 접근은, 차별 행위가 발언에서 발생했는가에 근거하여 어떤 표현이 정당하게 지원형 대응의 대상이 될 수 있는가를 결정할 수 있는 내재적이고 다층적인 분석을 제안한다. 이 접근은 "정치적인" 표현과 "정치적이지 않은" 표현, 혹은 "낮은 가치를 갖는" 표현과 "높은 가치를 갖는" 표현에 대한 설명에 의존하지 않는다. 대신 이 틀 내에서 상스러운 표현 행위와 세련된 표현 행위는 제기된 타당성 주장 및 그것들이 청자에게 갖는 영향의 측면에서 평가된다. 두 번째 제안은 미국 대학 캠퍼스에서의 혐오 표현 규제의 일부 사례를 반영한다 (Grey, 1990; Strossen, 1990). 플라빈Anne Flahvin은 직접적인 맞닥뜨림에 주목하는 것의 강점이, 피해자가 속하는 것으로 여겨지는 전체 집단에 대한 메시지를 전달하는 표현이 아닌, 오로지 피해자를 위협하는 표현에만 겨냥될 것이라는 점이라고 주장한다 (1995:337-338). 이러한 접근은 많은 표현 행위들을 규제로부터 면제되게 만든다. 이는 과도한 정부 규제로부터 표현에 대한 보호를 제공하려는 욕망이 원인으로 작용한 결과로 보인다. 이런 이유로 인해 이 정책은 그것이 혐오 표현 행위의 현상학을 간과한다는 비판에 직면하게 될 것이다. 앞에서 논의하였듯이, 혐오 표현 행위는 개별 청자와 그들이 속한 것으로 여겨지는 집단, 그리고 피해자와 관계를 맺는 다른 이들에게 부정적인 영향을 끼친다. 앞에서 개발된 모델에 따르면, 하버마스의 타당성 주장들은 동시에 제기되며, 혐오 표현 행위의 발화 효과적 영향들은 즉

시 발화 수반과 함께 발생한다. 따라서 수용주의적인 접근은 혐오 표현의 현상학에 대한 적절한 고려를 하지 못한다는 비판의 여지가 있다. 이러한 노선을 따라 입안된 혐오 표현 정책은 혐오 표현 행위의 개선에 거의 영향력을 갖지 못한다는 정당한 비판을 받을 수 있는데, 그것은 규제에서 면제되는 발언의 한 가지 부분적인 영향(직접적인 맞닥뜨림이 개인에게 주는 영향)을 제외한 모든 것을 남겨둘 수 있기 때문이다. 이 접근에 대한 또 다른 비판은, 세 번째 제안에 대해서도 역시 가해질 수 있으며, 혐오 표현 행위의 침묵시키는 효과를 개선하는 데 있어서의 정책의 유용성을 평가한다. 세 번째 제안은 혐오 표현 행위의 대상이 됨으로 시작된 손해배상 청구를 위한 소송의 진행에서 개별 피해자의 결정과 해결책에 강조를 둔다. 비록 상당수의 사례들이 훌륭한 공지성publicity과 중요한 손해배상 청구에서의 승소로 귀결된다 하더라도, 이 제안은 개인에게 법정 소송을 추구하기 위한 어떤 지원도 제공해 주지 않는다. 그것은 또한 혐오 표현 행위의 피해자들이 대응의 형성에 직접 참여하는 방도를 제공해 주지 않으며, 따라서 혐오 표현의 침묵시키는 효과들을 개선하지 못한다.

혐오 표현의 현상학과 관련한 동일한 논의의 측면에서 네 번째 제안 역시 비판받을 수 있다. 이 제안은 혐오 표현 행위에 대한 규제나 처벌을 옹호하지 않는다는 점에서 다른 것들에 비해 뛰어나다. 오히려 이 제안은 혐오 발화자의 언어를 "재수행하고 재의미 부여"함으로써 혐오 표현 행위에 대응해야 한다고 주장한다. 버틀러Judith Butler는 스스로 상처를 주는 언어의 대상이라고 인식하는 사람들은 그 언어에 담긴 말들 속에서 구성되며, 따라서 바로 그로 인해 상처를 주는 언어에 유의미한 방식으로 대응하고 대항할 수 있는 가능성을 부여받는다고 주장하면서 언어의 수행 능력에 의존한다. 즉 혐오 표현 행위는 상처를 주는 그러한 발언에 대항할 수 있는 "표현에 있어서의 주체를 개시하게 되는" 위험을 감수하게 된다는 것이다(1997:1-3). 그러나, 이 접근에는 중대한 결함이 있다. 학대하는 자의 언어가 전유되고 재구성될 수 있다는 인식을 지니는 것이, 그렇게 행할 수 있는 능력을 지니게 되는 것과 반드시 동일한 것은 아니다. 언어적으로 구성된 행위 능력에 대한 버틀러의 강조는 언어 사용의 다른 효과들을 간과한다. 그녀의 제안은 혐오 표현의 "침묵"시키고 능력을 박탈disempower하는 효과를 충분히 고려하지 않으며, 따라서 개념으로부터 정책으로 이행하는 데는 부족한 것으로 보인다.

마지막 세 제안들(5, 6, 7)은 혐오 표현 행위의 해악에 대한 더 넓은 관점에 의존하는 듯 보이며, 그로써 유의미한 방식으로 혐오 표현 행위에 의해 구성되는 해악을 인정하는 방향으로 향한다. 그러나 혐오 표현 행위의 해악을 인정함에도 불구하고, 세 제안들은 혐오 표현에 대한 대응에 있어서 규제적이거나 처벌적인 정책 조항들에 의존하는 특징을 보여 준다. 사실 개괄된 모든 제안들은 모두 버틀러의 제안을 제외하고는 이 같은 의존성을 공유하고 있다. 규제(제안 5) 혹은 처벌(제안 6과 7)에 대한 이런 의존은 표현의 자유라는 목적과 혐오 표현의 해악에 대한 개선 사이의 "균형을 맞추려는" 우려에서 발생하는 것으로, 이 책의 다른 곳에서 설명되었다. 이는 표현의 기회를 극대화하려는 목적과 필연적으로 대립되는 정책으로서의 혐오 표현 개념으로 귀결된다. 그런 만큼 이 제안들은 두 목적들이 대립될 필요가 없다는 비판에 직면한다. 나아가 그 두 목적을 대립시키는 것은 혐오 표현 정책의 효율성을 제한할 가능성이 있다고 주장하였는데, 그것이 운용되기 어려운 법적인 혐오 표현 정의에 대한 의존으로 귀결될 가능성이 있기 때문이다. 예를 들어 마쓰다는 혐오 표현 행위를 묘사하기 위해 "가해적persecutory이고 혐오적이며 비하적인" 이라는 용어를 사용한다(1993:36). 델가도는 "인종주의적인 모욕"이 "비하하도록 의도된" 경우, "합리적인 사람은 이를 인식할 것"이라고 주장한다(1993:109). 이 정의들은 평가하기 어려운 듯하며, 정책으로 이행하기 어려울 뿐만 아니라 정책 입안자들이 실현 가능한 혐오 표현 정의를 내리는 것의 어려움에 계속해서 직면할 수 있다는 것을 나타낸다.

잠재적 적용들—"곤란한 사례들"

이 책에서 제안된 혐오 표현 정책을 실제 사건의 측면에서 평가하기 위해, 나는 몇몇 잘 알려진 "곤란한 사례들", 즉 역량 지향적인 혐오 표현 정책이 도움이 될 수 있었던 사례들에 이 정책을 적용하는 것의 실행 가능성을 이제 탐구하고자 한다. 예를 들어 5장에서 언급한 'R.A.V. 판결'[5]에서, 인종에 근거한 분노, 공포 혹은 분개를 불러일으키는 상징들의 전시를 금지했던 지방 조례안이 특정 견해에 근거한 규제라는 이유로 위헌 판결을 받

---

5   *R.A.V. v. City of St. Paul*, 505 U.S. 377(1992).

왔다. 이 사례는 범행 당시 미성년자였던 로버트 빅토라Robert Vik-tora에 대한 기소와 관련되었다. 그는 나무로 된 의자 다리로부터 조악한 십자가를 조립한 뒤 세워서 아프리카계 미국인 가족인 존스 씨의 집 마당 안쪽에서 그것을 불태웠다. 가해자는 그의 표적인 존스 씨 집으로부터 건너편 거리에 살았다. 그의 행위는 결국 방화 처벌과 형사상 재산 손실을 포함하는 여타 다른 형사법에 의해 기소되었다. 이와 비슷한 한 사례는 역량 지향적인 대응을 위한 좋은 표본을 제공하는 것 같다. 사건은 인근 지역 내에서 발생했고, 따라서 대응의 발생에 도움이 되는 공동체의 참여는 해당 지역 내의 인종 관계에 영향을 줄 수 있었으며, 나아가 아프리카계 미국인들과 그들의 지지자들에게 그러한 인종주의적인 조롱과 공격에 대응하도록 능력을 강화하는 데에도 영향을 줄 수 있었다. 또한 뉴스레터의 제작과 지역 배포, 혹은 그러한 공격에 담긴 인종주의적인 이념에 대항하고자 하는 인근 공동체 회합의 개최가 정당화될 수 있었다. 만일 지역의 아프리카계 미국인 공동체가 그러한 활동들에 참여할 수 있는 적절한 지원을 제공받았다면, 인종 혐오 발화자의 메시지는 일반 형법에 의한 개인적인 소송의 결과보다 더 효과적으로 좌절되거나 축소될 수 있었을 것이다.

'스코키 판결'[6]에서는, 혈통을 이유로 혐오를 옹호하는 자료의 유포를 금지하는 시 지방조례가 위헌으로 폐지되었다. 시 당국은 지방조례 조항에 대한 위반이 예상된다는 이유로, 전미 국가

---

6 *Skokie v. National Socialist Party*, 373 NE 2d. 21(1978); *Smith v. Collin*, 439 U.S. 916(1978).

사회당National Socialist Party of America의 행진을 금지했었다. 지방조례는 이런 방식의 적용이 사전 규제를 의미하며, 행진의 개최가 공공질서에 대한 충분한 위험("명백하고 현존하는 위험")의 제기라는 금지의 정당성 테스트를 충족시키지 못했기 때문에 위헌으로 결정되었다. 이때의 잠재적인 청중은 어쩔 수 없이 사로잡힌 청중captive audience이 아니었다는 것이다.[7] 이 사건에 대한 심의 기간 동안, 같은 기간에 홀로코스트에 대한 4부작 다큐멘터리가 미국 텔레비전에 방영되었다. 역량 지향적인 혐오 표현 정책을 이 사건에 적용하는 것은 흥미로울 수 있다. 이 사건은 언론의 막대한 관심을 발생시켰다. 만일 행진이 처음에 금지되지 않았다면 네오나치당 스스로가 일반적으로 홍보했던 것보다 어쩌면 더 많은 관심을 발생시켰을 것이다. 일반적인 상황에서 만일 네오나치당이 행진을 조직했다면, 어떤 종류의 대응이 만들어질 수 있을까? 가장 효과적인 대응은 구성원들이 인종주의자들이자 비유대주의자들일 가능성이 높은 네오나치당을 직접 마주침으로써가 아니라,[8] 20세기 역사에 대한 자각, 그리고 차별적인 태도가 종국에는 파괴적으로 불평등한 목적에 동원되었던 수단들에 대한 공동체 내의 일반적인 인식의 제고를 활성화함으로써 만들어질 수 있을 것이다.

역량 지향적인 혐오 표현 정책으로부터 또한 혜택을 얻을 수

---

7 비록 행진에 대한 적용 당시, 심의 기간 동안 시 인구 7만 명 중 4만 500명이 유대인이었다는 사실이 언급되기는 했지만 말이다.

8 결정에서는 네오나치당의 신념이 미국 흑인들의 열등성과 그들이 아프리카로 강제로 송환되어야 하며 유대인들이 과도한 권력을 전 세계적으로 보유하고 있다는 믿음을 포함하고 있다는 것이 언급되었다.

있는 덜 복잡한 사례들이 있다. 예를 들어 NSW 연구의 사례 M에서 역량 지향적인 혐오 표현 정책은 아랍 남성들을 폭력적이고 비이성적인 아동학대범으로 정형화했던 표현의 효과를 개선하기 위해 더 많은 것들이 행해지도록 이끌었다. 가장 분명하게는 공동체의 참여가 소송의 해결 과정에서 이루어질 수 있었다. 사례 I에서는 동양계 후손들을 모욕한 시poems에 대한 고발이 제기되었다. 비록 ADB는 시가 모욕적이라고 판결하기는 했지만, 그들은 어떠한 추가적인 조치도 취할 수 없었는데, 동양계 후손이 고발을 제기하지 않았기 때문이다. 여기서 제안된 대안적인 혐오 표현 정책에 의해 혐오 표현에 대한 대응을 만들어 내는 데 있어서 인근 관련 모임에 동양계 공동체 구성원이 참여하는 것이 가능했다. 또 다른 소송인 사례 L에서는 한 공동체 조직이 동양계 후손의 이민과 원주민 영토권에 비판적인 소책자를 법학과 학생들에게 배포했었다. 이 사례에서는 동일한 학생들에게 주는 호주 인권 및 기회균등위원회가 작성한 같은 주제에 관한 정보가 보충된 대안적인 소책자의 발행을 대안적인 정책이 도울 수 있었다.

　미래에는 인종 외에 다른 이유들로 체계적인 차별을 자행하고, 영속시키며, 유지하는 표현행위들에도 여기서 제안된 모델을 발전시키는 것이 가능할지도 모른다. 다른 이유들로 체계적인 차별이 존재한다는 것과, 그런 차별을 자행하고, 영속시키며, 유지하고자 하는 타당성 주장들을 행할 수 있다는 것이 확인될 수 있는 만큼, 이는 타당한 듯 보인다. 그러나 이 문제에 대한 연구는 상당한 집중을 요구할 것이며 여기서 이를 탐구할 여유는 없다. 그럼에도 불구하고 이 정책의 그와 같은 확장은 앞에서 인용된 조건들의 충족과 지적으로 일관된 주제가 될 것이며, 만일 여기서 제안된 틀과 방법에 의존한다면 가능할 수 있으리라 생각한다.

결론적으로 말하자면, 이 장은 "제도화된 논변" 절차를 격려하고 가능하게 하는 지원의 제공을 통한 역량 지향적인 혐오 표현 정책의 운용 가능성을 탐구했다. 이 모델은 혐오 발화자가 제기하는 타당성 주장들에 이의를 제기하는 방식으로 답변하는 것을 가능하게 해준다. 이는 사상의 교환을 위한 가능성을 열어준다. 이러한 방식으로 장기간에 걸쳐 행위는 물론 심지어 태도의 변화마저도 달성할 수 있게 될 것이다. 이 정책은 욕망하는 목적을 집합적으로 구성함으로써 담론적으로 변화를 달성고자 한다(Habermas, 1987:271). 제도화된 논변 절차는 인종차별을 제거하려는 목적의 담론적 구성에 해당될 것이다. 이 책에서 제안된 종류의 정책은 누군가가 싫어하는 표현을 금지하는 것이 아니라 표현에 응답해야 한다고 선언하는 자들에게 그런 대응의 생성을 도와주는 공공정책을 처음으로 가능하게 함으로써 답을 제공한다. 이 정책은 따라서 개인의 발달에 표현이 갖는 중요성, 토론과 목적에 대한 담론적, 집합적, 사회적 구성에 표현이 갖는 중요성(모든 표현의 자유 원칙의 "핵심"에 암묵적으로 놓여 있는 이해), 그리고 혐오 표현의 해악을 인식하고 이에 대응할 수 있게 할 것이다.

결론

"내가 여기서 어느 길로 가야 하는지 알려주겠니?"
고양이는 대답했습니다.
"그건 네가 어디로 가고 싶어 하는지에 달려 있단다."
루이스 캐롤, 『이상한 나라의 앨리스』

　나는 표현 정책에 대한 역량 이론적 접근을 변론했다. 그것이 표현의 자유를 보장하려는 목적과 혐오 표현의 해악을 개선하려는 목적을 상호 협력적이며 동시에 촉진되는 것으로 간주할 수 있는 틀을 제공하기 때문이다. 이러한 혐오 표현 정책은 혐오 발화자를 처벌하거나 일탈적인 표현을 규제하는 것이 아니라, 피해자 공동체가 말하는 데 도움을 제공해 주도록 설계될 것이다. 이는 피해자 공동체가 혐오 표현 행위를 논박contradict하고 이에 대항하기 위해 대응하는 것을 가능하게 한다. 이 정책은 혐오 표현의 피해자가 "되받아쳐서 말하는 것"을 격려하고 가능하게 만들 것이다. 피해자의 **대항 표현**은 혐오 발화자가 행한 주장들을 논박할 수 있으며, 피해자가 혐오 표현의 침묵시키는 효과들을 극복할 수 있게 해준다. 대항 표현이 가능하도록 설계된 정책은 따라서 표현의 자유의 행사에 대한 참여를 극대화하며, 동시에 혐오 표현 행위에 의해 구성되는 해로운, 담론적 차별 행위의 약화시키고, 소외시키며, 능력을 박탈하고, 침묵시키는 효과들을 극복하는 데 기여한다. 혐오 표현 발언들에 대한 대응을 생성시키는 도움의 제공에 집중된 혐오 표현 정책을 허용함으로써, 이런 정책은 표현에 대한 참여를 강화한다.

혐오 표현 정책에 대한 이 새롭고 창의적인 접근은 필연적이다. 표현의 자유의 조건들을 유지시키는 것과 혐오 표현의 해악을 개선하는 것 사이에서 정책 입안자들에 의해 추구되는 "균형"은, 표현의 자유의 목적이 표현의 자유의 행사에 대한 제약을 최소화하는 것이 되어야 한다는 어떤 규범적인 전제에서 기인하기 때문이다. 그와 같은 전제는 표현의 자유와 혐오 표현에 대한 가능성 있는 정책 접근들을 제한한다. 그것은 해로운 표현을 개선하려는 목적이 **잔여적인** 정책 목적으로서의 표현 정책에 통합될 수 있으며 통합되어야 한다고 가정한다. 다시 말해 정부의 제재로부터 불가피하게 면제된 것으로 간주된 남겨진 표현만이, 소송 가능하고 유해한 표현으로 간주되는 것이다.

이러한 결론들은 이 책에서 수행된 경험적 연구에서 제기된 세 가지 핵심 문제들을 설명해 준다. 이는 NSW 정책이 어째서 많은 표현들을 규제로부터 면제된 것으로 만드는 방향으로 형성되었는가를 이해하는 문제, 그 정책의 적용에서의 명백한 비일관성을 설명하는 문제, 그리고 실현 가능한 법적인 혐오 표현의 정의를 고안하는 것이 가능한가라는 문제이다. 첫 번째 문제는 NSW 법이 표현의 자유의 보장과 혐오 표현의 해악의 개선이라는 경쟁적인 이해관계들 사이에서 '균형'을 유지하고자 한다는 것을 규명함으로써 설명되었다. 이러한 '균형'은 한편으로는 소송 가능한 표현의 범주에 광범위한 예외를 제공하고, 다른 한편으로는 대부분 처벌적인 해결 절차(비록 민사 조항을 통해서이지만)를 촉진함으로써 두 목적을 직접적으로 대립시킨다. 이러한 '균형'은 NSW 정책 기획의 기저에 놓여 있는 이론적인 전제들에서 기인한다. 두 번째 문제는 개별 소송에서의 개인화되고 사적인 해결 절차에 대한 의존이 그 법이 혐오 표현의 규명된 피해―피해자들의 침묵을 포함하여―에 직접 대응할 수 없다는 사실을 의미한다는 것을 입증함으로써 설명되었다. 이와는 달리 혐오 표현 정책에 대한 '말대꾸' 방식의 접근은 포괄적인 해결 절차, 즉 피해자들의 인간 역량의 발달에 기여하는 방식으로 혐오 표현에 대한 공적인 대응의 생성을 포함하는 해결 절차를 제공해 줄 수 있다. 세 번째 문제는 표현이 행위일 수 있다는 것을 이해하는 방법으로 표현-행위 이론 분석을 제안함으로써, 그리고 어떤 표현이 혐오 표현 행위에 해당되는가를 이해하고 규정할 수 있는 방법으로 타당성 주장 분석을 제안함으로써 해결되었다. 하버마스의 의사소통행위 이론의 틀 내에서 혐오 표현 행위가 무엇을 행할 수 있는가에 대한 분석을 배치함으로써, 나는 혐오 표현 행위가 어떻게 담론적으로 차별을 실행할 수 있는가를 입증했다. 이러한 차별은 혐오 표현 피해자들이 자신들의 개인적 역량들을 발달시키는 것을, 온전한 인간적인 삶을 살아가는 것을 방해할 수 있다. 이것이 발생할 수 있는 가장 중요한 방식 중 하나는 침묵을 통해서, 즉 혐오 표현 행위에 대한 대응을 "발화 불가능unspeakable"하게 만드는 것을 통해서 일어난다. 역량 이론의 맥락에서 이러한 혐오 표현 행위의 효과는 이처럼 불공

평하고 불공정한 부담을 극복하도록 설계된 정책 대응의 제공을 허용한다.

나는 나의 정책 제안이 "제도화된 논변" 정책이라고 설명했다. 이 모델은 대항 표현의 생성을 가능하게 해주는 지원의 제공을 요청한다. 이러한 대응은 혐오 발화자가 혐오 표현 행위에서 행한 주장들에 직접 이의를 제기하게끔 해줄 수 있고, 또한 되받아쳐 말할 수 있도록 혐오 표현의 피해자들의 능력을 강화해 줄 수 있으며, 따라서 혐오 표현 행위의 무장해제하고 능력을 박탈하는 침묵 효과들을 극복하게 해줄 수 있다. 시간이 지남에 따라 이러한 담론의 제도화는 혐오 발화자의 타당성 주장들에 대한 문제 제기를 위한, 그리고 어쩌면 태도 변화를 달성하기 위한 시작을 만들어 낸다. 그러한 대항 표현을 가능하게 하는 제도적 지원을 제공해 줌으로써, 제안된 정책은 많은 정책 논증들에서는 부재하거나 충분히 강조되지 않는 표현에 대한 참여를 보장하는 문제에 직접 대면한다.

표현 정책이 표현의 자유에 대한 규제의 축소가 아니라, 표현에 대한 참여를 보장하는 적극적인 조치를 취하는 것을 의미할 수 있다는 생각은 다른 곳에서도 제기되었다. 예를 들어 노르웨이에서는 1999년에 표현의 자유에 관한 정부 위원회가 표현의 자유에 대한 권리를 소중히 여기는 노르웨이 헌법 100조의 수정을 제안했다. 동시에 그 조항은 "어떤 개방되고 계몽된 공적인 토론을 가능하게 하는 조건들을 만들어 내는 것은 국가 당국의 책임이다"라고 규정했다. 그 조항에 이 구절을 포함시키는 이유를 설명하면서, 위원회는 그러한 조건들을 만들어 낼 의무는 "혜택을 받지 못하는 집단들에게 더 넓은 청중들에게 말을 건넬 수 있는 필수적인 수단들을 제공해 줌으로써, 그들의 말이 들릴 수 있는 것을 도와 줘야 할" 의무라고 규정했다(Norwegian Governmental Commission of Freedom of Expression, 1999). 비록 이 조항이 혐오 표현에 대한 대응으로 구체적으로 설계된 것은 아니지만, 노르웨이의 정책이 소외된 집단들의 말할 수 있는 능력이 강화될 수 있는 조건들을 제공하도록 설계되었기 때문에 그것의 중요성과 목적은 이 책에서 행해진 제안과 매우 밀접하게 관련된다. 노르웨이 헌법에 이 구절을 포함시킨 것은 서구 자유민주주의 국가들 내에서 표현의 자유 정책이 정부 측의 규제의 부재 이상을 필요로 한다는 것을 수용하기 시작했다는 증거를 제공해 주는 것이다.

이러한 노선들을 따라 설계된 혐오 표현 정책은 표현 정책을 둘러싼 논쟁들의 한계를 이동시킬 수 있는 가능성을 가지고 있다. 이는 정책 입안자들로 하여금 표현의 자유의 행사에 대한 참여를 강화하는 법을 고려하도록 만든다. 이는 현재의 상황 하에서 표현의 자유의 행사로부터 누가 배제될 수 있는가에 대한 인식을 포함한다. 이는 또한 역량 지향적인 혐오 표현 정책을 실행하는 것이 사람들의 삶을 개선할 수 있는 구체적인 방식들에 대한 고려를 포함하는 것이다.

표현의 자유와 혐오 표현, 두 마리 토끼를 잡을 수 있을까?

세월호 유가족 모욕, 5·18 역사 왜곡, 가짜 뉴스, 혐한, 여성 혐오, 동성애 혐오……. 한국 사회를 몇 년째 뜨겁게 달구고 있는 주제 중 하나는 표현의 자유와 혐오 표현에 대한 문제이다. 한쪽에서는 민주주의 사회에서 표현의 자유를 억압하는 것은 검열과 독재와 다를 바가 없다고 비난하고, 다른 한쪽에서는 혐오 표현의 경우 표현의 자유로 용인되어서는 안 되며, 사회적 약자에 대한 차별이나 폭력과 다를 바 없다고 맞선다. 이런 평행선을 달리는 팽팽한 두 입장은 영영 화해할 수 없는 것일까? 표현의 자유의 중요성도 긍정하면서, 혐오 표현 문제를 해결할 방법은 없는 것일까?

호주의 정치학자 캐서린 겔버는 자신의 책 『말대꾸: 표현의 자유 대 혐오 표현 논쟁Speaking Back: The Free speech versus Hate speech Debate』에서 이러한 딜레마와 이분법에 도전한다. 대립되는 관점을 이론적으로도 정책적으로도 조화시킬 수 있다는 것이다. 그녀가 보기에 그동안의 이런저런 해법들은 오로지 하나의 해결책, 즉 '표현의 자유'만을 극단적으로 옹호하거나, 아니면 과도한 '혐오 표현 규제'에만 신경 쓰면서, 이 둘을 대립시키다가 둘 다 해결하지 못하는 결과를 초래해 왔다. 그녀는 어떻게 이 두 마리 토끼를 다 잡을 수 있다는 것일까? 그녀가 제시하는 해결책을 살펴보기 전에, 먼저 그동안 하나의 토끼만을 쫓아온 사람들의 이론적·실천적 문제점을 살펴보아야 할 것 같다.

표현의 자유의 문제점

표현의 자유를 옹호하는 사람들은, 학문과 사상의 자유에 있어서 표현의 자유가 핵심이라고 주장한다. 그들은 표현의 자유를 위해서는 해로운 표현이라 하더라도 관용해야 한다고 타이른다. 이를테면 조나단 라우흐Jonathan Rauch는 사상과 표현의 자유에 대한 제약은 학문의 자유에 적대적이라고 주장하면서, 모욕의 피해자에게는 "안됐네요. 그래도 당신은 살아갈 것입니다"라고 말해 주는 것이 최선이라고 주장한다.

그러나 겔버에 따르면, 이렇게 표현의 자유만을 옹호하는 사람들은 잘못된 표현의 자유 개념에 의지하고 있거나, 이런 관점에 입각하여 제정된 실제 규제법에서도 많은 혐오 표현들을 빠져나가도록 방치하는 결과를 초래하면서 문제점들을 노출시킨다.

예컨대 겔버는 호주의 뉴사우스웨일스 주의 인종모욕법(NSW

법)에 대해 수행한 10년에 걸친 연구를 통해, 원래는 이 법이 혐오 표현의 해악을 막고 표현의 자유도 보장하기 위한 좋은 의도에서 입법되었지만, 사실상 혐오 표현 규제에 실패했다고 진단한다. 그녀가 분석한 호주의 NSW 법의 사례는 한국에서도 혐오 표현 금지법이 실행될 경우 발생할 수 있는 문제점들을 반면교사로 보여 준다는 점에서 유의미할 것이다.

그녀는 이 책의 1장인 '문제: 인종모욕금지법의 실제 사례, 1989-1998'에서 NSW 법의 문제점들을 조목조목 지적한다. 우선 NSW 법은 호주의 뉴사우스웨일스 주 내에서 점증하는 인종 혐오 표현을 규제하기 위해 시행된 법으로, 민사와 형사 고소를 통해 혐오 표현을 제재할 수 있다는 것을 명시한 법이었다. 그런데 표현의 자유를 위축시킨다는 비난에 직면하여 이 법은 광범위한 예외조항을 두었다. 즉 예술작품이나 학문적 토론이 규제당할 수 있다는 우려의 목소리가 있었던 것이다.

따라서 어떤 것이 소송 가능한 혐오 표현인지를 결정하는 NSW 차별금지위원회(ADB)는, 어떤 표현이 혐오 표현인지를 결정함에 있어서 매우 보수적인 기준, 소위 '혐오 문턱'을 높게 두었다. 그 결과 많은 혐오 표현의 피해자들은 이 높은 혐오 문턱에 가로막혀 구제될 수 없었고, 애매한, 암묵적인 혐오 표현들은 공적 토론이라는 명분하에 예외조항으로 면제를 받아 빠져나갔다.

예를 들어 "다문화주의가 위협한다", "이민자들에게 들어가는 숨겨진 비용", "호주의 4분의 1이 동양인" 등의 자극적인 제목으로 호주에 다양한 동양인 이민자들이 호주 사회를 위협하고 있다고 경고한 신문기사(사례 O)가 혐오 표현이라기보다는 공적 토론이라고 볼 수 있다는 이유로 혐오 표현으로 간주되지 않았다. 또한 아랍 남성을 "예수님을 발견하기" 전에는 폭력적이고 아동 학대자이며 비이성적인 것으로 묘사한 기독교 근본주의자들의 만화(사례 M) 역시, 무슬림을 모욕하려던 것이 아니라 하나님의 사랑을 가져다주는 것이 목적이었다는 가해자의 항변이 먹혀서 혐오 표현으로 간주되지 않았다.

한편 겔버는 실정법인 NSW 법뿐만 아니라 표현의 자유에 대한 지배적인 이론적 개념 역시 비판한다. 겔버는 이 책의 2장 '표현의 자유 확장하기'에서, 영향력 있는 표현의 자유 옹호론 네 가지(진리 논증, 자기 발전 논증, 권리 논증, 민주주의 논증)를 소개하고, 각각을 비판한다.

예컨대 표현의 자유를 옹호한 존 스튜어트 밀의 유명한 『자유론』에서 출발한 진리 논증은, 사상과 의견에 대한 자유로운 토론이 '진리'의 획득을 낳을 수 있다는 점에서 표현의 자유를 옹호하는 관점이다. 즉 쉽게 말해 표현의 자유가 '진리'에 도움이 되기 때문에 보장되어야 한다는 것이다.

그러나 겔버는 진리 논증을 여러 측면에서 비판한다. 우선 진리 논증은 진리 추구만이 최고의 가치라고 가정하면서 표현의 자유를 옹호하기 때문에, 다른 경쟁하는 가치들, 예컨대 영업 기밀 혹은 명예훼손, 시민들을 해악으로부터 보호할 필요 등을 고려하지 않는다. 또한 표현의 자유를 보장했을 때에만 진리가 출현한다는 가정은 입증되어야 하는 문제이며, 많은 진리는 맥락에 따른 것이기 때문에 규정하기 힘들다는 문제도 있다. 겔버는 원주민 여성에게 "흑인 걸레", "그냥 껌둥이"(사례 F)라고 말하는 것이 대체 진리에 대한 기여와 어떤 관련이 있느냐고 반문한다. 다시 말해 진리 추구와 조화될 수 없는 표현들, 즉 혐오 표현이 있다는 것이다.

다음으로 역시 밀에 의해 개진된 자기 발전 논증은, 표현의 자유가 개인의 자기 발전과 개성의 구축에 도움이 된다는 입장이다. 그러나 자기 발전 논증 역시 여러 가지 문제점들을 가지고 있다. 예컨대 밀은 자기 발전에 도움이 되는 표현이라면 그것이 '좋은' 표현이든 '나쁜' 표현이든 상관없다고 보았는데, 이러한 중립주의적인 원칙은 실제 법으로 입안될 경우 인종 혐오 표현마저도 그것이 개인의 자기 발전에 도움이 된다면 용인해 버린다는 데 있다. 또한 겔버가 보기에 자기 발전 논증은 자기 발전의 주체가 개인이 중심이 되기 때문에 지나치게 개인주의적이다. 개인의 자기 발전은 사회적 조건이 보장되었을 때에 가능한 것임에도, 이런 문제들은 해결하지 못한다는 문제가 있다는 것이다.

앞의 두 논증들은 표현이 개인 또는 사회에 가져다줄 이익 또는 공리에 근거하여 표현의 자유를 결과론적으로 옹호한다. 그런데 표현의 자유 자체가 권리라는 의무론적 입장도 가능하다. 예컨대 드워킨은 개인의 권리는 다른 다수결적인 전체의 이익에 의해서 희생될 수 없다고 간주하면서 표현의 자유의 권리를 주장한다. 이를테면 그에 따르면 개개인은 모두 평등한 존중과 배려를 받을 권리를 보유하고 있다. 이런 권리는 양도 불가능한 불가침한 성격을 갖기 때문에, 정부가 다수의 복리나 효용을 근거로 규제할 수는 없다는 것이다.

겔버는 이런 드워킨 식의 권리 논증이 실정법에 적용될 경우, 미국 수정헌법 1조와 같이 그 어떤 표현에 대한 규제도 반대하는 절대주의적인 입장을 가지기 때문에, 모욕적이거나 해로운 표현조차도 보호하는 경향을 갖는다고 지적한다. 또한 권리 논증의 문제점은 화자의 권리를 청자의 권리에 비해 중시한다는 문제가 있다. 모욕적이고 해로운 표현마저도 권리로 보호하는 것은, 그런 표현들로 인해 고통 받을 청자의 권리에 비해 화자의 권리에 특권을 부여하는 것이다. 현실 세계에서 상처를 주는 표현들이 주로 사회적 약자들을 향해 제기되고 있음에도, 드워킨의 권리 논증은 이런 불평등한 권리의 분담에 대해서는 눈을 감는다.

한편 민주주의 사회는 정부를 비판할 수 있고 시민들은 공론장에 참여함으로써 자신들에게 영향을 미치는 정치적 의사결정을 스스로 할 수 있는 체제이다. 따라서 당연히 대의 민주주의에서는 표현의 자유가 핵심이라고 볼 수 있다. 표현의 자유는 무엇보다도 민주주의를 위해서도 중요한 것이다. 이러한 입장은 표현의 자유에 대한 민주주의 논증이라 볼 수 있다.

그런데 겔버는 민주주의 논증이 다수결주의로 간주되어 민주주의적 절차를 이용해서 다수의 결정만을 중시하는 식으로 법에 적용될 경우, 다수가 보호할 가치가 있다고 여기는 표현은 허용하지만 그렇게 여기지 않는 일부 표현에는 억압하도록 악용될 수 있다고 주장한다. 겔버는 인종차별에 대해 아이들을 '푸른 눈과 갈색 눈'으로 나누어서 실험한 유명한 제인 엘리엇 Jane Elliott의

'푸른 눈과 갈색 눈' 실험처럼, 이때 다수가 이미 주류 질서를 내면화한 편견에 젖어 있는 푸른 눈을 가진 사람들일 경우, 이들은 갈색 눈을 가진 소수 집단의 표현을 억압할 수 있다고 설명한다.

겔버에 따르면 이러한 지배적인 표현의 자유 옹호론들은 모두 '소극적 자유' 개념에 의지하고 있다. 소극적 자유Negative Liberty란 '무엇으로부터의 자유', 즉 자유를 방해하는 제약의 부재를 뜻하는 자유 개념으로, '무엇을 행할 자유, 무엇이 될 자유', 즉 자기 결정과 자기 지배로서의 자유를 뜻하는 적극적 자유Positive Liberty와 대비된다. 표현에 대한 제약이나 규제에 반대하는 소극적 자유로서의 표현의 자유 개념은, 혐오 표현 같이 해로운 표현을 어떻게든 막고자 하는 입장과는 대립될 수밖에 없다.

겔버는 이런 소극적 표현의 자유 개념이 암묵적이거나 명시적인 방식으로 표현의 자유 옹호론에 녹아 있다고 설명한다. 소극적 자유 개념에 의지한 주류 표현의 자유 옹호론들은 표현의 극대화 그 자체만을 강조함으로써, 모욕적이거나 해악을 끼치는 표현들에 대해서는 방관하거나 대안 제시에 실패하여 궁극적으로는 사회적 약자들의 불평등을 가중시킨다는 문제점들이 있는 것이다.

혐오 표현 규제의 문제점

한편 겔버가 보기에 혐오 표현 규제라는 토끼만을 쫓는 것에도 문제점들이 존재한다. 혐오 표현은 차별과 불평등을 지속시키고, 피해자에게 심각한 해악을 끼친다는 점에서 응당 해결되어야 할 심각한 부정의지만, 그 해결책이 꼭 처벌적이거나 규제적인 제제가 강제되어야 하는가라는 문제가 있다. 더군다나 혐오 표현 규제법의 목적인 혐오 표현의 해악의 감소가 정말로 법을 통해 해소되는가라는 의구심이 존재한다.

겔버는 오스틴과 하버마스, 그리고 랭턴의 논의 등을 고찰하여, 혐오 표현은 불평등과 차별을 지지하고 실행하며, 침묵시키는 해악을 낳는 표현 행위로 정의한다. 그렇다면 이러한 해악을 과연 혐오 표현 규제법들이 감소시킬 수 있는가, 법이 피해자들의 불평등이나 침묵의 개선에 도움이 되는가이다. 겔버는 이 책의 4장 '혐오 표현은 해로운 행위다'에서 형사 규제적인 접근법이 혐오 표현의 해악을 개선하는 데 거의 소용이 없다고 주장한다.

이를테면 혐오 발화자를 구금하는 방식의 형사 규제 접근법의 경우엔, 최소한 수감 기간 동안은 혐오 발화자가 더 넓은 공동체에서 차별을 실행하는 것을 막을 수 있을지는 모르지만, 피해자에 대한 혐오 표현의 해악을 시정해 주지는 못한다. 또한 처벌 지향적인 접근은 피해자들이 말할 수 있도록 해주는 직접적인 도움을 제공하지 않는 방식이기 때문에, 혐오 표현 피해자들이 자신들이 겪은 차별에 이의를 제기하도록 직접적으로 능력을 강화하지 않는다.

그녀는 처벌이 효과적인 억제로 기능하지 못하고 범죄자들을 무력화하게 할 수 있는 효과적인 수단으로도, 상습적인 범행에 대한 예방으로도 작용하지 않았음을 보여 주는 범죄학적인 증거 결과를 인용하면서, 범죄에 대한 '사회적 대응'이 더 효과적이라고 주장한다. 구금이나 개인적인 사과, 벌금 납부 등의 처벌적인 제재로는 되풀이되는 혐오 표현을 막을 수 없다는 것이다.

다른 한편 NSW 법과 같이 벌금을 부과하는 것이나 개인적인 사과문을 이끌어 내는 것과 같은 접근들 역시 본질적으로는 처벌 지향적이며, 사회적인 문제에 대한 사적인 해결책으로 인해 혐오 표현 행위에 의해 행해진 구체적인 해악들에 대한 대응을 제공하지 않는다고 말한다. 겔버는 이 책의 1장 '문제: 인종모욕 금지법의 실제 사례, 1989-1998'에서 NSW 법이 사적이고 개인적인 해결책을 선호함으로써 피해자들을 보호하지 못했다고 주장한다. 그녀가 설명하는 피해자들이 이 법에 의해 보호를 받을 수 없었던 원인은 다양하다.

예컨대 피해자는 가해자가 열성적인 혐오주의자이기 때문에 그만두라는 명령이나 사과문이 그를 변화시키지 못할 것이라고 느꼈으며, 가해자인 혐오 발화자는 가난했기 때문에 부과된 벌금도 지급받지 못할 것 같다고 판단하여 고소를 철회한 사례가 있었다. 또한 원고가 모욕을 받은 직접적인 당사자가 아니라는 이유로 고소가 거부된 케이스도 있었다. 일부 사례들에서는 피해자가 풀타임 노동자였기 때문에 고소를 추진할 시간이 없어서 취하했거나, 가해자의 보복이 두려워서 고소를 철회하고 연락이 두절된 사례도 있었다. 또한 길거리에서 발생한 혐오 표현처럼 가해자를 특정할 수 없거나, 피해자를 특정하기 힘든 경우도 있었다.

또한 피해자와 가해자가 직접 연락을 취하거나 신원을 파악해야 하는 식으로 신원 노출의 위험이랄지, 사건 당사자들 위주

로만 구성된 해결 절차 역시 문제였다. 혐오 표현은 반복적으로 되풀이되는 사회적인 현상이고, 피해자 집단 역시 광범위할 수 있음에도 개인적인 해결책들을 선호했던 것이다. 이 모든 사례들은 법이 지나치게 사적이고 개인적인 해결책들을 제시했기 때문에 피해자들이 사실상 보호를 받지 못했음을 보여 준다. 혐오 표현 규제법인 NSW 법은, 그 법의 목적인 해악의 감소에 있어서 실효를 거두지 못했음을 보여 주기 때문에, 한국 사회에도 시사하는 바가 적지 않다고 하겠다.

겔버는 또한 이 책의 6장 '말대꾸 정책'에서, 이전에 이런저런 학자들에 의해 다양하게 제시된 혐오 표현 규제책들 역시 비판한다. 첫째로 마쓰다와 매키넌 등은 정치적이고 공적인 논의에 특히 중요한 표현, 즉 소위 '높은 가치를 갖는' 표현은 내버려 두는 반면, '낮은 가치를 갖는' 혐오 표현은 특수한 범주의 유형으로 분류하여 규제하자고 주장한다. 그러나 겔버가 보기에 고차원적인 가치를 갖는 정치적 표현과 질 낮은 가치를 갖는 혐오 표현을 구분하는 해결책은 그러한 구분의 기준 자체가 모호할 수밖에 없으며, 또한 많은 세련되고 난해한 혐오 표현들은 공적 논의의 외양을 쓰고서 빠져나갈 공산이 있다.

둘째로 직접적이고 개인적인 협박이나 위협과 집단 명예훼손을 구분하여, 직접적인 모욕의 맞닥뜨림만 명예훼손법을 통해 규제하고, 집단 명예훼손은 내버려둬야 한다고 주장하는 플라빈의 입장 역시 비판받는다. 겔버에 따르면 이런 규제는 직접적인 위협이나 협박은 규제할 수 있지만, 피해자 전체 집단을 향한 메시지는 규제로부터 면제시키며, 혐오 표현이 개별 청자뿐 아니라 그들이 속하는 것으로 여겨지는 집단 및 제3자에게 영향을 미치는 사회적 행위라는 점이 누락되어 있다.

셋째로 혐오 표현의 개별 피해자들이 혐오 표현을 불법행위로 간주하여 민사상의 손해배상 소송을 하자는 델가도의 제안역시 비판받는다. 이 제안은 손해배상 소송을 진행하는 데 있어서 개별 피해자의 결정과 해결책에 강조를 둔다. 문제는 혐오 표현의 대상이 된 피해자들이 직접 대응하는 방식이 아니라는 데있다. 따라서 겔버는 이런 제안은 혐오 표현의 침묵시키는 효과들을 개선하지 못한다고 비판한다.

넷째로 혐오 표현 행위의 수신자가 혐오 발화자의 언어를 재수행restaging하고 재의미 부여resignifying함으로써 혐오 표현의 해로운 효과들에 대항하자고 권고하는 버틀러의 제안 역시 비판받는다. 겔버에 따르면 버틀러의 제안은 혐오 표현에 대해 규제나 처벌을 옹호하지 않는다는 점에서 다른 제안들에 비해 뛰어나기는 하다. 버틀러는 혐오 표현의 표적이 된 자들은 그 언어에 담긴 단어들 속에서 구성되며, 따라서 바로 그로 인해 상처를주는 언어에 유의미한 방식으로 대응하고 대항할 수 있는 가능성 역시 부여받게 된다. 말하자면 가해자의 혐오 표현 역시도 전유하고 재구성하는 방식으로 대항할 수 있다는 것이다.

그러나 겔버가 보기에 가해자의 언어가 전유되고 재구성될수 있다는 인식을 지니고 있는 것과, 실제로 그렇게 할 수 있는것은 반드시 동일한 것은 아니다. 또한 피해자들의 행위 주체성또는 행위 능력을 지나치게 강조하는 버틀러의 접근법은 다른언어 사용의 효과들, 즉 혐오 표현의 침묵시키고 능력을 박탈하는 효과를 충분히 고려하지 않는다.

마지막으로 혐오 표현의 '해악'에 주목하여, 실제 사회적 약자 집단에게 겨냥되어 해악을 낳는 표현에 대해서만 규제하자는 선스타인과 마쓰다, 사더르스키 등의 주장 역시 비판받는다. 겔버에 따르면 이들의 입장은 혐오 표현의 영향이나 해악을 인정하고 그에 따라 혐오 표현의 경중을 따진다는 점에서 의미가 있지만, 이 역시 규제적이거나 처벌적인 방식이라는 문제가 있다.

이상에서 보듯이, 혐오 표현 정책 제안들은 사실상 표현의 자유를 위축시키고 혐오 표현의 해악을 다루지 못한다. 그럼 어떻게 해야 하는 것일까?

말대꾸 정책

겔버에 따르면 혐오 표현은 사회적 약자들을 침묵시킴으로써, 이들이 표현의 자유에 참여하고 이를 행사할 수 있는 역량을 저해한다. 겔버는 혐오 표현의 피해자들이 되받아쳐 말할 수 있도록 해주는 교육적, 물질적, 제도적 지원, 즉 '말대꾸 정책'이, 표현의 자유에 참여하는 것을 극대화하려는 목표와 혐오 표현의 해악을 개선하려는 목표를 상호 협력적으로 달성시킬 수 있다고 주장한다. 표현의 자유와 혐오 표현이라는 두 마리 토끼를 잡기 위해서는, 먼저 표현의 자유를 지금까지와는 다르게 상상해야 한다.

겔버는 이 책의 2장 '표현의 자유 확장하기'에서 자유를 방해의 배제로 바라보는 소극적 자유 입장과 달리, 적극적 표현의 자유를 옹호한다. 이는 자유를 단순히 '기회'가 아닌 '행사'로 간주하여, 자유가 행사될 수 있는 조건들을 고려하는 것이다. 이러한 적극적 표현의 자유는 법이나 정책이 실제 표현에 대한 참여를 보장해 줄 수 있는 조건들의 제공을 고려해야 한다는 것을 나타낸다. 단순히 국가를 자유의 적으로 바라보거나 표현을 금지하거나 검열하지 않는 수동적인 역할로 보는 것이 아니라, 표현의 자유를 능동적으로 조성해 주는 적극적인 역할 수행자로 보는 것이다.

이처럼 겔버는 표현의 자유와 혐오 표현 규제를 조화시킬 수 있다고 본다. 그 핵심 키워드는 '역량'이다. 역량이란 사람들이 실제로 원하는 무언가를 행할 수 있고 원하는 누군가가 될 수 있는 실제 기회를 뜻한다. 만일 사람들이 원하는 사람이 될 수 없거나 원하는 바를 이룰 수 없다면, 그런 사회는 역량을 보장받지 못하는 사회라고 볼 수 있다. 이러한 역량 개념은 훌륭하게 짜인 정치체는 정치 설계자들이 인간 번영이 가능해지는 조건의 제공을 보장하는 것이라는 아리스토텔레스까지 거슬러 올라간다. 그는 '훌륭한 입법자'라는 개념을 통해, 훌륭한 정치체라면 시민들이 잘 살 수 있고 잘 기능할 수 있는 수단들을 제공해야 할 의무가 있다고 주장했다.

누스바움은 이러한 아리스토텔레스의 관점을 소생시켜서 인간다운 삶, 잘 기능하는 삶을 위해서는 '육체적 건강', '육체적 통합성', '감성', '상상과 사고', '감정', '다른 종種들', '놀이', '환경을 둘러싼 통제', '실천이성', '친밀성' 등의 최소한의 '핵심 역량들'

이 필요하다고 주장했다. 겔버는 누스바움의 역량 접근법을 받아들여서, 이러한 핵심 역량들이 보장되기 위해서는 표현의 자유가 핵심적이라고 주장한다. 그녀에 따르면 표현은 인간 역량들의 실현에 핵심적인 것으로, 즉 다양한 방식으로 훌륭한 인간적인 삶에 기여하거나 손상시킬 수 있다. 사상, 지식, 의견을 의사소통할 수 있는 도구로서 표현에 참여하는 것은, 인간 발전에 핵심적인 활동인 것이다.

이러한 겔버의 입장은 표현의 자유에 대한 '역량 논증'이라고 부를 수 있을 것이다. 표현의 자유는 인간의 역량의 발달에 핵심적이며, 혐오 표현은 이러한 역량을 방해하는 것이다. 따라서 겔버는 저하된 피해자들의 표현 역량을 끌어올리는, 혐오 표현에 대한 해법으로 피해자들이 직접 표현 과정에 참여하는 '말대꾸 정책'을 제안한다. 이러한 말대꾸 정책은 표현의 자유를 극대화함과 동시에 혐오 표현의 해악 역시 개선할 수 있다는 점에서 '일석이조', '일거양득'인 것이다.

그렇다면 어떻게 혐오 표현에 말대꾸 할 수 있을까? 대항 표현의 메커니즘을 파악하기 위해서는 우선 혐오 표현의 작동 방식을 분석할 필요가 있을 것이다. 겔버는 위르겐 하버마스의 '의사소통행위 이론'을 활용하여 혐오 표현의 논리를 분석한다.

하버마스에 따르면, 화자는 의사소통을 할 때 어떤 주장을 제기한다. 이를 '타당성 주장'이라고 하며, 타당성 주장은 세 가지로 구분될 수 있다. 즉 1) 객관세계의 '사실성'에 대한 주장, 2) 상호주관세계의 규범 및 가치들의 '정당성'에 관한 주장, 3) 화자 자신의 주관세계에 대한 '진정성'과 관련된 주장 등이 그것이다. 화자는 이 세 가지 타당성 주장 중 하나 이상을 행한다. 다시 말해 화자가 어떤 발언을 한다면 그는 객관적인 사실에 관한 이야기를 하든지, 규범 및 가치들을 주장하든지, 화자 자신의 내면에 관련된 이야기를 하든지 하는 것이다.

겔버는 하버마스의 타당성 주장을 활용하여, 혐오 표현의 구조 역시 세 가지 차원에서 분석한다. 우선 혐오 발화자는 1) 객관세계에서 불평등을 주장하고, 2) 상호주관세계의 규범 및 가치들에 있어서는 차별을 지지하고 실행하며, 3) 주관세계의 내면에 있어서는 혐오를 드러낸다는 것이다. 그렇다면 대항 표현은 각각의 타당성 주장의 반대급부로 구성되어 행해질 수 있을 것이다. 예컨대 1) 객관세계에서는 평등을 주장하고, 2) 상호주관세계에서는 차별 금지를 지지하며, 3) 주관세계에서는 역량 강화를 표현하는 것이다.

겔버는 이러한 대항 표현의 사례로 다양한 수단과 방법을 제시한다. 예컨대 혐오 표현이 길거리에서 우연히 발생했다면, 피해자 또는 피해자 집단이 인근 지역 내에 지역신문을 제작해 배포하거나, 직장에서 발생했다면 직장 내에서 반反인종차별 프로그램의 개발을 돕는 식이다. 혐오 표현이 언론에서 발생한다면, 피해자가 매체에 반론의 권리를 요구하는 식이다.

이런 대항 표현 또는 말대꾸는, 우리 사회에서도 사회적 약자들이 연대하여 집단적으로 대응하는 사례들에서 찾아볼 수 있다. 따라서 겔버가 제시하는 역량 논증과 말대꾸 정책은, 표현의 자유를 규제했을 경우 발생할 부작용들을 최소화하면서도 혐오 표현의 문제와 확산을 제지한다는 점에서, 표현의 자유라는 토끼도 잡고, 혐오 표현의 예방 및 대응이라는 다른 토끼도 잡는 해법일 수 있다. 서로 대립적인 관심들을 통합하고 조화시키는 혁신적인 방안인 것이다.

이러한 이분법을 해결하려는 노력은 정치학자 코리 브렛슈나이더Corey Brettschneide 역시 제안한 바 있는데, 여기서 간략히 소개하고자 한다. 그는 국가가 시민의 표현들을 감시하고 통제하는 극단적인 사회를 '혐오를 금지하는 사회Hatebanning Society' 또는 '침략 국가Invasive State'라고 일컫는다. 다른 한편 혐오 표현이 창궐하고 번성하여 사회적 약자들에게 막대한 해악을 끼치는 사회를 '혐오스러운 사회Hateful Society'라고 지칭한다. 이런 두 극단의 사회('혐오를 금지하는 사회'와 '혐오스러운 사회')는 모두 바람직하지 않다.

반면 국가가 혐오 표현에 방관하지 않고 해악을 막기 위해 개입하기는 하지만, 시민들의 자유를 억압하지 않는 사회를 브렛슈나이더는 '혐오를 허용하는 사회Hate-allowing Society'라고 설명한다. '혐오를 허용하는 사회'는 '혐오를 금지하는 사회'나 '혐오스러운 사회'와 달리, 혐오 표현을 허용하면서도 이를 내버려두지 않고서 대항 표현을 통해 억제하는 사회다.

브렛슈나이더나 겔버의 논의는 혐오 표현과 표현의 자유, 그리고 대항 표현의 갈등들을 조화시킬 수 있음을 보여 준다. 우리 사회가 나아가야 할 곳은 혐오 표현이 넘쳐 나는데 국가와 사회가 아무것도 하지 않고 방관하는 '혐오스러운 사회'도, 또한 표현의 자유를 강제로 억누르는 '혐오를 금지하는 사회'도 아닌, 표현의 자유를 긍정하면서도 말대꾸, 즉 대항 표현을 가지고 혐오 표현과 맞서 싸우는 '혐오를 허용하는 사회'인 것이다.

References

참고문헌

Abel, Richard 1994. *Speech and Respect*. London: Stevens and Sons/Sweet and Maxwell.

Affirmative Action Review Secretariat 1998. *Regulatory Review of the Affirmative Action(Equal Oppurtunity for Women) Act* 1986. Issues Paper. Canberra: Department of Workplace Relations and Small Business.

Akmeemana, Saku and Jones, Melinda 1995. "Fighting Racial Hatred". In *The Racial Discrimination Act: A Review*, Race Discrimination Commissioner. Canberra: Commonwealth of Austrailia.

Allport, Gordon 1954. *The Nature of Prejudice*. Massachusetts: Addison-Wesley.

Anti-Discrimination Board NSW 1994. *Balancing the Act: A Submmission to the NSW Law Reform Commission's Review of the Anti-Discrimination Act 1977(NSW)*. May. Sydney: ADB NSW.

Anti-Discrimination Board of New South Wales(ADB) 1994. *Annual Report* 1993/1994. Sydney: ADB NSW.

Anti-Discrimination Board of New South Wales(ADB) 1995. *Annual Report* 1994/1995. Sydney: ADB NSW.

Anti-Discrimination Board of New South Wales(ADB) 1996. *Annual Report* 1995/1996. Sydney: ADB NSW.

Anti-Discrimination Board of New South Wales(ADB) 1997. *Annual Report*

1996/1997. Sydney: ADB NSW.

Anti-Discrimination Board of NSW and EOT 1990. *Annual Report* 1989/1990. Sydney: ADB NSW.

Anti-Discrimination Board of NSW and EOT 1991. *Annual Report* 1990/1991. Sydney: ADB NSW.

Anti-Discrimination Board of NSW and EOT 1992. *Annual Report* 1991/1992. Sydney: ADB NSW.

Austin, J. L. 1975. *How To Do Things With Words*. 2nd edition, edited by J. Urmson and M.Sbisa. Oxford: Clarendon Press.

Australian Law Reform Commission(ALRC) 1992. *Multiculturalism and the Law: Report No. 57*. Sydney: ALRC.

Bailey, P. 1990. *Human Rights: Australia in an International Context*. Sydey: Butterworths.

Baldwin, T. 1984. "MacCallum and the two concepts of freedom". *Ratio* XXVI(2): 125-142.

Barendt, Eric 1985. *Freedom of Speech*. Oxford: Clarendon Press.

_____ 1994. "Free Speech in Australian: A Comparative Perspective". *Synedy Law Review* 16(2): 149-165.

Berlin, Isaiah 1969. *Four Essays on Liberty.* Oxford: Oxford University Press.

Bindman, Geoffrey 1982. "Incitement to Racial Hatred". *New Law Journal.* March 25: 299-302.

Blackshiel, A. R. 1994. "Reinterpreting the Constitution". In *Developments in Australian Politics,* Brett, Gillespie and Goot(eds.), 23-59. Melbourne: Macmillan.

Bollinger, Lee 1986. *The Tolerant Society: Free Speech and Extremist Speech in America*. Oxford: Clarendon Press.

Braken, Harry M. 1994. *Freedom of Speech: Words Are Not Deeds*. Westport, Connecticut: Praeger.

Braithwaite, John 1989. *Crime, Shame and Reintegration*. Cambridge: Cambridge University Press.

Braithwaite, John and Pettit, Philip 1990. *Not Just Deserts: A Republican Theory of Criminal Justice*. Oxford: Clarendon Press.

Butler, Judith 1997. *Excitable Speech*. New York: Routledge.

Campbell, Tom D. 1994. "Democracy, Human Rights and Positive Law". *Sydney Law Review* 16(195): 195-212.

Caplan, Jan 1986. "Speaking the Right Language: The Nazi Party and the Civil Service Vote in the Weimar Republic". In *The Formation of the Nazi Constituency: 1919-1933*, Thomas Childers(ed.). Sydney: Croom Helm.

Carroll, Lewis 1978. *Alice's Adventures in Wonderland and Through the Looking Glass*. London: Methuen.

Casper, Jonathan and Brereton, David 1984, "Evaluating Criminal Justice Reforms". *Law and Society Review.* 18(1): 121-144.

Chan, Janet 1992. *Policing in a Multicultural Society—A Study of NSW Police.* Final Report to the NSW Police Service.

Childers, Thomas(ed.) 1986. *The Formation of the Nazi Constituency: 1919-1933.* Sydney: Croom Helm.

Chomsky, Noam 1968. *Language and Mind*. New York: Harcourt, Brace and World.

Cohen, G. A. 1993. "Equality of What? On Welfare, Goods, and Capabilities", In Nussbaum and Sen(eds.). *Quality of Life*. Oxford: Clarendon Press.

Coliver, Sandra(ed.) 1992. *Striking the Balance: Hate Speech, Freedom of Expression and Non-Discrimination*. Human Rights Centre, University of Essex.

Commonwealth of Australia 1995. *Trick or Treaty? Commonwealth Power to Make and Implement Treaties*. Report by the Senate Legal and Constitutional References Committee, November. Canberra: Parliament House.

Commonwealth Parliament Debetes, House of Representatives(CPDHR) 1994. Weekly Hansard, Thirty-Seventh Parliament, First Session—Fifth Period. Canberra: AGPS.

Commonwealth Parliament Debetes, House of Representatives(CPDHR) 1996. Weekly Hansard, 38th Parliament, First Session—Second Period. Canberra: AGPS.

Commonwealth Parliament Debetes, Senate(CPDS) 1994. Weekly Hansard, Thirty-Seventh Parliament, First Session—Fifth Period. Canberra: AGPS.

Constitutional Commission 1987. *Report of the Advisory Committee on Individual and Democratic Rights Under the Constitution*. Canberra: AGPS.

Constitutional Commission 1988. *Final Report*. 2 Vols. Canberra: AGPS.

Cope, B.; Castles, S.; Kalantzis, M. 1991. *Immigration, Ethnic Conflicts and Social Cohesion*. Bureau of Immiagration Research, Canberra: AGPS.

Coper, Michael 1994. "The High Court and Free Speech: Visions of Democracy of Delusions of Grandeur?". *Sydney Law Review* 16(2): 185-194.

Cover, R. 1986. "Violence and the Word". *Yale Law Journal* 95: 1601.

Craig, Gordon 1998. "Destiny in any case". *New York Review of Books,* XLV(19), December 3: 4-6.

Cunneen, Chris; Frase, David and Tomsen, Stephen(eds.) 1997. *Faces of Hate: Hate Crime in Austrailia*. Sydney: Hawkins Press.

Cuomo, Glenn R(ed.) 1995. *National Socialist Cultural Police*. New York: St Martin's Press.

Damrosch, Lori 1994. "The Role of the United States Senate Concerning "Self-Executiong's and "Non-Self-Executiong" Treaties". In *Parliamentary Participation in the Making and Operation of Treaties: A Comparative Study*, S. Riesenfeld and F. Abbott(eds.). Dordrecht: Martinus Nijhoff Publishers.

Davis, Peggy 1989. "Law as Microaggression". *Yale Law Journal* 98: 1559-1577.

Davis, Steven 1980. "Perlocutions". In *Speech Act Theory and Pragmatics,* Searle, Kiefer and Bierwisch(eds.). Dordrecht, Holland: D Reidel Publishing Company.

Delgado, Richard 1993. "Words that Wound: A Tort Action for Racial Insults, Epithets and Name Calling". In *Words that Wound: Critical Race Theory, Assaultive Speech, and the First Amendment,* M. Matsuda, C. Larence, R. Delgado and K. Crenshaw(eds.), 89-110. Colorado: Westview Press.

Department of Foreign Affairs, Canberra 1975. *Australian Treaty Series 1975 No 40, International Convention on the Elimination of All Forms of Racial Discrimination.*

Descartes, Rene 1966. *The Meditations and Selections from the Principles of Rene Descartes.* Translated by John Veitch. Illinois: The Open Court Publishing Company.

Dogan, Mattei and Pelassy, Dominique 1990. *How to Compare Nations: Strategies in Comparative Politics.* 2nd edition. Chatham, N.J.: Chatham House Publishers Inc.

Dowd, J. Justice 1998. *Transcript of interview conducted by Katharine Gelber,* Supreme Court Buiding, Sydney, 18 August.

Dworkin, Ronald 1981. "What is Equality? Part 2: Equality of Resources". *Philosophy and Public Affairs* 10: 283-345.

———— 1977a. *Taking Rights Seriously.* London: Duckworth.

————.(ed.) 1977b. *The Philosphy of Law.* Oxford. Oxford University Press.

———— 1985. *A Matter of Principle.* Cambridge, MA: Harvard University Press.

———— 1992. "The Coming Battles Over Free Speech". *New York Review of Books,* June 11, 1992:55-62.

———— 1996. "Objectivity and Truth: You"d better believe It". *Philosophy and Public Affairs* 25(2): 87-139.

Eastman, Kate 1994. "Drafting Vilification Laws: Legal and Policy Issues". *Australian Journal of Human Rights* 1(1): 285-297.

Elster, Jon(ed.) 1998. *Deliberative Democracy.* New York: Cambridge University Press.

Encel, S. 1971. "The Nature of Race Prejudice in Australia". In *Racism: The Australian Exprerience*, Vol 1, F. Stevens(ed.). Sydney: ANZ Book Company.

Federal Bureau of Investigation(FBI) 1997. *Hate Crime Statistics* 1997. http://www.fbi.gov/ucr/hc97all.pdf.

Federal Communications Commission(FCC) 1998. *Joint Statement of Commissioner Susan Ness and Commissioner Gloria Tristani concerning the*

Political Editorial and Personal Attack Rules. Gen. Docket No. 83-484. 22 June.

Fish, Stanley 1994. *There's No Such Thing as Free Speech: And It's a Good Thing Too*. New York: Oxford University Press.

Fiss Owen 1996. *The Irony of Free Speech*. Cambridge, Ma: Harvard University Press.

Flahvin, Anne 1995. "Can Legislation Prohibiting Hate Speech be Justified in Light of Free Speech Principles?". *UNSW Law Journal* 18(2): 327-240.

Freckleton, Ian 1994. "Censorship and Vilification Legislation". *Australian Journal of Human Rights* 1(1): 327-352.

Galligan, Brian 1983. "The Dams case: A Political Analysis". In *The South West Dam Dispute: The Legal and Political Issues*, M. Sornarajah(ed.). Hobart: University of Tasmania Press.

_____ 1995. *A Federal Republic*. Melbourne: Cambridge University Press.

Gelber, Katharine 1999. "Treaties and Intergovernmental Relations in Australia: Political Implications of the Toonen Case". *Australian Journal of Politics and History* 45(3): 330-346.

_____ 2000a. "Implementing Racial Anti-Vilification Laws in New South Wales 1989 to 1998: A Study". *Australian Journal of Public Administration* 59(1): 13-23.

_____ 2000b. "Hate Crimes: Public Policy Implications of the Inclusion of Gender". *Australian Journal of Political Science* 35(2): 275-289.

Gibbs, Benjamin 1976. *Freedom and Liberation*. Brighton: Sussex University Press.

Glass, Arthur 1995. "Freedom of Speech and the Constitution: Australian Capital Television and the Application of Constitutional Rights". *Sydney Law Review* 17(1): 29-42.

Gray, John 1983. *Mill On Liberty: A Defence*. London: Routledge and Kegan Paul.

Grey, T. 1990. "Responding to Abusive Speech on Campus: A Model Statute". *Reconstruction*: 50.

Grimm, Eve 1992. "The Victorian Religious and Racial Vilification Bill 1992:

An Overview". *Without Prejudice* 5: 20-25.

Habermas, J. 1970. "Towards a Theory of Communicative Competence". *Inquiry* 13: 360-375.

_____. 1979. *Communication and the Evolution of Society*. Translated and with an introduction by Thomas McCarthy. London: Heinemann.

_____. 1983. *Moralbewu3tsein und kommunikatives Handeln*. Frankfurt am Main: Suhrkamp.

_____. 1984. *The Theory of Communicative Action volume 1: Reason and the Rationalization of Society*. London: Heinemann.

_____. 1987. *The Theory of Communicative Action volume 2: Lifeworld and System: A Critique of Functionalist Reason*. Cambridge: Polity Press.

Harrington, T. 1977. "Oceana". In *The Political Works of James Harrington*, J. Pockock(ed.). Cambridge: Cambridge University Press.

Hennessy, N. and Smith, P. 1994. "Have We Got It Right? NSW Racial Vilification Laws Five Years On.". *Australian Journal of Human Rights* 1(1): 249-264.

Hentoff, Nat 1980. *The First Freedom: The Tumultuous Hstory of Free Speech in America.* New York: Delacorte Press.

Hill, LIsa 1999. "Homo Economicus, 'Different Voices', and the Liberal Psyche". *International Journal of Applied Philosophy* 13(1): 21-46.

Hobbes, T. 1958. *Leviathan(first published 1651). With an introduction by H Schneide*. New York: The Liberal Arts Press Inc.

Hornsby, Jennifer 1994. "Illocution and its SIgnificances". In *Foundations of Speech Act Theory: Philosophical and Linguistic Perspectives*, S. Tsohatzidis(ed). London: Routledge.

Howard, Colin 1988. "The Explosive Implications of the External Affairs Power". *IPA Review*, August-October: 7-11.

Human Rights and Equal Opportunity Commission(HREOC) 1982. *Incitement to Racial Hatred: Issues and Analysis: Occasional Paper No 1*. Sydney: AGPS.

Human Rights and Equal Opportunity Commission(HREOC) 1991. Racist Violence: *Report of the National Inquiry Into Racist Violences in Australl-*

ia. Canberra: AGPS.

Human Rights and Equal Opportunity Commission(HREOC) 1995. *Racial Discrimination Act*. Sydney: HREOC.

Human Rights and Equal Opportunity Commission(HREOC) 1997a. *Annual Report 1996/97*. Sydney: Sterling Press.

Human Rights and Equal Opportunity Commission(HREOC) 1998a. *Face the Facts: Some Questions and Answers About Immigrations, Refugees and Indigenous Affairs*. Sydney: AGPS.

Human Rights and Equal Opportunity Commission(HREOC) 1998b. *Annual Report 1997/98*. Sydney: Sterling Press.

Human Rights Commission(HRC) 1982. *Incitement to Racial Hatred: The International Experience*. Canberra: AGPS.

Human Rights Commission(HRC) 1983. *Words that Wound. Proceedings of the Conference on Freedom of Expression and Racist Propaganda*. Canberra: AGPS.

Hurka, Thomas 1999. "The Three Faces of Flourishing". *Social Philosophy and Policy.* 16(10: 44-71.

Ireland, Ian 1996. "The Death Throes of Affirmative Action? The Adarand and Kalanke Decisions and Implications for Australia", *Department of the Parliamentary Library Current Issues Brief*, Law and Public Administraion Group, Vol 1, 1996/97, 19, August.

Jackson, Frank; Oppy, Graham; Smith, Michael 1994. "Minimalism and Truth Aptness". *Mind* 103(411): 287-303.

Jacobs, James and Potter, Kimberley 1998. *Hate Crimes: Criminal Law and Identity Politics*. New York: Oxford University Press.

James, Pierre 1991. "Legislating Against the Racist Right". *Without Prejudice.* No. 4, December 1991: 30-37.

Jayasuriya, Laksiri 1999. *Racism, Immigration and the Law: The Australian Experience*. Nedlands, WA: University of Western Australia.

Jognson, D. 1997. *Proposed Statement of Objective of the 'Organisation for Sensible and Effective Prison Policy'*. Sacramento.

Joint Standing Committee on Foreign Affairs, Defence and Trade(JSCFADT)

1994. *A Review of Australia's Efforts to Promote and Protect Human Rights. The Parliament of the Commonwealth of Australia.* Canberra: Australian Government Publishing Service.

Jones, Jeremy 1994. "Holocaust Denial: 'Clear and Present' Racial Vilification". *Australian Journal of Human Rights* 1(1): 169-184.

Jones, Melinda 1994a. "Empowering Victims of Racial Hatred by Outlawing Spirit-Murder". *Australian Journal of Human Rights* 1(1): 299-326.

_____ 1994b. "Racial Vilification Laws: A Solution for Australian Racism?". *Australian Journal of Human Rights* 1(1): 140-148.

_____ 1994c. "Using the Law to Combat Hate Speech". *Without Prejudice,* No. 7, April: 14-19.

_____ 1995. "Extremist Speech and Australian Democracy". *The Cossexaminer* 3(1): 10-15.

Kalantzis, M. and Cope, B. 1998. "Why Are We Closing The Door To Migrants?" *Sun Herald*, 15 March: 47, 48.

Kelsen, Hans 1961. *General Theory of Law and State.* New York: Russell and Russell.

King, G.; Keohane, R.; Verba, Sidney 1994. *Designing Social Inquiry: Scientific Inference in Qualitative Research. Princeton*, NJ: Princeton University Press.

Kirby, The Hon. Mr Justice Michael 1993. "Freedom of Expression: Some Recent Australian Developments". *Commonwealth Law Bulletin* 19(4): 1178-1781.

Kirk, Jeremy 1995. "Constitutional Implications from Representative Democracy". *Federal Law Review* 23(1): 37-76.

Knoll, David 1994. "Anti-Vilification Laws: Some Recent Developments in the United States and their Implications for Proposed Legislation in the Commonwealth of Australia". *Australian Journal of Human Rights.* 1(1). http://www.austlii.edu.au/au/other/ahric/ajhr/ajhr 1114knoll.html.

Korengold, Michael 1993. "Lessons in Confronting Racist Speech: Good Intentions, Bad Results and Article 4(a) of the Convention on the Elimination of All Forms of Racial Discrimination". *Minnesota Law Review*

77:719.

Langton, Rae 1993. "Speech Acts and Unspeakable Acts". *Philosophy and Public Affairs* 22(4): 293-330.

Lawrence, C. 1987. "The Id, the Ego, and Equal Protection: Reckoning with Unconscious Racism". *Stanley Law Review* 39: 317-388.

Lawrence, Charles R. III 1993. "If He Hollers Let Him Go: Regulating Racist Speech on Campus". In *Words That Wound: Critical Race Theory, Assaultive Speech and the First Amendment*, M. Matsuda, C. Lawrence, R.Delgado and K. Crenshaw(eds.), 53-88. Boulder, Colorado: Westview Press.

Lester, Anthony and Bindman, Geoffrey 1972. *Race and Law*. London: Longman.

Levinson, Stephen 1983. *Pragmatics*. Cambridge: Cambridge University Press.

Lewis, David 1997. "MIll and Milqueoast". In *MIll's On Liberty: Critical Essays*, G. Dworkin(ed.). New York:Rowman and Littlefield.

Liberal Party of Australia(NSW) 1988. *Ethnic Affairs: New Directions for NSW*. Election Leaflet.

Lieb, Hans-Heinrich 1980. "Syntactic Meanings". In *Speech Act Theory and Pragmatics*, Searle, Kiefer and Bierwisch(eds.). Dordrecht, Holland:D Reidel Publishing Company.

MacCallum, Gerald 1967. "Negative and Positive Freedom". *Philosophical Review*. 76: 312-334.

MacIntyre, A. 1981. *After Virtue*. Notre Dame: Notre Dame University Press.

Mackie, Tom and Marsh, David 1995. "The Comparative Method". In *Theory and Methods in Political Science,* Marsh and Stoker(eds.), 173-188. London: MacMillan.

MacKinnon, Catharine 1993. *Only Words*. Cambridge, Ma: Harvard University Press.

Mahoney, Kathleen 1994. "Hate Vilification Legislation with Freedom of Expression: Where is th Balance?", *Keynote address to Conference presented by Ethnic Affairs Commission NSW and Bureau of Ethnic Affairs, Qld*, in Melbourne, June. Sydney: Ethnic Affairs Commission

NSW.

_____ 1995. "Combatting Racism and Prejudice". Concluding Remarks at the National Conference, *Without Prejudice: Racism and Antisemitism in Contemporary Australia.* Melbourne, 11/12 June. *Without Prejudice*, No. 8, April 1995: 85-86.

Mark, Steven 1999. *Transcript of interview conducted on 18 February by Katharine Gelber*, by Telephone, Sydney.

Matsuda, M. 1989. "Public Response to Hate Speech: Considering the Victim's Story". *Michigan Law Review* 87: 2320.

_____. 1993. "Public Response to Hate Speech: Considering the Victim"s Story". In *Words That Wound: Critical Race Theory, Assaultive Speech and the First Amendment*, M. Matsuda, C. Lawrence, R. Delgado and K. Crenshaw(eds.), 53-88. Boulder, Colorado: Westview Press.

Matsuda, M.; Lawrence, C.; Delgado, R. and Crenshaw, K. 1993. *Words That Wound: Critical Race Theory, Assaultive Speech and the First Amendment.* Boulder, Colorado: Westview Press.

McDonald, Leighton 1994. "The Denizens of Democracy: The High Courth and the 'Free Speech' cases". *Public Law Review* 5(3): 160-198.

McNamara, Luke 1994. "Criminalising Racial Hatred: Learning from the Canadian Experience". *Australian Journal of Human Rights*. 1(1): 198-210.

_____ 1995a. "Responding to Hate in a Multicultural Society: Forms of Legal Intervention", *Paper presented to 50th Anniversary Conference*, *Australian Journal of Law Teachers' Association.*

_____ 1995b. "Confronting the reality of hate speech". *Alternative Law Journal* 20(5): 231-234.

_____ 1997. "Research Report: A Profile of Racial Vilification Complaints lodged with the New South Wales Anti-Discrimination Board". *International Journal of Discrimination and the Law* 2: 349-378.

MeikleJohn, A 1965. "Free Speech and its Relation to Self Government", *Political Freedom: The Constitutional Power of the People*. Oxford: Oxford University Press.

Mill, John Stuart 1991. *On Liberty and Other Essays*. With an introduction by

John Gray. Oxford: Oxford University Press.

Motsch, Wolfgang 1980. "Situational Context and Illocutionary Force". In *Speech Act Theory and Pragmatics*, Searle, Kiefer and Bierwisch(eds.). Dordrecht, Holland: D Reidel Publishing Company.

Murphy, Paul 1972. *The Meaning of Freedom of Speech: First Amendment Freedoms from Wilson to FDR*. Connecticut: Treenwood Publishing Company.

New South Wales Parliamentary Debates, Legislative Assembly(NSWPDLA) 1989. Hansard(Third Series). Session 1988-1989, Second Session of the Forty-Ninth Parliament. Sydney: NSW Government.

New South Wales Parliamentary Debates, Legislative Council(NSWPDLC) 1989. Hansard(Third Series). Session 1988-89, Second Session of the Forty-Ninth Parliament. Sydney: NSW Government.

Norwegian Governmental Commission on Freedom of Expression 1999. *Report of the Norwegian Governmental Commission on Freedom of Expression*, appointed on 23 August 1996. English Summary. September. http://odin.dep.no/html/nofovalt/offpub/nou/1999-27/kap12.htm.

NSW Government 1988. Discussion Paper on Racial Vilification and Proposed Amendments to the Anti-Discrimination Act 1977. Sydney: NSW Governmetn.

Nussbaum, Martha C. and Sen, Amartya(eds.) 1993b. *The Quality of Life*. Oxford: Clarendon Press.

_____ 1986. *The Fragility of Goodness: Luck and Ethics in Greek Tragedy and Philosophy*. Cambridge: Cambridge University Press.

_____ 1988. "Nature, Function and Capability: Aristotle on Political Distribution". *Oxford Studies in Ancient Philosophy* Suppl. Vol.: 145-184.

_____ 1990. "Aristotelian Social Democracy". In *Liberalism and the Good,* R. Douglass and G. Mara(eds.). New York: Routledge

_____ 1993a. "Non-Relative Virtues: An Aristotelian Approach". In *Quality of Life*, Nussbaum and Sen(eds.). Oxford: Clarendon Press.

_____ 1999. "The Professor of Parody: The Hip Defeatism of Judith Butler". *The New Republic*, 22 February: 37-45.

Office of Ombudsman NSW 1993. *Report on Allegations of Police Bias Against Asian Students*. Special Report to Parliament. Sydney.

Ozolins, Uldis 1994. "Immigration and Immigrants". In *Developments in Australian Politics*, Brett, Gillespie and Goot(eds.), 202-216. Melbourne: MacMillan.

Parkin, Andrew and Hardcastle, Leonie 1997. "Immigration and Ethnic Affairs Policy". In *Government, Politics, Power and Policy in Australia*. 6th edition, Woodward, Parkin and Summers(eds.), 486-509. Melbourne: Longman Cheshire.

Parliament of New South Wales Legislative Council 1992. *Report of the Review by the Hon. James Samios, MBE, MLC, into the Operation of the Racial Vilification Law of New South Wales*. Sydney: NSW Government.

Pateman, Carole 1988. *The Sexual Contract*. Oxford: Polity Press.

Post, R. 1991. "Racist Speech, Democracy, and the First Amendment". *William and Mary Law Review* 32: 265-327.

Pringle, Helen 1999. "What We Have Here is a Failure to Communicate: The Other Larry Flynt and the Problem of Free Speech", *Proceedings of the 1999 Conference of the Australasian Political Studies Association*, September 26-29, University of Sydney.

Rauch Jonathon 1993. *Kindly Inquisitors*. Chicage: Chicago University Press.

Rawls, Jogn 1971. *A Theory of Justice*. Cambridge, Ma: Harvard University Press.

Raz, Joseph 1994. "Free Expression and Personal Identification". In *Free Expression: Essays in Law and Philosophy*, W. Waluchow(ed.), 1-30. Oxford: Clarendon Press.

Rees, J. C. 1960. "A Re-Reading of Mill on Liberty", *Political Sudies*, viii.
_____ 1985. *John Stuart Mill's "On Liberty"*. Oxford: Clarendon Press.

Rengger, N. 1995. *Treaties and Alliances of the World*. London: Cartermill International Ltd.

Reynolds, Henry 1995. *Fate of a Free People*. Victoria: Penguin.

Richards, David 1988. "Toleration and Free Speech". *Philosophy and Public Affairs* 17: 323-336.

_____ 1994. "Free Speech as Toleration". In *Free Expression: Essays in Law and Philosophy,* W. Waluchow(ed.), 31-58. Oxford: Clarendon Press.

Riesenfeld, S. and Abbott, F.(eds.) 1994. *Parliamentary Participation in the Making and Operation of Treaties: A Comparative Study*. Dordrecht: Martinus Nijhoff Publishers.

Riley, Jonathan 1998. *Mill On Liberty*. London: Routledge.

Robertson, G. 1988. "Free Speech: Reaching the Boundaries", Text of Article 19 Lecture, Human Rights Center, UNSW 12 September 1988, *Australian Society. October 1988: 24-27.*

Ronalds, Chris 1998. *Discrimination: Law and Practice*. Leichhardt, NSW: Federation Press.

Rose, A. 1992. "Commonwealth State Aspects: Implementation of the First Optional Protocol"(Paper delivered at a symposium), *Internationalising Human Rights: Australia's Accession to the First Optional Protocol.* Centre for Comparative Constitutional Studies, University of Melbbourne: Melbourne.

Rowse, Tim 1994. "Aborigines: Citizens and Colonial Subjects". In *Developments in Australian Politics*, Brett, Gillespie and Goot(eds.), 182-201. Melbourne: MacMilan.

Royal Commission into Aboriginal Deaths in Custody 1991. *National Report, Volume 5. By Commissioner Elliott Johnston QC*. Canberra: AGPS.

Russell, Bertrand 1996. *The History of Western Philosophy*. London: Routledge.

Sadurski, W. 1994. "Racial Vilification: Psychic Harm and Affirmative Action". In *Freedom of Communication*, T. Campbell and W. Sadurski(eds.). Dartmouth.

_____ 1992. "Offending with Impunity: Racial Vilification and Freedom of Speech". *Sydney Law Review* 14(2): 163-195.

Samios, James M. L. C. 1998. *Transcript of interview conducted on 1 October by Katharine Glber*, at NSW Parliament House, Macquarie St, Sydney.

Scanlon, Thomas 1977. "A Theory of Freedom of Expression". In *The Philosophy of Law*, R. Dworking(ed). Oxford: Oxford University Press.

Schauer, Frederick 1982. *Free Speech: A Philosophical Enquiry*. New York:

Cambridge University Press.

_____ 1992. "Uncoupling Speech". *Columbia Law Review* 92: 1321.

_____ 1993. "The Phenomenology of Speech and Harm". *Ethics* 103: 635-653.

Schlesinger, Arthur 1974. "Politics and the American Language". *American Scholar* 43(4): 553-562.

Scutt Jocelynne A. 1993. "Group Defamation and the Vilification of Women". *Womanspeak* June-July: 4-5.

Searle, J.; Kiefer, F. and Bierwisch, M.(eds.) 1980. *Speech Act Theory and Pragmatics*. Dordrecht, Holland: D Reidel Publishing Company.

Searle, John and Vanderveken, Daniel 1985. *Foundations of Illocutionary Logic.* Cambridge: Cambridge University Press.

_____ 1973. "Austin on Locutionary and Illocutionary Acts". In *Essays on J. L. Austin*, G. Warnock(ed.). Oxford: Clarendon Press.

_____ 1980. "The Background of Meaning". In *Speech Act Theory and Pragmatics*, Searle, Kiefer and Bierwisch(eds.). Dordrecht, Holland: D Reidel Publishing Company.

Sen, Amartya 1980. "Equality of What?". *The Tanner Lectures on Human Values*. Salt Lake City: University of Utah Press.

_____ 1990. "Justice: Means versus Freedoms". *Philosophy and Public Affairs* 19(2): 111-121.

_____ 1993a. "Capability and Well-Being". In *The Quality of Life*, Nussbaum an Sen(eds.). Oxford: Clarendon Press.

Simpson, G. and Yinger, J. 1985. *Racial and Cultural Minorities: An Analysis of Prejudice and Discrimination*. 5th edition. New YorK: Harper and Row.

Skinner, Quentin 1984. "The Idea of Negative Liberty: Philosophical and Historical Perspectives". In *Philosophy in History: Essays on the Historiography of Philosophy*, R. Rorty, J. Schneewind and Q. Skinner(eds.). Cambridge: Cambridge University Press.

_____ 1997. *Liberty before liberalism*. Cambridge: Cambridge University Press.

Smolla, Rodney 1992. *Free Speech in an Open Society*. Oxford: Oxford University Press.

Smyth, Terry 1998. "Floored by a swastika". *Sun Herald*, 22 March: 23.

Solomon, Tamsin 1994. "Promblems in Drafting Legislation Against Racist Activities". *Austrailian Journal of Human Rights* 1(1): 265-284.

Stone, Adrienne 1998. "Freedom of Political Communication, the Constitution and the Common Law". *Federal Law Review* 26(2): 219-257.

Strossen, N. 1990. "Regulating Racist Speech on Campus: A Modest Proposal?" *Duke Law Journal* 40: 484.

Sunstein, Cass 1993a "Words, Conduct, Caste". *The University of Chicago Law Review 60*(3and 4): 795-844.

_____ 1993b. *Democracy and the Problem of Free Speech*. New York: The Free Press.

Taylor, Charles 1979. "What's Wrong With Negative Liberty". In *The Idea of Freedom: Essays in Honour of Isaiah Berlin*, Alan Ryan(ed.). Oxford: Oxford University Press.

Templeman, The Right Hon. The Lord 1994. "Treaty-Making and the British Parliament". In *Parliamentary Participation in the Making and Operation of Treaties: A Comparative Study*, S. Riesenfeld and F. Abbott(eds.). Dordrecht: Martinus Nijhoff Publishers.

Ten C. L. 1980. *Mill On Liberty*. Oxford: Clarendon Press.

Twomey, Anne 1994a. "Laws Against Incitement to Racial Hatred in the United Kingdom". *Australian Journal of Human Rights* 1(1): 235-247.

_____ 1994b. *Strange Bedfellows: The UN Human Rights Committee and the Tasmanian Parliament,* Parliamentary Reserch Service, Parliament of the Commonwealth of Australia, NO. 6, 1994.

_____ 1994c. *Racial Hatred Bill: Bill Digest 174/1994*, 10 November. Report prepared by the Parliamentary Research Service. Canberra: Commonwealth of Australia.

United Nations Centre for Human Rights,(UNCHR) Geneva 1991. *Second Decade to Combat Racism and Racial Discrimination: Global Compilation of National Legislation Against Racial Discrimination*. New York:

United Nations.

United Nations Committee on the Elimination of Racial Discrimination(UNC-
ERD) 1993. Ninth periodic reports of States parties due in 1992: Aus-
tralia. 23/09/93. CERD/C.223.Add.1(State Party Report) 14 September.

United Nations Committee on the Elimination of Racial Discrimination(UNC-
ERD) 1995. Thirteenth periodic reports of States parties due in 1994:
United Kingdom of Great Britain and Northern Ireland. 12/05/95.
CERD/C/263/ADD.7.(State Party Report). 20 April.

United Nations Committee on the Elimination of Racial Discrimination(UNC-
ERD) 1996. Fourteenth periodic reports of States parties due in 1996:
United Kingdom of Great Britain and Northern Ireland. 02/12/96.
CERD/C/299/Add.9.(State Party Report). 22 August.

United Nations Human Rights Committee(UNHRC) 1994a. General Comment
16(Twenty-third session, 1988), Compilation of General Comments
and Recommendations Adopted by Human Rights Treaty Bodies, U.N.
Doc HRI\ GEN\1\Rev.1.

United Nations Human Rights Committee(UNHRC) 1994b. Fourteenth periodic
reports of States parties due in 1994: United Kingdom of Great Britain
and Northern Ireland. 19/12/94. CCPR/C/95/Add.3.(State Party Re-
port). 14 October.

United Nations Human Rights Committee(UNHRC) 1994c. Initial reports of
States parties due in 1994: United States of America. 24/08/94. CCPR/
C/81/Add.4.(State Party Report). 29 July.

van Dijk, Teun A. 1995. "Elite Discourse and the Reproduction of Racism". In
Hate Speech, R. Whillock and D. Slayden(eds.). Thousand Oaks, CA:
Sage Publications.

Vass, Nathan 1997. "Pressure on Carr to act over race law". *Sydney Morning
Herald*, 2 February: 3

Victoria Parlianmentary Debates, Legislative Assembly(VPDLA) 1996. Han-
sard. Fifty-Third Parliament, First Session. Melbourne.

Walzer, Michael 1997. *On Toleration*: *The Castle Lectures in Ethics, Politics
and Economics*. New York: Yale University Press.

Welch, David(ed.) 1983. *Nazi Propaganda*: *The Power and the Limitations*. London: Croom Helm.

Western Austraian(WA) Law Reform Commission 1989. *Incitement to Racial Hatred, Project No. 86, Issues Paper*. Perth.

Whillock R. and Slayden D.(eds.) 1995. *Hate Speech*. Thousand Oaks, CA: Sage Publications.

White, Ben 1997. "Racial Vilification and the Freedom of Speech: Reality not Rhetoric". *National Law Review* No. 3. http://www.nlr.com.au/ARTI-CLES/003/003RACIA.HTM.

Williams, Kevin 1999. *Transcript of interview conducted by Katharine Gelber on 15 January with Senior Education Officer, Aboriginal and Torres Strait Islander Team, Anti-DIscrimination Board of NSW*.

Williams, Patricia 1987. "Spirit-Murdering the Messenger: The Discourse of Fingerpointing as the Law's Response to Racism". *University of Miami Review* 42: 127–157

———— 1998. "Canon To The Ordinary". *The Nation* 267(15): 9.

Zeman, Z A B 1964. *Nazi Propaganda*. London: Oxford University Press.

Cases

판례들

인용된 호주 법원 판례들

Australian Capital Television Pty Ltd and others v. The Commonwealth(1992)
    177 CLR 106.

Commonwealth v. Tasmania(1983) 156 CLR 1.

Commonwealth of Australia v. John Fairfax and Sons Ltd(1980) 147 CLR 39.

Cunliffe v. Commonwealth(1994) 182 CLR 272.

Davis v. Commonwealth(1988) 166 CLR 79.

Koowarta v. Bjelke Petersen(1982) 153 CLR 168.

Nationwide News Pty Ltd v. Wills(1992) 177 CLR 1.

Stephens v. West Australian Newspapers Ltd(1994) 182 CLR 211.

Theophanous v. Herald and Weekly Times Ltd(1994) 182 CLR 104.

NSW 기회균등법원 판례들(호주)

Davis v. Nunn, Complaint No. 107 of 1997, *Judgement made on 6 March 1998,
    Equal Opportunity Tribunal NSW.*

Harou-Sourdon v. TCN Channel Nine Pty Ltd, Compaint No 2 of 1992, Judge-
    ment made on 23 June 1994, Equal Opportunity Tribunal NSW.

Patten v. State of New South Wales, Complaint Nos 91 and 92 of 1995, Judge-
    ment made on 21 January 1997, Equal Opportunity Tribunal NSW.

R v D and E Marinkovic, Complaint No 124 of 1995, Judgement made on 19
    September 1996, Equal Opportunity Tribunal NSW.

Wagga Wagga Aboriginal Action Group and Ors v. Eldridge, Complaint Nos 74,

78 and 79 of 1994, Judgement made on 19 May 1995, Equal Opportunity
Tribunal NSW.

인용된 미국 법 판례들

Abrams v. U.S., 250 U.S. 616(1919).

American Booksellers Ass'n. Inc. v. Hudnut, 771 F.2d 323(1985).

Associated Press v. United States, 326 U.S. 1(1945).

Brandenburg v. Ohio, 395 U.S. 444(1969).

CBS v. Democratic National Committee, 412 U.S. 94(1973).

Chaplinsky v. New Hampshire, 315 U.S. 568(1942).

City Council for Los Angeles v. Vincent, 104 S. Ct. 2118(1984).

Cohen v. California, 403 U.S. 15(1971).

DeFunis v. Odegard, 416 U.S. 312(1974).

DeJonge v. Oregon, 299 U.S. 353(1937).

Dennis v. United States, 341 U.S. 494(1951).

Gooding v. Wilson, 405 U.S. 518(1972).

Miami Herald v. Tornillo, 418 U.S. 241(1974).

Miller v. California, 413 U.S. 15(1973).

New York Times Co. v. Sullivan, 376 U.S. 254(1964).

R.A.V. v. City of St Paul, 505 U.S. 377(1992).

Red Lion Broadcasting Co., Inc., et al v. Federal Communications Commission,
    395 U.S. 367(1969).

Schenk v. United States, 249 U.S. 47(1919).

Skokie v. National Socialist Party, 373 NE 2d. 21(1978).

Smith v. Colliin, 439 U.S. 916(1978).

Terminiello v. Chicago, 337 U.S. 1(1949).

U.S. Postal Service v. Council of Greenburgh Civic Association, 453 U.S.
    114(1981).

Whitney v. Califonia, 274 U.S. 357(1927).

인용된 영국 법 판례들

Derbyshire County Council v. Times Newspapers Ltd(1993) AC 534.
R. v. Malik(1968) 1 WLR 353.

부록

부록 A:
NSW 인종모욕금지법의 운용(1989-1998)에 대한
경험적 연구로부터 도출된 사례들 요약

사례명	고발 사항 세부 정보	결과
사례 A	한 아마추어 라디오 방송에서의 반反유태인 모욕. 발언은 "나는 인종주의자는 아니지만, 유태인을 혐오한다", "히틀러 생각이 옳았다. 문제는 그가 실수를 좀 했을 뿐이다", 그리고 "역병같은 유대인"이라는 언급을 포함했다.	원고는 피고가 열성적인 반유태주의자이기 때문에 법률이 도움을 제공해 줄 수 없다고 느꼈고, 고소를 철회했다.
사례 B	토착 공동체를 향한 편견에 가득찬 발언의 역사로 유명한 공적 인물이 행한 호주 원주민과 토레스 해협 섬사람들에 대한 모욕. 피고는 원주민의 종교를 "괴상하고", "원시적이며", "동물적인 것"으로 묘사했다. "많고 많은 원주민들은 그 점을 이해할 만큼 충분히 교육받았다"고 덧붙이면서 말이다.	원고는 그런 발언으로 유명한 사람과 오래 끄는 토론에 참여할 이유가 거의 없다고 느꼈으며, 어떤 추가적인 조치도 취하지 않았다.
사례 C	마을에 배포된 한 전단지가 동양계 주민들을 모욕했다.	피고는 동양계 후손이 아니었기 때문에, 고소는 소송 불가능했다. 또한 ADB는 피고가 반反동양인 사회 집단이었다고 언급했다.
사례 D	한 팸플릿이 "소수민족" 사람들을 범죄자로 비난했으며 이민의 축소를 옹호했다.	원고는 고소를 추진할 시간의 부족으로 인해 고소를 철회했다.
사례 E	라디오 토크백 프로그램에서 이슬람 관습과 무슬림인들을 비난하는 발언. ADB는 모든 것을 감안했을 때 그 발언이 정말로 모욕에 해당한다고 판결했다.	원고와의 연락이 두절된 이후 사건은 종결되었다.
사례 F	한 토착민 여성에게 다음의 발언이 행해졌다. "이 껌둥이 걸레야", "넌 그냥 껌둥이일 뿐이야", "나는 너보다 더 시꺼먼 껌둥이도 총으로 쏴 죽인 적이 있어".	원고는 거주지를 옮겼으며 연락할 수 없었고, 따라서 사건은 종결되었다.
사례 G	한 휴게소 주인이 손님을 인종주의적으로 모욕했다.	폭력적인 보복의 두려움으로 인해, 원고는 고소를 취하했다.
사례 H	중국계인 한 사람에게 "중국으로 돌아가라", "우리는 너를 이 나라에 받아줬는데 니가 이 나라를 파괴하고 있다"라는 발언이 행해졌다.	위협적인 전화를 받고 나서 원고는 고소를 취하했다.
사례 I	한 클럽의 뉴스레터 속의 시가 동양계인들을 모욕했다.	원고가 동양계가 아니었기 때문에 어떠한 조치도 취해질 수 없었다.

사례 J	한 산업 잡지 속의 만화가 호주 토착민들을 모욕했다.	원고가 토착민이 아니었기 때문에 어떠한 조치도 취해질 수 없었다.
사례 K	한 외설 잡지가 동양계 여성에 대한 그림을 "더러운 동양인 특별 상품"으로 묘사했다.	원고가 동양계가 아니었기 때문에 어떠한 조치도 취해질 수 없었다.
사례 L	동양계 사람들의 이민과 호주 원주민의 토지 권리에 반대하는 한 책자가 법학과 학생들에게 배포되었다.	동양계 원주민 출신은 "대리 소송" 필요조건을 충족시킨다고 판정될 수 없었고, 따라서 어떠한 조치도 취해질 수 없었다.
사례 M	한 근본주의 종교 단체가 아랍계 사람들을 폭력적이고 비이성적이며 아동 학대자로 묘사하는 팸플릿을 배포했다.	배포자들은 그 팸플릿이 모욕적이었다는 사실을 부정했고, 어떠한 조치도 취해질 수 없었다.
사례 N	한 벽화가 높은 인종 혼혈과 토착 거주민 비율이 특징인 지역의 학교 담벽락에 그려져 있었다. 벽화는 유니온 잭 깃발 앞에 서 있는 무장한 앵글로색슨계 병사를 묘사했다. 전경 속에는 수갑을 찬 토착 주인들이 등장했다. 한 앵글로색슨계 사람에 의해 그 벽화가 앵글로색슨 출신 사람들을 모욕한다는 고발이 제기되었다.	ADB는 그 벽화가 앵글로색슨계 사람들에 대한 모욕에 해당하지 않는다고 결정했다. 원주민 강탈과 박탈의 역사가 그 벽화에 정확하게 묘사되었기 때문이다.
사례 O	한 지역 사회 조직에 의해 배포된 팸플릿이 다문화주의를 "위협적"이라고 칭했고, 안정과 사회 통합을 위협하는 동양 인종 간의 "경쟁"을 언급했다.	ADB는 그 자료가 혐오 문턱을 통과할 가능성이 낮다고 판결하여 고소를 기각했다.
사례 P	이민 문제에 관한 신문 기사가 동양인들의 이주를 사회 통합에 대한 위협으로 묘사했다.	ADB는 그 자료가 혐오 문턱을 통과할 가능성이 낮다고 판결했고 고소를 기각했다. 비록 그 자료가 모욕에 해당하더라도, 고소가 아마도 표현의 자유 면제에 해당할 수 있다고 언급했다.

부록 B:
호주 내 뉴사우스웨일스 주를 제외한 주 및 2001년 연방 정부의 인종모욕금지법에 대한 개요.

웨스턴오스트레일리아 주: 형사 규정 수정(인종 희롱 및 인종 혐오 선동)법 1990(WA)

  웨스턴오스트레일리아 주는 어쩌면 가장 좁게 적용 가능한 인종모욕금지법을 전국적으로 제정했다. 1988년 웨스턴오스트레일리아 주의 법개정위원회는 1988년 법무부 장관에 의해 "인종 혐오를 선동하는 행위들을 저지" 하기 위해 가능한 법의 개정을 조사할 것을 요청받았다(ames 1991:30; WA Law Reform Commission 1989). 이는 퍼스Perth 시 주변의 특히 호주 국수주의 운동과 인종주의적인 포스터와 그래피

티의 형태에서 가장 흔한 인지된 인종주의적 활동의 증가 에 대한 직접적인 대응이었다(Jones in Cunneen, 1997: 221; McNamara, 1995a; Twomey, 1994c:4). 형사 규정 수정(인종 희롱 및 인종 혐오 선동)법[1]은 1990년에 통과되었다. 그 법은 어떤 사람이 "위협하거나 가학적인 자료"를 소유하고 있는 경우, 그리고 그 자료를 출판하거나 배포하거나 전시하고자 의도하는 경우, 그리고 그런 출판이나 배포나 전시를 통해 인종 혐오를 "만들어 내고, 옹호하거나 증가시키고자" 의도하는 경우 이를 형사상 범죄로 만들었다. 처벌은 2년의 징역형이다(s89). 더 적은 1년형의 징역형은 어떤 사람이 단지 인종 집단을 희롱하고자 의도함으로써 그런 자료를 보유하고(s79) 진열하는(s80) 경우 적용된다(White, 1997:5). 모든 조항들은 단지 3개월 내지는 6개월 기간의 징역형을 제공하거나, 만일 약식으로 기소된 경우 동일한 범죄에 대해 $2,000까지의 벌금형을 규정한다(White, 1997:5; Twomey, 1994c:4). 기소가 서면으로 된 자료의 의도 및 소유에 대한 입증이 "위협하거나 가학적인" 것으로 판단될 것을 요청하기 때문에, 이 법에 의한 기소는 불가피하게 어렵다. 지금까지 이 법에 의해 어떠한 기소도 발생하지 않았으며, 법 시행 이후 심각한 인종 공격의 발생 정도에 있어서의 감소가 주목되었다(Jones 1997:222).[2] WA 법에는 민사 형태의 손해배상을 위한 어떠한 조항도 존재하지 않는다. 형사 조항들은 인종주의적으로 혐오적인 서면으로 된 자료의 소지에 집중하며, 표현행위의 규제에 집중하지 않는다.

오스트레일리아 수도령: 차별금지법 1991(ACT), ss 66 및 67.

차별금지법 1991(ACT)은 상세히 검토된 NSW 법을 반영한다. 이 법은 민형사상의 제재를 모두 만들었으며(ss66 및 67), 공적인 행위에 대한 공정한 보고, 혹은 학술적이거나 학문적인 토론, 예술작품 또는 "공익"적이고 "합리적이고 선의의" 연구 목적의 경우에는 비슷한 예외를 만들었다. ACT 법에 의해 형사상의 범죄는 최대 $2,000의 벌금형을 발생시킬 수 있으며, 징역형에 대한 조항은 없다. 1995년까지 이 법에 의한 형사상의 기소는 없었다(Twomey, 1994c:4).

---

1   이 법으로 인해 형사 규정 1913(WA), ss 77-80이 개정되었다.

2   감소의 주된 원인은 다른 형사 혐의와 관련한 ANM 지도부의 체포와 투옥이라고 할 수 있다(Jones, 1997:222).

사우스오스트레일리아 주: 인종모욕법 1996(SA).

    사우스오스트레일리아 주는 구체적으로 인종 혐오 표현 행위를 다루기 위해 설계된 법률을 제정했다. 인종모욕금지법 1996은 형사 조항과 민사 조항을 모두 포함하고 있으며 형사 범죄를 그 사람/들이나 그들의 재산에 "물리적인 위협"을 하거나 "물리적인 위협을 가하도록 타인을 선동"**함으로써** 인종에 근거하여 어떤 사람/들을 향하여 "혐오, 심각한 경멸, 심각한 조롱"을 선동하는 행위(s4)로 정의한다[저자 강조]. 가능한 처벌은 3년의 징역형 그리고/또는 개인에게는 $5,000, 기업에게는 $25,000의 벌금형을 포함한다.

    민사 조항 역시 제정되었다. 인종모욕법 1996(SA)은 부정행위법 1936(SA)에 대한 개정을 통해 "인종 괴롭힘"에 대한 민사상의 범죄를 만들었다. 인종 괴롭힘 범죄는 인종을 근거로 한 "혐오, 심각한 경멸 혹은 극심한 조롱"의 선동으로 이루어져 있다. 이 범죄는 타인의 행위에 대한 보고, 면책 특권 대상인 출판물, 학술적, 예술적, 학문적 혹은 연구 목적을 위해 선의로 행해진 "합리적인 행위" 또는 공적 토론 중인 문제를 포함한 상당한 면제 적용을 받는다. 민사상의 범죄는 불법행위법에 의한 소송을 제공한다. 다시 말해 그 조항들은 불법행위법의 조항에 의해 타인을 고소하기 위해 개인이나 개인의 대표 기관을 위해 만들어진 것이며, 손해배상을 보상(예를 들어 금전적 보상 또는 사과의 형태로)으로 추구한다. 해결책은 개인 피해자 또는 모욕당한 집단에 $40,000까지의 손해에 대한 지급 판정을 허용(s6)하는 것으로 제공된다(White 1997:4). 인종 모욕 범죄를 불법행위법에 의해 소송 가능한 것으로 만드는 것은 몇몇 비판적 인종 이론가들Critical race theorists들에 의해 제공된 제안이다(Delgado, 1993). 남부 호주법은 비교적 최근의 법이기 때문에, 그 법의 시행에 따른 소득이나 효율성에 대한 어떤 포괄적인 분석도 존재하지 않는다.

태즈메이니아 주: 차별금지법 1998(Tas), s19.

    태즈메이니아 주는 광범위한 차별금지법의 맥락에서 1998년 12월 호주에서 가장 최근에 인종모욕금지법을 제정했다. 차별금지법 1998(Tas)은 공적인 행위를 통해 인종(혹은 장애, 성적 지향 혹은 종교적 믿음)에 근거하여 어떤 사람을 향한 "혐오, 심각한 경멸, 또는 극심한 조롱"의 선동을 금지하는 구체적인 인종 모욕 조항(s19)를 포함하고 있다. 이 범죄는 만일 어떤 행위가 "공정한 보고", 면책 특권의 대상인 문제 또는 "학술적, 예술적, 학문적 혹은 연구 목적"이나 공익에 대한 목적을 위해 "선의로" 행해진 행위일 경우, 예외의 대상이 된다(s55). "차별이나 금지된 행위를 옹호하고, 표현하거나, 묘사하는" 전시나 상징이나 게시 역시 금지된다(s20). 비록 아직 실제로 시험되지는 않았지만 이 조항을 나치 철십자가나 KKK 휘장의 착용과 같은 일부 상징들의 사용을 금지시키도록 활용할 수 있는 것이 가능하다. 태즈메이니아 주의 법률은 비교적 새로운 것이며 그것의 시행은 검토를 기다리고 있다.

퀸즐랜드 주: 차별금지개정법 2001(Qld), ss 124A, 131A.

2001년에 퀸즐랜드 주는 민사 조항과 형사 조항을 모두 포함하고 있는 인종 및 종교 모욕 금지법을 제정했다. 차별금지개정법 2001은 126조를 교체했는데, 이는 124조("모욕")과 131A조("심각한 모욕")통해 불법적인 차별[3]을 선동하는 인종 내지 종교 혐오에 대한 옹호를 제한했다. 이 법은 NSW 법을 모델로 했다.

빅토리아 주: 인종 및 종교 관용법 2001(Vic).

빅토리아 주에서의 인종 모욕 문제를 NSW 주, 웨스턴오스트레일리아 주, 그리고 국제적으로 기존에 이미 존재하고 있는 모욕 금지 조항들의 측면에서 검토하기 위한 위원회가 1990년에 세워졌으며, 위원회는 빅토리아 주에서의 인종모욕법의 제정을 권고했다(Grimm, 1992:20). 위원회의 보고서는 표현의 자유를 보호하기 위한 예외들을 갖는 형사 및 민사 인종 모욕 금지 조항들 모두의 시행뿐 아니라, 학교 및 기타 다른 공공기관에서의 인종차별 금지 정책들의 시행을 권고했다(Grimm, 1992:22-23). 인종 및 종교 모욕법 1992는 정권교체를 맞았던 1992년 주 선거에 막 앞서서 제안되었고, 법안은 소멸되었다. 1993년에 의회에 모욕법이 없다는 의문이 제기되자, 자유당 정부는 모든 주 법을 불필요한 것으로 만드는 것으로서의 연

---

3   이 법의 폐지 당시, 126조에 의한 어떤 소송도 차별에 대한 선동과 혐오에 대한 옹호 모두를 입증하는 "이중 문턱" 테스트를 충족시키지 못했으며 (Jones, 1997:222; White, 1997:4), 그 조항은 따라서 전혀 이행되지 않았다.

방법의 임박한 도입을 인용했다(VPDLA, 22 April 1993:1102). 1996년의 의회 논쟁 동안에 인종모욕금지법의 시행 가능성에 대한 갱신된 검토 요청이 있었다(VPDLA, 12 November 1996).

2001년 6월에는 새로 당선된 주 노동당 정부는 그들의 인종이나 종교에 근거하여 어떤 부류의 사람에 대한 "혐오, 심각한 경멸, 또는 혐오감이나 극심한 조롱"의 선동을 금지하는 인종 및 종교 관용법을 통과시켰다. 이 법은 민사상의 범죄와 형사상의 범죄 모두를 만들었으며, NSW 법을 모델로 삼았다. 민사 처벌은 개인에게는 최대 $6,000까지, 기관에게는 $30,000까지의 벌금형을 포함했다. 형사 처벌은 최대 6개월까지의 징역형을 포함했다.

연방정부: 인종혐오금지법 1995(Cth).

1993년 소멸된 인종차별금지법 개정안 1992은 형사상의 범죄와 민사상의 범죄를 모두 포함했다. 형사상 범죄는 인종 혐오를 불러일으키도록 의도된 공적 행위(2개월형의 징역) 및 특정 인종의 사람들이 그들을 향해 폭력이 사용될 수 있다는 공포를 야기하도록 의도된 행위(2년형의 징역)였다(Twomey, 1994c:5). 민사상의 범죄는 인종 혐오를 불러일으킬 가능성이 있는 공적 행위였다. 정부는 법안을 논의하기 위해 전국적인 공적 회의에 착수했으며(Twomey 1994c:5), 563명이 반대했고 83명이 지지한 646건의 제출을 받았다(CPDHR, 15 November 1994:3380).

새로운 인종혐오금지법이 1994년 도입되었을 때, 그것은 또한 형사상의 범죄와 민사상의 범죄 모두를 포함했었다. 형사상의 범죄는 인종에 근거하여 물리적인 위협(2년형의 징역), 인종에 근거하여 재산상의 손해 위협(1년형의 징역), 그리고 "인종 혐오를 야기할 가능성이 높은" 공적 행위의 범행을 포함했다. 앞의 둘은 이미 형법에 의해 다루어지지만, 인종에 근거하여 행해지는 범죄 요소 없이 다루어진다. 세 번째 범죄의 정의의 느슨함은 그 법의 적용을 어렵게 만든 영국의 공공질서법과 다르지 않다는 비판을 받았다(Twomey 1994c:8-9). 게다가 세 번째 범죄는 공정한 보고, 면책 특권 대상 문제, 혹은 예술적, 학문적, 학술적 논쟁에 대한 일반적인 면제 대상이 적용되지 않았다(Twomey 1994c:10). 1995년 법이 제정되었을 때 이 형사 조항들 중 어느 것도 유지되지 않았다.

인종혐오금지법 1995(Cth)은 모든 상황을 고려해서 넓게 정의했을 때 어떤 사람의 인종이나 민족에 근거하여 그들을 "불쾌하게 하고, 모욕하고, 조롱하거나 위협할" 개연성이 있는 인종 모욕에 대해 민사상의 범죄를 만들었다(s18B, 18C). 이 범죄는 예술작품으로서 혹은 학술적, 예술적, 학문적 혹은 공적 토론의 과정에서 "합리적으로 그리고 선의로" 수행된 활동들에 대해서는 면제를 받는다[s18D(a) 및 (b)]. 공정한 보고(s18D(c)(i)) 및 공익적인 주제에 대한 공정한 논평에 대해서는 만일 그 논평이 "논평하는 사람이 갖는 진실한 믿음의 표현"(s18D(c)(ii))인 경우, 추가적인 면제가 허용된다. 법안에 대한 의회의 논쟁 동안 표현의 자유 권리를 관용의 가치 및 존엄성을 갖는 삶을 살아갈 권리와 '균형'을 유지하기 위한 필요성에 대한 언급이 있었다(CPDHR, 16 November 1994:3411-3412, 3428). 따라서 이 범죄에 대한 법적 옹호는 상당하며, 공적 토론 주제에 관한 개인적인 견해의 진실된 표현을 포함한다. 연방 인종 모욕 범죄는 불쾌함, 모욕, 조롱 또는 위협에 대한 입증만을 요구하지, 다른 법률에서 사용되는 "선동"에 대한 아주 엄격한 필요조건 내지는 의도의 입증을 요구하지 않는다. 그러나 이 조항에 대한 넓은 범위의 예외들은 이 법의 남용 가능성을 방지하는 듯 보인다. 인종모욕법에 의한 소송은 인권 및 기회균등위원회(HREOC)(s22)를 통해 제기될 수 있으며, 해결책들은 단념, 사과 또는 진술의 철회, 손해배상을 위한 조치, 혹은 원고에 대한 고용이나 홍보 등을 포함한다.[4]

법 제정 이후, HREOC는 1996/1997년에 법에 대한 자각을 제고시키고 보다 일반적인 인종 관용을 홍보하기 위한 전략을 시행했다(HREOC, 1997). 위원회는 교육이 법에서 명시한 권리에 대해 지역 사회의 한 부문을 겨냥했을 때, 표적 집단으로부터의 소송이 증가하는 경향이 있었다고 언급했다. 전반적으로 시행 두 번째 해에 소송 수의 증가가 주목되었으며(HREOC, 1997:39), 세 번째 해의 감소는 최초의 소송의 막대한 쇄도 이후의 자연적인 하강으로 설명되었다(HREOC, 1998:38).

---

4   가능한 해결책들은 또한 청문회 위원의 재량에 따라 벌금형의 부과를 포함한다. 법의 상한선 또는 하한선은 존재하지 않으며 지금까지 어떤 벌금형도 인종혐오법 1995에 의해 부과되지 않았다. 그러나 인종차별금지법에 의한 청문 사건에서 $2,000에서 $5,000까지 범위의 벌금 선례가 존재한다. 저술 당시에 두 건의 인종모욕 고소가 벌금 부과를 해결책으로 포함할 수 있는 인종혐오법 1995에 의한 판결을 기다리고 있었다.

말대꾸─표현의 자유 vs 혐오 표현

Speaking Back:The Free Speech Versus Hate Speech Debate

제1판 1쇄 2019년 10월 10일

지은이 캐서린 갤버
옮긴이 유민석
펴낸이 연주희
펴낸곳 에디투스
등록번호 제2015-000055호 (2015.06.23)
주소 경기도 성남시 분당구 장미로 101
전화 070-8777-4065
팩스 0303-3445-4065
이메일 editus@editus.co.kr
홈페이지 www.editus.co.kr

제작처 (주)상지사피앤비

ISBN 979-11-966224-9-7 93340
이 도서의 국립중앙도서관 출판예정도서목록(CIP)는 서지정보유통지원시스템
홈페이지(seoji.go.kr)와 국가자료공동목록시스템(www.nl.go.kr/kolisnet)에서 이
용하실 수 있습니다.(CIP 제어번호: CIP 2019036155)